거인의 어깨

거인의 어깨

국내 최고 친환경차 전문가는
왜 리더십과 조직문화에 대해 고민할까?

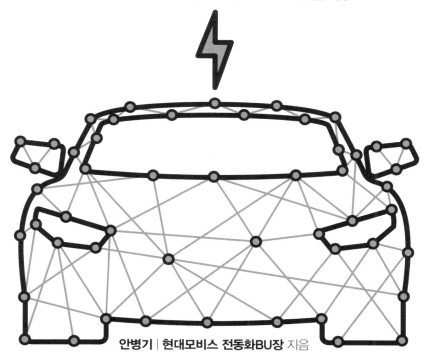

안병기 | **현대모비스 전동화BU장** 지음

PlanB DESIGN 플랜비디자인

Culture eats strategy for breakfast.

Peter Drucker

■ **권문식** 전 현대자동차 부회장

저자와 처음 인연을 맺게 된 것은 수소연료전지 분야의 국내 최초 해외 기술자로서 현대자동차그룹에 입사한 때였다. 국내에서는 소수의 엔지니어를 중심으로 조직을 구성하고 미국과 협력관계를 막 시작하던 때라 저자의 영입이 매우 필요한 상황이었으나, 이미 미국에서 성공적으로 직장 생활을 하고 있던 본인에게는 적잖은 환경변화의 적응이 필요했을 것이다.

이 책에는 미래가 불확실한 연료전지 자동차 개발에 투신하면서 느꼈던, 리더십에 대한 통찰력이 면면히 드러나고 있다. 불투명한 미래를 설계하고, 준비하고, 행동해 나가는데 필요한 엔지니어들의 마음가짐은 결국 리더십으로 승화되어야 그 진가를 발휘할 수 있다. 저자는 실무 엔지니어로 시작해 지도자로 발전되어가는 과정에서 겪을 수 있는 상황을 리더십과 연계하여 현실감있게 그려내고 있다.

나도 이 책을 읽으면서 가끔은 부끄러웠고, 대부분 동감하며, 후배들에게 그리고 나 스스로에게 하고 싶었던 이야기라고 생각했다. 미래에 도전하는 진정한 엔지니어는 물론이고 이미 리더로서의 입지에 계신 지도자 분들께도 이 책을 적극 추천하고 싶다.

■ **구자겸** NVH Korea 대표이사 회장, 공학한림원 정회원

　저자는 자타가 공인하는 연료전지와 친환경차 분야의 권위자이다. 저자와 나는 엔지니어로서의 만남으로 시작했다. 당연히 기술적인 얘기가 주제였던 첫만남 이후, 기술자로서 리더의 덕목을 중요시하는 저자의 자세는 여느 엔지니어에게서 볼 수 없는 순수함을 넘은 신선함, 아니 그 이상의 충격이었다. 《거인의 어깨》는 30년 이상 엔지니어로서 살아온 내가 갖고 싶었던 사업가로서의 자세를 잘 정리해 준 지침서라는 얘기를 감히 하고 싶다.

　저자는 사회 구조 및 환경 변화에 따라 그때그때 상황에 맞는 능력을 갖추고 집단 구성원을 이끄는 역할을 해왔고, 이를 바탕으로 단순히 이끌고 군림하는 역할뿐만 아니라 집단 구성원의 의견을 수렴하고 공감하며, 방향을 제시하고 동기를 부여해야 한다고 설명한다. 또한 앞서가며 스스로 외치고, 실행에 옮겨야 하는 눈, 귀, 가슴, 머리, 입을 갖고 있어야 한다는 주제를 책에 펼쳐내고 있다.

　지금 우리가 살고 있는 시대는 기업 환경이 전쟁터로 변하고 있다. 누가 먼저 그리고 경제적으로 신제품을 개발해서 가치를 창출하는지가 기업의 핵심요소이고, 그것을 운영하는 중심에는 사람이 존재한다. 이 책에서는 이러한 기업 전쟁터에서 살아남고 이기기 위해서 리더가 어떤 자질을 갖추어야 하는지를 제시하고 있다. 이 책은 국내 굴지의 기업, 그 중에서도 기술개발 최전선에서 실무를 수행하며 겪은 여러 가지 상황 속에서 리더에게 필요한 덕목이 무엇일까라고 끊임없이 자신에게 질문을 하면서 경험하고 생

각한 점을 독자들에게 전달하고자 하는 마음이 담긴 책이다.

나는 저자가 자신의 전문영역에서 탁월한 업적을 달성하는 과정에서 훌륭한 리더십을 발휘하였고, 전문영역뿐만 아니라 조직문화와 리더십에서도 이미 최고의 전문가가 되었음을 느끼며, 조직구성원들에게 어깨를 내어주기에 충분한, 진정한 거인이 아닐까 생각한다.

■ **고현숙** 국민대학교 교수, 코칭경영원 대표코치

이 책은 바람직한 조직문화를 만들기 위해 노력해온 생생한 사례이자, 이를 뒷받침하는 이론이 교차하는 스토리이다. 나는 늘 한국의 경영자들이 리더십과 조직개발에 대해 더 진지하게 공부했으면 하는 바람을 가져왔다. 공부의 최종 단계는 생각을 글로 정리하여 자신의 '관觀'을 세우는 것이라고 생각해왔는데, 이 책이 바로 그 모범사례다.

저자는 몰입하는 조직을 만드는 방법, 인재를 육성하는 효과적인 코칭을 구현하기 위해 끊임없이 노력했다. 그래서 실행과 이론이 아름답게 조화를 이룬 글이 탄생했다. 회사의 도전 과제를 어떻게 풀어나갔는지 설명하는 대목에서는 장면이 그려지듯이 읽힌다. 회의의 수와 시간을 줄이고, 보고서의 분량을 줄였으며, 보고하러 오는 사람을 반갑게 맞이하며 코치이자 멘토로서 대하고자 노력했다. 구성원의 의견을 경청했고 지시하기보다 팀장들이 스스로 결정을 내리게 하기 위해 사다리 타기 같은 재치 있는 해결책을 내놓기도 한다. 그 결과 어둡고 조용했던 분위기가 시장통같이 시끄러워지고, 본인이 지나가더라도 신경 쓰지 않고 각자 일을

9

하게 되더라는 것이다.

　또 하나 주목할 대목은 그가 자신을 완벽한 것처럼 포장하지 않고 취약성을 공유한다는 거다. 직원들에게 '사실은 나도 실패를 겪으면서 힘들게 왔어.'라는 말을 하고, 서슴없이 '나는 당시 연료전지는 전문가이지만 자동차에 대해서는 몰랐다.' '연구소는 알지만 사업부를 리드하는 것은 난생 처음이라 힘들었다.' 등 솔직한 고백을 한다. 이렇게 리더가 취약성을 공유하면 어떤 영향이 있을까? 직원들이 안전감을 느낀다. 위로가 된다. 부족하다고 비난받을까 봐 실수를 감추지 않아도 된다는 마음이 생긴다. 취약성을 공유하는 것이 진실한 관계로 초대하기 때문이다. 신임 임원 코칭에서 알게 된 분이 본인 상사가 경청을 잘하며 늘 코칭을 해준다고 자랑했는데, 알고 보니 그 상사가 바로 이 책의 저자였다.

　한국의 기업들은 4차산업혁명시대에 조직문화를 혁신해야 하는 과제에 직면해 있다. 이 책은 그런 변화를 고민하는 많은 리더들에게 소중한 참고서가 될 것이다. 널리 소개되고 많이 읽히기를 바란다. 그에 더해 많은 경영자들이 공부하고 실행한 결과를 이런 저작으로 생산해내기를 기대한다. 그게 전체 조직문화를 변화시키는 마중물이 될 것이기 때문이다.

■ **민경덕** 서울대학교 교수

　저자와의 인연은 오랜 시간을 거슬러 올라간다. 대학교 동기인데다, 군복무를 같은 중대에서 했고, 그가 오랜 미국생활을 거쳐 귀국한 후로는 수소산업과 친환경자동차라는 공통 관심사로 인해 자주 만나고 있다. 업무를 이야기할 때는 누구보다 높은 전문성과 안목을 가지고 진지하게 임하는 저자가 간혹 사람을 놀래킬 때가 있다. 본인의 전공이 아닌 직장생활과 리더십에 대한 글을 쓸 때다.

그의 글은 흐름에 무리가 없어 읽기에 부담이 덜하다. 이번 책 《거인의 어깨》는 내가 추천사를 썼던 지난번 책에 비해 한층 내용이 풍부해지고, 많은 고민과 성찰이 더해진 작품이다. 저자가 고민하는 조직문화를 그려내고, 앞으로 우리 기업의 리더들이 가져야 할 미래상을 제시한다. 미국과 한국의 연구소와 산업체에서 쌓은 저자의 풍부한 경험과 고찰을 통해서, 급변하는 조직을 어떻게 이끌어야 하는지 구체적인 사례를 들어 독자들에게 리더상을 잘 전달한다. 이미 리더십을 발휘하고 있는 사람들뿐 아니라 리더를 꿈꾸는 젊은이들에게도 큰 영감을 주는 내용이다.

엔지니어로서 그리고 경영인으로서 그가 꿈꾸는 우리나라의 미래가 수많은 후계자들에 의해 올바른 방향으로 정립되고 추진되기를, 독자이자 교육자로서 기대해본다.

■ **남형두** 연세대학교 법학전문대학원 원장

미안한 말이지만 증정본으로 오는 책들로 책상이 뒤덮이곤 해 보내신 분들의 성의에도 불구하고 정기적으로 정리하지 않으면 안 된다. 그런 책은 대표적으로 경영이나 심리 관련인 경우가 많다. 변명하자면 특별할 것도 없는 뻔한 이야기이거나 여기저기서 가져온 좋은 말의 성찬이어서 읽어도 남는 것이 거의 없다. 그러나 《거인의 어깨》는 달랐다.

추천의 글

이 책은 27세에 도미하여 박사를 마치고 현지에서 취업했다가 40세 넘어 국내 대기업 팀장으로 돌아온 저자의 분투기로서 에필로그에 밝힌 것처럼 8년간 정리한 내용이다. 고교동창인 저자와는 대학교 졸업 이후 거의 이십 년 동안 연락두절이었다. 오랜 외국 생활 후 저자가 귀국했다고 했을 때 그가 다시 가족과 함께 미국으로 돌아가지 않을까 생각한 적이 있다. 그런데 이 책을 읽고 비로소 육십을 앞둔 저자가 미국과는 기업문화가 판이한 우리나라에서 그동안 어떻게 생존했으며, 나아가 성공했는지 알게 됐다.

가족보다 더 많은 시간을 보내는 회사라는 조직에서, 그것도 고등학교 기술 시간에 배운 것이 자동차에 관한 지식의 대부분이었다고 말할 정도로 다른 분야(수소 분야) 전문가였던 저자가 팀을 이루어 도요타보다 뒤졌던 수소전기차 개발에서 오히려 앞설 수 있었던 이야기는 감동 그 자체다.

딱딱한 경영 이론서나 닳고 닳은 처세에 관한 책이라면 몇 장 넘기다 말았을 텐데, 이 책에는 저자의 실수와 실패담이 들어 있을 뿐 아니라 해외 근무 때 들렀던 교회의 오르간 연주까지, 독자로 하여금 그의 글에서 떠나지 않게 하는 매력이 담겨 있다. 챌린저호 사례 등 우리가 익히 아는 사건과 역사 이야기, 음악, 그리고 수학에서 노자에 이르기까지 그야말로 종횡무진 광폭 스타일이다. 리더로서 자신의 역할을 축소해야 한다는 저자의 말에도 불구하고 앞으로 그의 역할이 더 커지지 않을까 하는 예상을 낳게 한다.

거인보다 더 멀리 보는 난쟁이가 있다고 한다. 거인의 어깨 위에 올라선

난쟁이다. 저자와 전공은 다르지만 이 글을 가장 먼저 접한 독자로서 많은 사람들이 이 책을 통해 더 넓은 세상을 볼 수 있기를 강력 추천한다.

■ **이창준** 구루피플스 대표

디지털 혁명이 몰고 온 초연결성과 복잡성은 조직 내 리더십에 대한 중대한 도전이 되었다. 게다가 구성원들은 좋은 리더, 좋은 조직에 대한 기대가 좌절되면서 조직을 심리적으로 이탈하고 있다. 이런 시대적인 과제 앞에서, 이 책은 크게 두 가지 미덕을 가지고 있다.

첫째, 이 책의 저자는 현장의 생생한 경험을 토대로 문제의 근원을 파고들어 실천적 대안을 제시하고 있다는 점이다. 삶을 부대끼며 문제와 싸우고 역경을 이겨낸 경험에서 길어 올린 지혜와 통찰은, 특히나 오늘날 직장인들이 경험하는 고통과 상처의 뿌리로 내려가 이를 어루만지고 있다. 이는 종래의 보편적인 리더십 이론들이 결코 제시하지 못하는 진실을 전달함으로써 리더가 되고자 하는 사람들에게 따뜻하고 실용적인 지침을 제공한다.

둘째, 이 책은 저자의 서사, 즉 스토리를 통해 독자들에게 저자 자신의 리더십과 그 진정성을 전달하고 있다는 점이다. 전통적인 리더십 이론들이 단지 성과와 목표라는 빈약한 스토리로 사람들의 동기를 자극하는 방법을 제시했다면, 이 책은 마치 저자처럼 삶의 감동적인 이야기로 일의 이유와 목적, 그리고 사람의 마음을 사는 방법을 우리 각자가 찾아야 함을 역설한다. 나는 이것이 그 어떤 가르침보다 강력하다고 믿는다. 그 어떤 진리도 한 사

13

람이 보여주는 삶, 그 자체보다 진실일 수는 없는 법이니 말이다.

■ **조원경** 《식탁 위의 경제학자들》, 《넥스트 그린 레볼루션》 저자, 울산경제부시장

2020년 봄 강남 현대 모비스 근처의 레스토랑. 돌이켜 보면 내 삶에서 그를 만난 것은 커다란 의미였다. 공대생에 대한 편견을 깨는 기회였기 때문이다. 위대한 경제학자 앨프리드 마셜의 명언 '찬 머리의 따뜻한 가슴$^{Cool head and warm heart}$'은 경제학에만 해당하는 게 아니다. 그가 이 책에서 내세운 리더의 덕목이라고 평소 굳게 믿고 있다.

리더는 조직의 최고경영자만을 말하지 않는다. 기획재정부와 울산광역시에서 일한 나는 한 조직의 리더가 어떻게 조직을 흥하게도 망하게도 하는지 무수히 보았다. 수소전기차라는 신사업을 맡은 그는 팀을 훌륭히 이끌면서 현대자동차의 수소차 세계 1위에 큰 공을 세운 장본인이다. 신설 조직의 리더로서 최고 경영자의 부하로서 무수한 고뇌로 밤을 하얗게 지새운 그를 생각해 본다.

몸소 경험한 훌륭한 리더가 갖추어야 할 조건들을 수도 없이 메모하고 지운 결과가 이 책으로 완성됐다. 신언서판을 대신하여 저자는 리더의 모습을 눈(비전), 귀(경청), 입(소통), 머리(판단), 가슴(공감)으로 이야기하고 있다. 자유와 평등, 이성과 감성의 조화를 중시하는 경제학을 사랑하는 이로서 그의 리더십 이야기에 고개를 끄덕여 본다.

그와의 첫 만남은 울산 경제부시장으로 수소전기차 전문가를 만나는 다분히 사무적인 자리였다. 그는 노벨경제학상을 받은 네덜란드 경제학자

틴베르헨이 말한 문구를 먼저 이야기했다. 정부가 보유한 정책 수단이 목표보다 많거나 같을 때만 경제정책이 제대로 효과를 발휘할 수 있다는 틴베르헨의 법칙. 그가 그 이야기를 수첩에 적은 이유는 무엇일까 궁금했다. 내 책 《식탁 위의 경제학자들》을 읽고 메모한 내용이라 감동했지만 수학을 좋아했을 법한 공대생이 그냥 적은 이성적 논리라고 치부했다. 리더십에 관한 책을 구상한다고 했을 때도 어울릴까 생각했다. 공학도는 나무를 바라보는 미시적인 꼼꼼함은 있지만 숲 전체를 아우르는 포용이 있을까 의심했기 때문이다.

깨알같이 쓴 그의 독서 메모 수첩을 다시 보고 싶은 생각이 든다. 베스트셀러 《여덟 단어》의 저자 박웅현의 글이 너무 좋아 필사했다는 그의 말을 기억하며 공감이라는 단어를 떠올려 본다. 저자는 이 책에서 요즘 리더의 자리에서 아쉬운, 충분히 공감할 수 있는 거인의 어깨를 이야기하고 있다. 리더십이 진부한 이야기라고 생각한 스스로를 자책하며 시대가 요구하는 거인의 어깨에 대해 독자들이 많이 생각할 공간이 이 책에서 보인다. 그 어깨를 빌리는 마음으로 많은 독자들이 이 책을 읽고 '리더의 자리'를 이야기하기를 권한다.

■ **송미영** 현대자동차그룹 인재개발원장

'현대자동차그룹 리더'하면 떠오르는 단어가 무엇인지 묻는다면 군대, 위계, 보수적 이미지 등을 언급하는 사람들이 있을 것이다. 물론 그룹 내부에 여전히 그런 리더도 있다. 하지만 지난 10년간 인재개발원을 통해 만난 많

추천의 글

은 리더들은, 각자의 미션과 원칙을 가지고, 누구와도 같지 않은 자신만의 강점과 스타일로 '진정성' 있게 리더십 스토리를 만들어가는 사람들이었다. 저자 역시 그런 리더들 중 한 분이다.

'답을 봐야 직성이 풀리는' 엔지니어 출신 전문가가, 기술이 아닌 '사람'에 집중해서 성과를 만들어내고 '조직문화'를 유산으로 남기겠다고 결심하는 것은 종교적 개종에 가깝다. 그래서 리더십은 행동방식이 아닌 존재방식이라는 말에 동의한다. "고통을 인내하면서, 후배들에게 자신의 어깨를 밟고 올라가 더 높은 곳으로 비약하도록 독려해주는 존재가 바로 리더"라는 저자의 인사이트가, 세대교체를 겪고 있는 모든 리더들에게 큰 울림을 주리라 기대한다.

저자는 현장에서 리더로서 본인이 직접 보고, 듣고, 말하고, 생각하고, 가치롭게 생각한 리더십의 정수를, 자신만의 언어로 진솔하게 이야기한다. 보이지 않는 것까지 보는 리더의 눈, 구성원의 최대치를 이끌어내는 리더의 귀, 상대방을 포용하고 배려하는 리더의 입, 올바른 전략을 수립하는 리더의 머리, 열정을 경영하는 리더의 가슴 등은, 저자가 몸소 겪은 삶의 스토리와 결합되어, 구체적이고 실질적인 리더십 성장 가이드로 활용될 수 있을 것이다.

산업 패러다임의 변화가 극심한 요즘, 비즈니스와 세대 변화에 맞는 조직문화 혁신을 요구하는 목소리가 높다. 그러나 생각처럼 변화가 이루어지지 않아서 답답함을 호소하는 경우가 많다. 조직문화는 리더십의 결과라고 해도 과언이 아니다. 리더가 바뀌면 조직문화가 바뀐다. 리더 자신이 변하기

전에 조직부터 바꾸려는 시도는 대개 실패했다는 점에서, 리더가 먼저 조직 문화의 중요성을 인식하고, 리더가 아닌 구성원 입장에서 최적화된 문화를 만들기 위해 노력해야 한다는 저자의 말을 기억할 필요가 있다.

추천의 글

이 책을 나의 구주 되시는 예수 그리스도께 바칩니다.
그분의 사랑과 은혜가 없었다면, 사람을 소중히 여기려는
작은 마음조차 갖지 못했을 것입니다.

또한 이 책을 현대자동차 그룹의 모든 임직원들께 바칩니다.
선배님들의 헌신과 동료들의 저력, 그리고 후배들의 열정은
이 책을 쓰는 가장 중요한 소재였습니다.

마지막으로 이 책을 사랑하는 가족과 친척들께 드립니다.
존경하는 어머니와 장모님의 희생과 격려,
사랑하는 아내와 세 아이 혜인, 지인, 태균의 믿음이
수첩 한 구석의 메모들을 글로 엮어내는 어려운 순간마다
포기하지 않게 하는 큰 힘이 되었습니다.

자신의 어깨를 내어줄 수 있는
리더가 절실하다

이 책에는 내가 십 수년을 근무한 현대자동차 그룹의 이야기를 담았다. 직접 참여하고 이끌었던 전기차나 수소자동차 개발과 연관된 에피소드들을 통해 느끼고 배운 점들을 적어보았고, 어려운 순간들을 팀워크로 극복한 경험담들도 소개했다. 미래의 트렌드로 알려진 친환경 자동차 개발은 밖에서 보면 기술이 가장 중요한 요소로 여겨진다. 틀린 말은 아니지만, 그런 기술이 집약되고 응용되는 산업 현장에서 그보다 더 중요한 성공의 비결이 있다. 바로 리더십과 조직문화다. 내 직장 경력이 대기업에 한정되어 있는 만큼 우리나라 모든 기업이나 직장인들을 대변할 수는 없을 것이다. 하지만 조직생활을 하는 모두에게는 부인할 수 없는 공통분모가 있다. 바로 '사람'이다. 모든 일이 이루어지는 기초 단위이며, 리더가 관심을 가져야 하는 핵심 요소이기 때문이다.

　미국에서 박사학위를 받고 직장 생활을 시작한 이후 벌써 25년

19

가까이가 흘렀다. 이 기간동안 나는 대부분 친환경차 분야에서 일했다. 학위 논문을 쓰고 에너지부 연구소 생활을 할 때부터 다루어 온 수소 에너지를 비롯해서 하이브리드, 전기차 등으로 대변되는 친환경 자동차나 관련 부품 개발이 내 본업이었다. 운 좋게 우리나라 친환경차가 발전하는 전성기와 시기가 맞아 떨어지다보니 연구개발의 성공 사례도 많았다. 연구소 업무는 나름 자신이 있었다.

이처럼 연구개발이 생업의 전부이던 내가 자체로서 하나의 회사 조직과 같은 사업부를 맡으면서는 생소한 점들이 많았다. 가장 두려웠던 것은, 숫자가 공통 언어이고 도면과 시험 설비가 소통 수단인 연구소에서 통용되던 관리 방식이 본사 조직이나 공장에서도 유용할까 하는 것이었다. 상대적으로 단순하고 직선적인 공학도들이 주류인 연구소에 비해 기획부서 직원들은 여러 상황을 고려하는 융통성이 자산이다. 반면에 생산 현장에 근무하는 사람들은 생산량과 수율이라는 양보할 수 없는 목표치가 있기 때문에 한 곳을 바라보고 전진해야 하는 삶을 산다. 이렇듯 다양한 모습을 지닌 조직들의 융합체인 사업부의 수장 역할은 어떻게 시너지를 만들어야 하는지 큰 도전을 안겨주었다. 또한 현대자동차 그룹에서 최초로 시작하는 사업부제도를 성공적으로 정착시킬 수 있을지에 대한 고민도 무겁게 다가왔다.

사실 나 스스로를 좋은 리더라고 생각해 본 적은 없다. 그런 리더가 되고자 발버둥치고는 있지만, 내 성품이나 능력의 한계를 알기에 항상 부족하다는 생각을 가지고 산다. 공학을 전공하고 엔지니어로 훈련받은 오랜 시간은 문제 해결 능력을 배양하는 데는 많은 도움을 주었지만, 때로 유연하고 인내해야 하는 관리의 영역에서는 오히려 마이너스 효과도 있었다. 사업부는 조직의 성격상 기술보다 사람을 접하는 일이 많다. '답을 봐야 직성이 풀리는' 엔지니어로서의 한계를 극복하기 위해서는 많은 노력이 필요했다. 더 많은 고민을 하고 책을 들추고 선후배들의 말에 귀를 기울여야 했다.

본부장급 임원으로 수백명에 달하는 조직을 책임지는 일은 결코 가볍지 않다. 어디에선가는 문제가 생기게 마련이고, 사고 없이 지나가는 날은 거의 없다고 해도 과언이 아니다. 또한 중대한 결정을 수시로 내려야 하고, 조직간에 생기는 마찰이나 갈등을 조율해야 한다. 이런 모든 것들이 내가 타고난 능력 밖의 일이지만, 그래도 해내야만 하는 일이다. 개인의 역량이 부족하면 조직의 역량을 동원하고 향상시키는 것이 유일한 해결책이다. 그러다보니 당연히 조직관리에 관심이 갔고 리더십에 목말라하게 되었다.

자동차 업계에서 점유율이 10퍼센트에 불과한 친환경 자동차라는 일부 분야에 국한된 경험일 수도 있으나, 그런 경험조차도 조직문화와 리더십이라는 공통 영역으로 확장하면 다양한 분야의 독자들과 공유할 가치가 있다고 생각했다. 이 책에서 소개하는 사례들이 기업뿐 아니라 국내외 다양한 단체에서 통용될 수 있는 발전적인 조직문화를 제시할 수 있기를 바라는 마음이 간절하다. 또한 내가 겪은 실패와 성공 사례가 후배들에게는 유용한 자산이라는 믿음이 많은 부담을 덜어주었다.

《리더십 패스파인더》의 저자이자 리더십 전문가인 구루피플스 이창준 대표는 '리더가 된다는 것은 자신의 삶에 대한 근원적 변화^{deep change}를 시도하는 일'이라고 했다. 변화에 멈춤이 없듯이 리더가 되는 여정에도 종착역은 없다. 하지만 남보다 조금 더 고민하고 노력한다면 '절대선'에는 이르지 못할지라도 경쟁에서 우위를 점할 수는 있다. 우리들의 직장이 더 활기찬 모습이 되고, 이를 통해 자연스레 의미있는 성과를 낼 수 있다면 이 책이 시도하는 도전은 가치가 있을 것이다.

이 책에는 리더가 보고, 듣고, 말하고, 생각할 때 참고하면 좋은 이야기들로부터 리더가 어떤 마음과 성품을 지니고 후배들에게 무슨 유산을 남겨야 하는가에 대한 고민을 적어보았다. 사실 리더십에는 다양한 유형이 있고 정해진 답이 없다. 그러나 적어도 조직을 이끌고 있는 리더라면, 자신만의 리더십을 발견할 수 있기를 바란다. 그리고 이 책을 통해 독자들이 리더십이나 조직문화에 대해 조금이라도 더 관심을 갖고 고민하는 기회를 가질 수 있다면 내 소명은 다한다고 믿는다.

많은 리더들은 정해진 임기라는 굴레 속에서 단기적 성과에 치중할 수밖에 없다. 그러나 길지 않은 임기 내에서 훌륭한 성과를 내면서도 조직 구성원들이 행복하게 일할 수 있는 조직문화를 가꾸어나간 리더들도 있다. 그런 사람들의 공통점은 바로 사람에 대해 애정을 갖고 끊임없이 더 나은 미래를 고민하며 좋은 유산을 남겨주기 위해 노력한다는 것이다.

우리나라처럼 자본이 아닌 사람에 의존해야 하는 나라에서 리더가 바로 서는 일, 다음 세대 리더를 키우는 일만큼 절실한 것이 없다. 후배들을 위해 자신의 어깨를 기꺼이 내어줄 수 있는 리더들이 많이 나오기를 바라는 마음이다. 고통을 인내하면서, 후배들에게 자신의 어깨를 밟고 올라가 더 높은 곳으로 비약하도록 독려해주는 리더들이 많아지기를 간절히 바란다.

2021년 여름
마스크 안에 숨겨진 밝은 미소를 볼 날을 기대하며
안병기

차례

111   3 ● 리더의 입

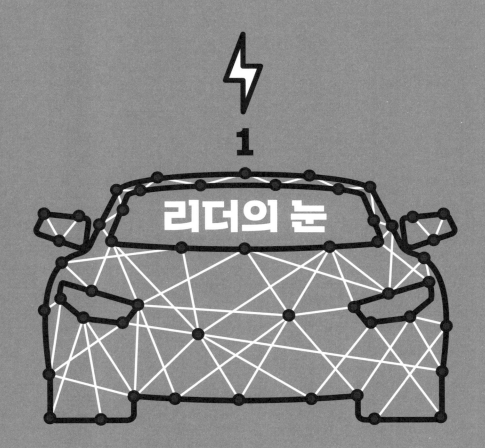

1

리더의 눈

조직이 장기적으로 지향하는 목표나 가치관의 의미로 흔히 사용되는 '비전vision'이라는 단어는 본래 시력이나 시야를 뜻한다. 눈으로 어떤 형태를 인식한다는 의미가 철학적이고 형이상학적인 것으로 확대되면서, 조직이 앞으로 어떤 방향으로 가야 하는지에 대한 이상적인 모습까지를 포함하게 되었다. 그런 의미에서 비전은 미래지향적이고 희망적인 의미를 내포한다. 비전과 미션을 비교할 때, 조직이 유지되는 한 변하지 않는 목적이 미션mission이라면, 비전은 이와는 다르게 오랜 기간 유지되지만 정기적으로 변할 수 있는 요소다. 즉, 미래 시점에 걸맞은 기업의 위상을 미리 정해 놓는 것을 의미한다. 이런 까닭에 비전이라는 단어 뒤에는 '비전 2000', '비전 2020'과 같이 특정 시점이 따라오는 경우가 많다.

나폴레옹은 '지도자란 희망을 파는 상인이다.'는 유명한 말을 남겼다. 이 때의 희망이 바로 비전이다. 리더의 자질에서 중요한 것 중 하나가 바로 조직의 비전을 수립하고 유지하는 일이다. 구체적인 전략과 전술을 만드는 것도 필요하지만, 소속원들 모두가 공감하고 동참할 수 있는 비전 없이는 조직의 지속적인 관리가 쉽지 않고, 영속성을 보장하기도 어렵다. 비전은 정량적이기보다 정성적인 요소가 강해서 자칫 구호성으로 끝나기 쉬운데, 이런 부작용을 피하기 위해서는 도전적이면서도 명확한 비전을 세워야 한다. 이는 조직원들이

31

'갖고 싶은 것'이고 '따르고 싶은 것'이라야 한다. 또한 비전을 생각할 때 가슴이 설렐 만한 요소를 가지고 있어야 함과 동시에 성취가 가능한 것이어야 한다.

이상적인 비전을 수립하기 위해 리더의 눈은 바깥으로 향하는 만큼 조직 내부도 잘 살펴야 한다. 스위스의 정신과 의사이자 심리학자 칼 융Carl Gustav Jung은 "밖을 내다보는 사람은 꿈을 꾸고, 안을 들여다보는 사람은 깨어 있다."고 했다. 내부의 불만을 이해하지 못하거나 조직의 위기를 꿰뚫어보는 눈이 없으면 건강한 조직을 유지하기 어렵다. 직원들에게 관심이 있는 리더라면 그 날 아침에 컨디션이 안 좋은 직원들을 알아보고 격려하는 인사도 건넬 줄 알아야 한다. 직원들과 간담회를 할 때 관심사나 취미를 메모해두고, 가끔씩 그 내용을 참고해서 요즘 어떻게 지내는지를 물어본다면, 직원은 사소한 일까지 다 기억해주는 리더에게 감동하게 된다. 윗사람에게 인정받는 좋은 기분이 업무에 연결되어 좋은 성과를 낼 가능성은 당연히 높아진다.

회사에서 보내는 시간이 출퇴근 시간을 포함하면 하루에 10시간이 넘는다. 자는 시간을 빼고 나면 식구들과 보내는 시간보다 직장 동료들과 보내는 시간이 더 길다. 그래서 "우리가 남이가?"라는 말이 있고 "직원들이 가족 같다."는 말이 나온다. 그러나 많은 리더들은 아직도 술자리를 만들어 "위하여!"를 외치면 단합이 되고 소통을 했다고 착각한다. 가끔은 사기 진작 차원에서 그런 모임도 필요하지만, 기본적인 소통은 근무 시간에 정상적인 정신 상태에서 이루어져야 한

32

거인의 어깨

다. 세심한 눈으로 살피며 고민 거리를 해결해 주려는 형님이나 언니 같은 선배는 좋은 조직 문화라는 유산을 남긴다. 또한 그런 과정을 통해 리더의 비전은 조직의 비전으로 승화되고, 목표를 수립하는데 '모퉁이 돌cornerstone'의 역할을 한다.

　리더는 보이지 않는 것까지 볼 수 있어야 한다. 지금 당장의 데이터에는 나오지 않는 미래의 트렌드를 읽어야 하고, 표면적으로 드러나지 않는 원인을 파악해야 한다. 프랑스 작가 생텍쥐페리Antoine Saint Exupery의《어린 왕자》에 나오는 말처럼 '여기에 보이는 건 중요하지 않고, 가장 중요한 것은 보이지 않는다.' 보이지 않는 것을 보는 첫걸음은 당연히 '찾는 것'이다. 자리에 앉아서 가져오는 보고서만 들여다봐서는 '인의 장막' 너머의 현실을 보기 어렵다. 끊임없이 쏟아져 나오는 자료들을 직접 검토하고 고민해보지 않으면서 미래의 계획을 수립하는 것은 말 그대로 탁상공론이 되고, 전형적인 'garbage-in garbage-out'을 초래한다.

　비전 수립은 분명 미래의 큰 그림을 그리는 일이지만 출발점부터 거창하지는 않다. '천 리 길도 한 걸음부터'이고 '티끌 모아 태산'이라고 했다. 비전 자체는 거대하더라도 비전을 수립하는 출발점은 현실적이고 소소할 수 있다는 사실을 깨닫지 못하면, 비전이 아닌 일루전illusion, 즉 환상을 만들어 놓고 파티를 벌인다.

　비전을 수립할 때도 과정이 필요하다. 비전은 완성된 책과 같이 멋진 작품으로 조직원들의 가슴에 남는 것도 의미가 있지만, 비전을

33

일구어 내는 과정에서 추구하는 정신이 조직원들 사이에 문화로 내재화 되는 것이 더 중요하다. 조직 전체의 세세한 것 까지를 살피고 면밀하게 주변 상황을 고려한 후, 칼 융의 말처럼 "깨어 있는 상태로 먼 미래를 바라보아야 한다". 거기에 보이지 않는 부분까지를 고민할 때 비로소 비전은 형상을 드러낸다.

리더의 눈 | 2 | 미래를 준비하는 마지막 단계, 현재

리더는 미래를 예측할 수 있어야 하고, 불확실한 미래를 준비하기 위해 새로운 방법을 시도할 줄도 알아야 한다. 세상의 변화를 읽는 눈이 없으면 조직은 그 자리에 머문다. 앞을 내다보는 것이 반드시 리더만의 임무는 아닐지라도, 대다수의 조직원들은 그런 일에 관심이 없거나, 있어도 신중하게 고민할 만큼의 여유나 열의가 없다. 다양한 분야에 대한 관심은 리더십의 폭을 넓히는 좋은 방법이고, 이를 통해 혜안을 얻기 위해서는 투자가 필요하다. 많은 사람을 만나서 지혜를 배우고 책을 통해 간접 경험을 얻는 시간 투자다.

세계적인 경영자들이 휴가를 내서 책을 들고 조용한 곳에서 시간을 보내고 왔다는 기사를 종종 접한다. 천문학적인 연봉을 받는 이들이 아까운 시간을 쪼개어 독서를 하는 데는 이유가 있다. 스스로의 장벽을 깨고 새로운 세계를 접하고 싶은 발전적 욕구이다. 《매니징》

의 저자이자 1960~70년대에 80개국에서 350여개의 기업을 인수 합병하고 38만명을 고용하며 전세계 경영계에 파란을 일으킨 미국 의 기업가 헤럴드 제닌$^{Harold Geneen}$은 '리더십은 가르쳐줄 수 없다. 우리네 인생처럼 실행하는 과정에서 배울 수만 있을 뿐'[1]이라고 했다. 배우기 위한 수단으로 독서만큼 유용한 것을 찾기는 쉽지 않다. 책에는 시대와 지역을 초월하는 인류의 지혜와 역사의 교훈이 녹아 있기 때문이다.

과거, 현재와 미래 중 어느 시제가 중요한가에 대해서는 다양한 이견과 이유가 있을 수 있다. 역사는 되풀이된다는 관점에서 보면, 과거는 반드시 짚고 넘어가야 하는 반면교사^{反面教師}의 역할을 하기에 무시할 수 없다. 그러나 지금 진행하는 수많은 일들이 미래를 위한 과정이라는 사실은 우리가 추구하는 많은 가치가 미래를 염두에 두고 있다는 것을 의미한다. 따라서 과거와 미래를 대하는 시각은 융통성이 있어야 한다.

스페인 태생의 철학자이자 시인인 조지 산타야나$^{George Santayana}$가 말했듯이 과거를 기억 못하는 이들은 과거를 반복하기 마련이다. 사회철학자 에릭 호퍼$^{Eric Hoffer}$는 '미래에 사로잡혀 있으면 현재를 그대로 볼 수 없을 뿐 아니라 과거까지 재구성하려 들게 된다.'고 했다. 계획을 세울 때 과거와 미래 모두 중요한 고려 대상이기는 하지만, 현재라는 시점을 무시하고 세우는 계획은 현실성이나 타당성을 보장하기 어렵다. 그리고 항상 우리 곁에 있을 것만 같은 과거와 미래는 사실 우리가 관리할 수 있는 대상도 아니다.

리더가 비전을 세우고 전략을 수립한 후 액션 플랜^{action plan}을 구상할 때도 가장 중요한 일은 '현재 시점'에서 현실적인 플랜을 세우는 것이다. 냉정한 시각으로 현실을 직시하지 않으면, 아무리 멋진 계획이라도 사상누각이다.

나는 계획의 완성은 먼 미래의 핑크빛 전망이 아니고 지금 이 시간 무엇을 해야 하는가를 파악하는 것이라고 믿는다. 자동차 개발을 예로 들면, 3년 내지 4년 후에 양산할 자동차의 개발 계획을 만들 때 양산 목표일을 기준하여 일정이 나온다. 양산 전 파일럿^{pilot} 단계, 그 이전에 프로토^{proto} 단계 등에서 시험차를 만들어 검증하는 계획이 잡히면, 이를 위한 부품 공급 일정이 세워지고 그 이전에 차량과 부품의 설계 일정이 나온다. 그러다 보면 최종적으로 이번 주와 오늘 어떤 업무가 진행되어야 수년 후의 양산에 차질이 없는지가 파악된다. 먼 미래를 내다보고 계획을 세우는 것은 당연히 중요하지만, 계획의 최종 단계는 '오늘 일정'을 짜는 것이다.

이런 습관은 개인의 평생 계획이나 조직의 계획을 만들 때도 유용하다. 먼 미래에 대한 막연한 기대로 단지 희망을 나열해 꿈을 꾸는 것은, 위에서도 언급했듯이 비전이 아니고 일루전이다. 비전 수립은 명확한 목표와 체계적인 계획을 세우는 토대이다. 물론 계획은 상황에 따라 바뀔 수 있다.

2020년 초부터 전세계를 강타한 코로나 19^{COVID-19}(이하 코로나) 사태와 같은 변수가 생긴다면 이전 해에 수립한 계획은 사실상 무용지물이다. 하지만 어떤 경우라도 계획은 필요하다. 꼼꼼하게 세운 계획은 변수가 있어도 대처가 가능하다. 꼼꼼한 만큼 다양한 변수를 사전에 포함시켜 시뮬레이션을 하고 대비하기 때문이다. 이와 같이 우발적인 위기 상황에 대처하기 위한 비상계획을 '컨틴전시 플랜contingency plan'이라고 하는데, 일류기업은 컨틴전시(만일의 사태)를 위한 컨틴전시 플랜을 짜기도 한다. 염려한 상황이 발생하지 않으면 좋겠으나, 불확실성이 증대하는 환경에서는 만약을 위해 치밀한 망을 만드는 것이 의미가 있다. 이익은 기대 이하라도 감수할 수 있지만, 손실은 예상보다 클 때 치명적이다.

볼링은 가볍게는 8~9파운드, 무겁게는 15~16파운드의 공을 굴려 18미터 밖에 삼각형 형태로 세워진 10개의 핀pin을 쓰러뜨리는 운동이다. 그런데 재미있는 사실은, 볼링 선수들이 공을 굴리는 순간에 18미터 밖에 있는 핀을 보고 스텝을 밟지 않는다는 것이다. 시작 라인에서 약 4미터 떨어진 곳에 '애로우arrow'라고 하는 화살표가 7개 그려져 있는데, 그 지점이 바로 가늠자의 역할을 한다. 시작 라인에서 핀까지의 경로와 자신의 구질을 생각해서 가까이에 있는 7개의 화살표 중 어디로 공이 지나가야 하는지를 계산한다. 그러나 공을 손에서 놓는 것도 전체 동작의 출발점은 아니다. 라인보다 몇 발자국 뒤, 공을 손에 들고 서 있는 지점부터 모든 동작이 연결되기 때문에, 볼러bowler가 최종적으로 신경을 집중하는 것은 서있는 상태의 정지 동작이다. 가장 중요한 순간에는 오히려 최종 목표인 핀을 생각하지 않고, 멈추어 서있는 자세와 중간 목표인 애로우에 모든 신경을 집중한다.

영화배우 이수련씨는 청와대 경호관 출신의 연예인으로 잘 알려진 분이다. 최초의 여성 청와대 경호관으로 안정된 직장을 박차고 나와 본인의 꿈이었던 영화배우가 되기 위해 모진 고생을 마다하지 않았다고 한다. 2019년에 이수련씨가 현대모비스 직원들을 대상으로 꿈과 인생 목표에 대한 강의를 하던 중 사격의 요령에 대해 설명해준 적이 있다. 사격에서 중요한 요소들은 조준선을 정렬하고 방아쇠를 당길 때 여유를 갖는 것이라고 한다. 급한 상황이라고 서두르다가는 탄환이 목표물을 벗어난다는 것이다. 또한 목표를 정하더라도 최종적으로는 목표가 아닌 가늠자와 가늠쇠에 시선이 집중되어야 한다. 볼링 레인에서 가까운 곳에 집중하는 것이나 비전 달성을 위해 현재에 주력하는 것과 다르지 않다.

이처럼 리더의 눈은 멀리 보는 것만큼 가까운 미래를 살피는 것도 중요하다. 우리는 흔히 가까운 앞날만 보고 먼 미래를 간과하는 '근시안'을 우려하지만, 실상 먼 물체를 잘 보고 가까운 것을 못 보는 '노안'도 문제가 된다. 균형된 시각은 리더가 갖추어야 하는 중요한 덕목이다. 본인의 시각이 이미 굳어져 있다면 다촛점 안경이라도 써야 한다.

리더의 눈 | 3 | 바이올린의 작은 부품, 사운드포스트가 내는 효과

몇 년 전 서울 예술의 전당에서 '리처드 용재 오닐과 친구들'의 크리스마스 공연을 본 적이 있다. 미리 계획하고 간 것이 아니라 그 근처를 지나가다 우연히 포스터를 보고 마침 남은 표가 있길래 들어갔었다. 일본의 유명 피아니스트 유키 구라모토와 바이올리니스트 신지아가 출연하는 공연이라 수준이 상당했지만, 막판에 현장에서 산 표였기에 좌석 위치까지는 욕심을 부릴 수 없었다. 그렇게 들어간 자리가 일반 공연으로 치면 합창단석의 뒤쪽 상단, 대부분의 관객들이 앉는 자리를 대각선으로 내려다보는 위치였다. 낯선 자리이긴 했지만 음악을 듣는 공연이라 개의치 않고 멋진 선율을 즐겼는데, 의외로 예상치 못했던 재미를 발견했다.

우선 늘 뒤통수만 보던 지휘자의 앞모습을 볼 수 있었다. 몰아지경에 빠져 오케스트라를 지휘하는 모습은 일반 객석에서는 보기 힘든 장면이다. 또 한가지 재미있었던 장면은 오케스트라 단원들이었다. 무대가 잘 보이는 곳에서 지켜본 연주자들은, 아주 가끔 지휘자를 흘깃 보는 사람도 있지만, 대부분 지휘자가 아닌 악보만 쳐다보고 있었다. 베를린 필하모닉 오케스트라의 명 지휘자 헤르베르트 폰 카라얀Herbert von Karajan과 협연을 하던 바이올리니스트가 눈을 떠보니 지휘자가 눈을 감고 있어서, 호흡이 어긋날까봐 자신도 눈을 감았다는 이

39

야기가 생각났다.

연주회에서 오는 길에 지휘자의 모습을 떠올리다가 리더가 가져야 하는 다양한 시각에 대해 생각해보게 되었다. 조직을 오케스트라로 생각할 때, 조직장들은 아무래도 무대 정중앙 자리를 선호한다. 스포트라이트가 집중되면서도 많은 사람들을 지근 거리에서 볼 수 있는 위치이기 때문이다. 사방을 둘러보면 누가 어디서 어떤 일을 하는지, 무슨 말을 하는지 파악이 가능하다. 하지만 그 자리가 관리 차원에서 최적의 자리라는 보장은 없다. 때로 2층으로 옮겨 가서 무대를 보기도 해야 하고, 간혹 무대 뒤편 합창단석에 올라가 마주앉은 관객들을 바라보는 시각의 전환도 필요하다.

'앉아서 삼천리'라는 말이 있다. 부하직원이 가져오는 보고로 모든 것을 이해하고 판단한다는 의미다. 이런 리더는 상황을 빠르게 많이 접할 수는 있을지 모르나, 정확히 파악하지는 못한다. 위치를 옮겨 다니면서 그때 그때 최적의 위치를 선정하는 눈이 있어야 조직을 '애자일agile'하게 유지할 수 있다. 같은 성악 공연이라도 누가 노래하는가에 따라 최적의 좌석은 다르다. 성량이 풍부한 사람인지 아닌지에 따라 음성이 전달되는 범위가 달라지기 때문이다. 조직도 이와 비슷하다. 리더는 디테일을 챙길 줄 알아야 한다. 다양한 시각과 열린 사고로 상황과 조직을 바라볼 때 문제의 해결책이 나오고, 무엇보다도 조직 속의 사람이 보인다.

초등학교 시절에 몇 년 배웠던 바이올린을 다시 시작한 것은 학업이 끝나고 미국에서 직장 생활을 할 때였다. 레슨받는 큰 딸을 데려다주는 길에 나도 같이 배우자고 시작을 했는데, 그래도 어린 시절에 하던 기억이 있어서인지 진도가 빨랐다. 그렇게 몇 달을 하다 보니 옛날에 배웠던 과정만큼을 따라잡게 되었고, 귀국할 때 사온 악기로 지금도 가끔씩 혼자만의 연주회를 갖는다. 바이올린은 대표적인 현악기로 크기가 좀 더 큰 비올라나 첼로와 같은 계열이지만, 음역대가 높고 독주나 협연곡이 많아 누구에게나 익숙한 악기다.

하지만 바이올린을 다뤄보지 않은 사람들은 잘 모르는 '사운드포스트 soundpost'라는 작은 부품이 있다. 직경 6mm, 길이 4cm 남짓한 이 원통형 나무 막대기는 바이올린의 상판과 하판 사이에 괴어 있어서, 옆 판을 제외하고는 공명통 안에서 유일하게 상하판을 연결하는 부품이다. 활로 악기의 현을 그을 때 나는 소리는 네 개의 줄을 받치고 있는 브리지 bridge라는 나무 부품을 타고 상판으로 전달되고 이 소리가 옆 판과 사운드포스트를 통해 하판으로 전달된다. 이 작고 보잘것없어 보이는 부품이 없으면 바이올린의 풍부한 음역은 사라지고, 제 소리를 못 낸다. 수십 억원을 호가하는 스트라디바리우스 같은 악기에서도 이 작은 부품의 효과는 마찬가지다.

우리 조직 내에서도 구성원 각자의 역할이 다르다. 연구개발 업무를 담당하는 사람이 있고, 생산이나 영업을 담당하는 사람에 이르기까지 자신의 전공이나 역량에 따라 맡은 일을 하면서 조직을 꾸려 나간다. 하지만 이 중에서도 두드러지는 업무들이 있다. 성과가 나왔을 때 특히 눈에 띄는 분야인 연구개발이나 영업, 홍보 등이다. 반면에 생산이나 구매처럼 궂은 일을 하면서도 공로에 대해 인정을 받기보다 문제가 생길 때 질책을 받는 조직이 있다. 같은 목표를 가지고 노력하지만 '기울어진 운동장'에서 뛰는 불리함을 가지고 일하는 것이다.

리더는 이런 점을 간과해서는 안 된다. 기업이 운영되려면 어느 하나 중요하지 않은 기능이나 조직이 없다. 3만 개의 부품으로 이루어지는 자동차에서 작은 나사 몇개가 빠져도 차가 완성되지 않듯이, 조직의 업무는 맡은 역할이 다른 수많은 하부 조직이 제 기능을 다할 때 비로소 완수된다. 주변을 보면 분명히 바이올린의 사운드포스트 같이 숨어있는 조직이 있고, 현이나 활처럼 누구에게나 인정받는 조직이 있다. 리더는 외부에 드러나고 인정받는 사람들보다 뒤에서 수고하는 사람들을 더 챙겨야 한다. 조직의 사기는 뒤편에서 묵묵히 일하는 사람들에 의해 좌우되기 때문이다. 리더의 눈이 예리해야 하는 이유다.

리더의 눈 | 4 | 보이지 않는 것을 보여줄 수 있는 리더

자동차 업계에서 미래 동향을 파악하고 각 사의 비전을 확인하기에 좋은 기회는 매년 1월 미국 미시건주 디트로이트를 시작으로 세계 곳곳에서 열리는 자동차쇼이다. 유명 자동차쇼는 찾는 인파가 많아 미리 예약을 하지 않으면 숙소를 구하기도 힘들 정도다. 그러나 몇 년 전부터 많은 변화가 왔다. 자동차쇼의 인기가 예전만 못하다. 전시장을 꾸미는 데 드는 많은 비용에 비해 그 효과가 크지 않다고 보는 영향도 있겠으나, 다른 이유는 자동차쇼와 경쟁이 되는 다른 행사가 더 주목을 받게 되었다는 것이다. 바로 매년 1월 미국 네바다주 라스베가스에서 열리는 CES 행사다.

원래는 Consumer Electronics Show라는 이름대로 가전업체나 전기전자 업체들의 기술 경연장이었고, 우리나라의 삼성전자나 LG전자가 과거나 지금이나 가장 주목받는 전시업체이다. 그런데 최근 몇 년 사이 이 전시회에 완성차업체나 부품업체들이 대거 진출하기 시작했다. 자동차 산업에서 전기전자 분야의 중요성은 이미 오래전부터 언급되어 왔으나, 공공연하게 '자동차는 움직이는 컴퓨터'라는 말이 나올 정도로 전기전자화가 급속히 진행되면서, 다양한 신기술을 파악하고 접목하려는 시도가 자동차 업계를 이런 '블루 오션 전시장'으로 내몰게 된 것이다.

이런 여파로 매해 초 자동차 업계의 기지개를 펴는 역할을 해주던 디트로이트 모터쇼는 CES와의 경쟁을 피해 개최 시기를 6월로 이동했다. CES에는 현대자동차 그룹에서도 현대자동차와 기아, 현대모비스가 작지 않은 전시장을 만들어 각 사의 대표 제품을 전시한다. 미래의 자동차라고 여겨지는 친환경차나 자율주행 기술과 관련된 것

43

들이 주를 이루고, 특히 전기전자 분야의 신기술을 자랑한다. 그런데 2020년 1월 CES에서 파격적인 전시가 있었다. 현대자동차가 자동차가 아닌 '비행체'를 전시한 것이다. 정확하게는 하늘을 나는 자동차인 UAM^{urban air mobility}이지만 일반적인 의미의 자동차를 보러 왔던 관객들에게는 신선한 충격이었다. 이 덕분에 현대자동차는 CES 전시업체 중 관객을 가장 많이 끌어들인 3개 기업 중 하나로 선정되었고, 회사의 이미지를 업그레이드하는 기회를 잡았다.

기업이 어떤 제품을 만드는가는 상상이 현실로 진화되는 과정이지만, 기본적으로 수익이 보장되어야 하고 추구하는 '업의 본질'과도 맞아야 한다. 그러나 현재에 함몰되어 모험을 감수하지 않는 기업은 미래를 보장받지 못한다. 많은 기업들이 이런 신사업의 가능성을 좇아 연구하고 변화를 추구하는데, 결국 결정은 리더의 몫이다. 미래를 향하는 리더의 눈은 근거없이 꿈을 좇는 것과는 다르다. 리더의 비전은 올바른 방향을 제시해야 한다. 목표에 도달하는 시간은 기업의 역량과 주변 환경에 따라 달라질 수 있으나, 방향성은 처음부터 올바로 정해져야 한다. 자동차 업체인 현대자동차 그룹이 하늘을 나는 차를 만든다는 것은 이미 가지고 있는 기술과 역량을 활용해 미래 가치가 있다고 판단되는 신사업에 승부수를 던지는 것이지, 전혀 배경이 없는 분야에 무모하게 뛰어드는 것이 아니다.

경영학의 구루인 피터 드러커^{Peter Drucker}는 단점을 보완하지 말고 장점을 살리는 것이 중요하다고 강조한다. "위대한 바이올리니스트인 야사 하이페츠^{Jascha Heifetz}가 트럼펫을 불지 못한다며 비난하는 사람은 한 명도 없다."[2]는 그의 말을 인용하여, 목사이자 리더십 전문가인 존 맥스웰^{John Maxwell}은 집중력의 70%는 장점에 두어야 한다고 저서《존 맥스웰의 리더의 조건》에서 언급한다. 거기에 덧붙여 나머지 30%의 집중력 중 25%는 새로운 일에 두고 나머지 5%만 자신의 약점에 두라는 교훈은 새겨들을 만하다. 피터 드러커는 새로운 분야를 개척하고 추구해야 하는 점을 강조하면서 이런 말을 했다. "인간은 호기심을 잃는 순간 늙는다." 내 조직이 잘 하는 분야를 파악하고 거기에 새로운 분야를 접목시키는 눈을 가진 리더야말로 비전을 가진 리더라고 할 수 있다.

미국의 작가이자 사회 복지 사업가인 헬렌 켈러^{Helen Keller}는 태어난 지 19개월만에 심한 뇌척수막염에 걸려 청각과 시각을 잃고, 언어마저 습득을 못하여 3중고에 시달리던 인물이다. 맹아학교 선생님이던 앤 설리번^{Anne Sullivan}을 가정교사로 영입하여 이후 학업에서 큰 성과를 달성하게 된 이야기는 유명하다. 켈러는 하버드 대학교의 여자 대학인 래드클리프 칼리지를 졸업하고 여성과 노동자의 인권운동가로 평생을 살았다. 그는 다수의 저서를 남긴 작가이기도 했는데,《나이아가라 견문기》를 읽은 작가 마크 트웨인^{Mark Twain}은 '직접 보고 듣는 일반 사람보다 훨씬 더 감동적으로 표현했다.'는 찬사를 보냈다고 한다. 장애를 극복하며 역사에 남을 만한 일을 많이 한 사람답게 그의 어록도 지금까지 회자되는 것들이 많다.

행복의 한 쪽 문이 닫히면 다른 쪽 문이 열린다. 그러나 흔히 우리는 닫힌 문을 오랫동안 보기 때문에 우리를 위해 열려 있는 문을 보지 못한다.[3]

희망은 인간을 성공으로 인도하는 신앙이다. 희망이 없으면 아무것도 이룰 수 없다.[4]

그의 이런 말은 리더가 갖추어야 하는 긍정적인 시야를 단적으로 대변한다. 할 수 있다는 자신감, 긍정적인 가치관은 조직의 역량을 강화할 뿐 아니라 절대절명의 순간에서도 빠져나갈 틈을 찾는 열쇠가 된다. 헬렌 켈러가 수필《Three days to see(사흘만 볼 수 있다면)》에서 자신이 대학 총장이 된다면 만들겠다는 필수 과목으로 'How to use your eyes (눈을 사용하는 법)'를 꼽은 것은 단지 시신경을 통해 전달되는 이미지를 논하고자 한 것은 아니다. 마음으로 바라보아야 하는 세상, 몇 번을 되새기고 묵상해야 깨닫는 자연의 진정한 의미, 그리고 육신의 눈으로 앞을 보면서도 그 이상을 보지 못하는 사람에 대한 안타까움이 포함되어 있을 것이다.

그는 "맹인으로 태어나는 것보다 더 비극적인 일은 앞은 볼 수 있으나 비전이 없는 것이다."[5]라는 말을 남긴다. 조직관리 측면에서 무엇보다도 중요한 것이지만 막상 눈에는 보이지 않는 비전이나 가치관, 합리적 사고방식 등은 리더가 노력해서 갖추어야 하는 자질이다.

'훌륭하고 성공적인 리더들은 삶과 조직에 대한 자각으로부터 그들이 존재하는 목적과 자신이 진심으로 열망하는 비전의 시계를 선명하게 창출해야 한다.'고 한 이창준 구루피플스 대표의 글이 시사하듯이, 리더들은 자신이 품은 비전을 보이는 것으로 형상화하거나 조직에 내재화하는 어려운 일까지도 감당해야 한다.

리더의 눈 | 5 | 날카로운 관찰력과 본질에 집중할 수 있는 관대함

우리나라의 조직 리더십은 '카리스마'를 강조한다. 이 단어가 주는 이미지는 강함과 추진력, 돌파력처럼 다분히 남성적이다. 요즘 강조되는 섬김의 리더십이나 감성적 리더십과는 차이가 크다. 그러나 'charisma'라는 단어는 본래 '신의 은총'이라는 의미의 그리스어에서 유래했다고 한다. 시간이 흐르며 특별한 능력이나 자질을 뜻하게 된 이 단어에 대해 독일의 사회학자 막스 베버Max Weber는 '어느 특정한 사람을 다른 사람과 구별되게 하는 특징으로, 초자연적이고 초인간적인 능력을 가졌다고 사람들이 믿음으로써 생기는 것'[6]으로 정의했다. 반면에 시카고대학교 경영대학원의 마빈 조니스Marvin Zonis 교수는 "카리스마가 있는 지도자가 되려면 의사소통 능력이 뛰어나야 한다. 카리스마를 보이려는 지도자는 추종자들에게 자기가 그들의 대망을 구현시켜줄 것이며, 그들의 깊은 열망을 이해하고 있고 그 열망을 실현시키기 위해 헌신할 것임을 확신시켜야 한다. 여기에는 굉장한 공감이 필요하다."[7]고 언급했다.

그가 이야기하는 카리스마는 우리가 흔히 생각하는 '마초적 남성'과는 거리가 멀다. 오히려 사람들을 이해하고 배려하며 헌신하고 소통하는 능력에 가깝다. 조니스 교수의 정의를 확대해 보면, 카리스마 리더십의 본질은 군림보다 섬김이며 관리가 아닌 관심이다. 또한 리더 자신보다 조직원 중심이어야 한다. 그런 면에서 리더가 부하직원들에게 관심을 갖고 격려를 할 때 천편일률적인 방법을 동원해서는 효과가 반감된다. 스스로가 인정받는다고 느끼는 순간은 사람마다 다르기 때문이다.

우리 나이로 서른 한 살에 결혼한 나는 딸 둘에 아들 하나를 두었다. 그런데 외모로는 나를 많이 닮아 누가 봐도 남매 지간인 우리 세 아이들이 어린 시절에 받아들이던 사랑의 표현은 많이 달랐다. 큰 딸은 칭찬이나 격려의 말에 반응을 하고, 둘째 딸은 선물이나 상품과 같은 물리적인 보상에 더 민감했다. 반면에 늦둥이 막내 아들은 지금까지도 칭찬하면서 안아주는 사랑의 표현을 좋아한다. 이런 현상을 연구한 책들 가운데 가정 문제 컨설턴트로 유명한 개리 채프만[Gary Chapman] 목사가 쓴 《5가지 사랑의 언어》가 있다. 이 책에서 저자는 사람마다 느끼는 사랑의 표현이 다르다는 점을 강조한다. 선물을 받는 것, 안아주거나 따뜻한 손길을 내미는 것, 함께 시간을 보내주는 것,

사랑이나 감사의 말을 듣는 것, 일을 대신하거나 도와주는 것과 같이 자신만의 사랑의 언어가 있다는 것이다.

부하직원들도 사람에 따라 어떤 사람은 말 한마디에 기운이 날 수 있고, 다른 사람은 식사 대접이라도 해줄 때 본인이 인정받는다고 느낀다. 리더의 눈이 날카롭지 않으면 이런 부분을 놓칠 수 있다. 사랑의 언어가 통하지 않으면 리더 나름대로는 애정과 관심을 표현한다고 최선을 다했는데 전혀 효과가 없는 좌절을 맛볼 수도 있다.

물론 한 사람이 수십, 수백명에 달하는 조직원들의 특성까지 모두 파악하고 대처한다는 것은 불가능하다. 그러나 기본적으로 지켜야하는 'Rule of Thumb'이 있다. 적어도 상대방을 바라볼 때 리더 자신의 기준에만 맞추어 생각하지 말아야 한다는 것이다. 내가 칭찬을 좋아한다고 해서 다들 그럴 것이라고 생각하거나, 승진이나 상여금처럼 보상이 주어져야 더 성과를 내는 직원을 이상한 눈으로 보아서는 안 된다. 모든 사람의 특성이 다르기 때문에, 그 사람들이 느낄 수 있는 방법으로 내 관심을 표현하는 것이 지혜롭다.

리더의 눈은 이처럼 정확해야 하지만 때로 무심히 지나칠 줄도 알아야 한다. 스탠포드 대학교 경영학과의 로버트 서튼[Robert Sutton] 교수는 리더들에게 '창조적 무능[creative incompetence]'을 활용하라고 조언한다. 간단히 말하면 '사소한 업무는 너무 따지지 말고 무능한 것처럼 보여 대충 넘기라.'는 것이다. 그래야만 가치 있는 일에 집중해서 창조적인 결과물을 만들 수 있다는 주장이다. 이는 업무를 적당히 처리하거나 지시를 불명확하게 하라는 것과는 전혀 다른 의미다. 무능한 조직장들은 업무의 어떤 부분이 중요한지 제대로 파악을 하지 못해 정작 필요한 부분은 놓치고 애먼 데서 시간을 낭비한다. 핵심을 이해하지 못하면 지시도 애매하게 하고, 직원이 가져오는 보고서에 딴지를 걸거나 자신이 원하는 바가 아니라고 재지시를 한다. 직원들은 상사의 의도를 파악하고 지시에 맞는 답안을 만들기 위해 많은 시간을 쏟지만, 다시 보고할 때 상사의 답은 "이게 아니고, 좀 더 핵심 위주로 정리 못 해?"라는 핀잔이다.

창조적 무능은 오히려 이런 양상과는 반대의 경우다. 문제의 본질을 알고 있어서 부수적인 부분은 괘념치 않는 대범함이다. 보고서의 철자나 문법, 내용 작성에 다소 실수가 있어도 큰 흐름에 위배되지 않는 한 그대로 넘어가는 관대함이고, 실적 보고시에 목표를 달성하지 못했지만 최선을 다한 결과라면 격려를 해주고 다음을 기약해보는 이해심이다. 이런 리더가 이끄는 조직은 사소한 실수를 두려워하여 보고서의 줄 맞추기나 철자 검증에 시간을 쏟는 우를 범하지 않는다. 문제의 본질을 꿰뚫고 정말 중요한 업무를 시간 내에 해결하고 정리하는 문화가 정립된다. 한마디로 효율적인 조직으로 성장하는 것이다. 창조적 무능은 예리한 눈과 정확한 판단력이 없으면 발휘하기 어렵다.

이처럼 리더의 눈은 날카롭게 관찰할 수 있는 섬세함과 보고도 넘길 수 있는 무던함을 함께 갖추어야 한다. 이런 모든 성품이 합쳐

질 때 진정한 의미의 카리스마가 형성된다. 구성원들로부터 그들이 바라는 것을 이루어 줄 수 있는 사람이라고 인정받고, 그들을 위해 헌신할 준비가 된 사람이라는 신뢰를 얻는 것은 상사가 생각하는 것보다 훨씬 많은 노력을 요구한다. 부하직원들의 안색을 살피고, 그들의 기분을 헤아리면서 업무를 파악하고 지시하려면, 때로 리더가 누리는 많은 특권, 특히 권위와 권력을 포기해야 한다.

우리에게 필요한 리더는 뛰어난 능력과 예리함만을 갖춘 사람이 아니라, 약점을 보면서도 작은 문제는 넘어가 주는 아량 있는 눈을 지닌 사람이다. 멋진 비전을 수립하거나 세부 계획을 따지는 것도 중요하지만, 미래를 위해서는 사람과 상황을 제대로 보는 눈을 지닌 리더를 키워내는 것이 훨씬 더 절실하다. 그런 사람들이 조직을 변화시키고 성장시키기 때문이다. 위에서 언급한 스탠포드 대학교의 로버트 서튼 교수는 조직의 힘에 대해 다음과 같이 언급한 바 있다.

"지속적 혁신은 한 명의 천재를 통해 이루어지는 것이 아니다. 구성원들이 새로운 아이디어를 생산하고 이를 과감히 실천하는 조직적 기반이 있어야 진정한 창의적 조직으로 거듭날 수 있다."

기업의 흥망성쇠가 미래를 정확히 예측하고 비전을 수립해서 전략과 계획을 효율적으로 수행하는 것에 달려있다는 것을 모르는 사람은 없다. 세계 시장을 주름잡다가 역사의 뒤안길로 사라진 코닥Kodak, 노키아Nokia 등 수많은 기업들을 이야기할 때마다 미래에 대한 예측이 부족했다거나 대응을 신속하게 못했다는 비평을 하지만, 이는 다분히 결과론적 이야기이다. 조직의 사활이 걸린 미래 사업에 대해 골몰하지 않는 기업은 없다. 셀 수 없이 많은 조사와 자문을 통해 불확실성을 제거하고, 모든 사업의 손익을 따지면서 그 시기를 가늠질한다. 그러나 최후의 결정을 어떻게 하는가에 따라 전혀 다른 결과를 가져오는 것이 현실이라는 '정글'이다. 그만큼 최종 선택을 해야 하는 리더의 결정은 포괄적이고도 세밀해야 한다. 완벽하게는 아니더라도 최소한 경쟁사보다는 잘 하고 있어야, 위기가 닥쳐도 헤쳐나갈 에너지가 남는다.

과거 기계공학 전공자의 천국과 같던 자동차 산업도 이제는 전기전자 분야의 전문가를 더 필요로 할 만큼 변했다. 카메라, 레이더와 같은 센서류와 제어기가 많이 들어가면서 하드웨어뿐 아니라 소프트웨어 전문가도 과거 어느 때보다도 많이 필요하다. 거기에 하이브리드, 전기차, 수소차로 상징되는 친환경차의 비중이 날로 높아짐에 따라 모터나 배터리, 연료전지 분야의 기술이 요구 되다보니 말 그대로 복합 융합 산업이 되고 있다. 현시점에서 자동차 산업의 미래를 거시적으로 예측하기는 어렵지 않다. 현재 이용하는 가솔린, 디젤 내연기관 차량은 점차 줄어들 것이고, 하이브리드 시대를 거쳐 결국에는 궁극적인 친환경차라고 일컬어지는 전기차와 수소전기차 시대로 가리라는 데 이견은 없다. 다만 얼마나 빨리 그런 시기가 오는가를 예측하기는 쉽지 않다.

몇 년 전 독일 폭스바겐Volkswagen사의 디젤게이트 이후 디젤자동차는 금방 자취를 감출 것 같았지만, 전기차나 수소전기차가 그 많은 수요를 감당하기에는 아직 많은 준비가 필요하다. 배터리와 수소연료전지의 가격을 낮추고 충전 인프라를 갖추는 문제가 대표적인 걸림돌이다. 그렇다면 커넥팅 브리지connecting bridge로 간주되는 하이브리드 자동차의 수요가 얼마나 오래 지속될 것인지가 관건이 되는데, 이런 변동성을 예측하고 원하는 미래를 만들어가는 기업이라야 생존할 가능성이 많다. 특히 코로나 사태로 인해 기업의 재무 건전성이 안 좋아지면서 중장기 계획뿐 아니라 단기 예측도 지속가능성에 많은 영향을 주게 되었다. 미래를 예측하는 리더의 눈이 어느 때보다도 중요한 시기이다.

이제는 도로에서 자주 눈에 띄는 수소전기차 넥쏘는 2012년부터 계획을 수립하고 개발에 착수했다. 핵심이 되는 부품이나 시스템 개발을 먼저 시작하고 어떤 차 급, 어떤 차종으로 차를 만들 것인가에 대한 논의를 지속했는데, 쉽사리 결론이 나지 않았다. 지금은 SUV의 시장이 확대되는 것을 일반 소비자도 잘 알고 있지만, 그 당시만해도 전세계 자동차 시장에서 승용차의 점유율은 압도적이었고, 현대자동차를 제외한 경쟁사들은 모두 승용차로 수소차를 만든다는 계획을 발표하고 있었다. 수소연료전지 시스템을 승용차에 장착하는 것은 엔진룸이 더 큰 SUV보다 어렵기 때문에, 일부에서는 우리의 기술력을 검증하려면 승용차로 가야 한다는 주장이 있었다.

하지만 내 입장은 달랐다. 차량 내부 공간에 여유가 있는 차종이 유리하기도 하고 폭등한 석유값이 제 자리를 찾아가면 연료 소비가 많은 미니밴이나 SUV 시장도 커질 것으로 보았기에 SUV를 만들어야 한다고 생각했다. 이런 논란은 생각보다 오래 가 1년 가까이 지속되었다. 최종적으로 차체를 SUV 타입으로 결정한 이후, 이미 생산된 차량을 개조하는 것이 아니라 거액을 투자해 전용 플랫폼을 이용한 신차를 만들기로 하였는데, 이 결론에 이르기까지는 또 1년이 흘렀다.

결국 최고 경영층의 결정으로 코드명 FE인 넥쏘가 탄생하는 계기가 마련되었고, 비록 많은 대수가 팔리는 차는 아니지만 지금도 현대자동차 그룹의 미래 친환경차 기술을 세계 시장에 홍보하는 큰 역할을 하고 있다. SUV 외에 버스, 트럭 등의 동력원으로도 이용되고 있으며, 같은 수소연료전지 시스템을 지게차와 발전용으로도 시범 운용하고 있다. 이미 소형 수소연료전지를 드론에까지 이용하는 기업이 있는데, 이와 같은 추세는 더욱 확대되어 미래에는 선박이나 트램과 같은 자동차 이외의 운송수단에도 사용이 가능할 것으로 보고 있다.

현대자동차 연구소에서 재직할 당시 내가 맡았던 실 단위의 조직은 수소전기차를 개발하는 연료전지개발실 외에 하이브리드, 전기자동차의 성능과 연비를 개발하는 환경차시험개발실이 있었다. 그러나 두 실 모두 내가 시작한 곳은 아니었다. 1세대 리더들이 불모지에서 일으켜 놓은 연구 업적을 이어받아 발전시킨 뒤 후배들에게 전하는 것이 내 역할이었다. 두 조직 모두 회사의 관심을 못 받는 작은 조직으로 시작해서 이제는 회사와 그룹의 미래를 책임져야 하는 막중한 임무를 맡는 위치까지 올라섰다. 미래에 생산될 자동차는 모두 화석연료를 적게 쓰거나 아예 사용하지 않는 친환경차가 될 것이기에, 환경차는 자율주행과 더불어 자동차 산업의 중심이 될 수밖에 없는 분야이다. 나는 운이 좋아 2세대 리더 치고는 많은 성과를 맛볼 수 있었다. 2013년 세계 최초로 투싼 수소전기차가 양산 모델을 출시하던 무렵에 연료전지 개발실장이 되면서 방송과 언론의 집중을 받았고, 2016년에 생산된 아이오닉 전기차와 하이브리드가 세계 최고의 연비를 기록하면서 또다시 주목을 받게 되었다.

그러나 현대자동차 연구소에서 이룬 성과에 내가 직접 기여한 부분은 그다지 많지 않았던 것 같다. 전임자들의 수고와 연구원들의 노력이 최고조로 집중되었던 시기에 그 자리에 내가 운 좋게 있었던 것 뿐이다. 세월이 지나 이제 회사의 주요 사업을 책임지는 위치에 이르다 보니, 여러 해 전 미래 자동차 시장을 예측하고 전략을 수립하던 분들의 고충이 조금은 짐작이 간다.

그 중에서도 시대를 앞서는 탁월한 비전을 가진 분들이 있었는데, 지금도 중요한 계획을 세울 때면 '그분이라면 어떻게 하셨을까?'라는 생각을 하게 만드는 전직 부회장님이 계시다. 사람들이 고연비나 저공해 자동차에 관심을 갖지 않던 시절에 이미 친환경 자동차 개발계획을 수립하고, 연료전지 개발을 위해 미국의 선도기업과 계약을 체결해 기초를 놓으신 분이다. 지금은 현업에서 은퇴를 하고 마음 졸이며 후배들을 지켜보시는 그분과 같은 '비저너리visionary'들이 선배로 계셨기에 현대자동차 그룹의 오늘이 있다는 사실이 내게는 감격이자 부담이다. 조직의 미래가 리더의 비전을 넘어서지 못한다는 교훈은 식상한 이론이 아니고 우리의 일상에서 겪는 현실이다.

리더의 눈 | 7 | 기피하는 조직에서 사람을 끌어당기는 조직으로

현대자동차에서의 11년 생활을 마치고 다시 현대모비스로 돌아왔을 때의 첫 임무는 연구소에서 환경차 부품을 개발하는 일이었다. 주요 부품인 모터, 배터리시스템, 제어기뿐 아니라 수소전기차의 엔진 역할을 하는 연료전지시스템 생산 까지를 모비스가 책임지고 있었기 때문에, 이제는 나에게 최대 고객이 된 현대기아자동차를 위한 제품 개발을 주도하는 위치였다. 한 그룹 내 주요 계열사끼리라도, 완성차 업체와 부품사는 고객과 서플라이어라는 역할이 정해져 있기 때문에 비즈니스에 관한 한 늘 긴장된 관계를 유지한다. 현대기아차의 까다로운 요구 조건을 만족시키는 일은 그곳에서 10년 이상 일하면서 실장직까지 거쳤던 나로서도 부담스러웠으니, 우리 실의 연구원들은 말할 것도 없었다. 모비스 부임 첫 날 나에게 다가온 느낌은, 그런 선입견 때문인지는 몰라도, 위축되어 있는 모습이었다. 이런 분위기로는 어렵겠다 싶어서 2년을 작정하고 조직문화 만들기에 돌입했다.

우선 회의의 수와 시간을 대폭 줄이고, 보고서의 분량을 줄였다. 보고하러 오는 사람을 반갑게 맞이하고, 코치이자 멘토로서 그들을 대하고자 노력했다. 더 중요하게는 실 단위 아래 있는 팀과 워킹 그룹의 리더들에게 수시로 리더십과 조직관리의 중요성을 이야기하며, 그들의 변화를 유도했다. 모비스에서 맡았던 연구소 조직인 친환경 설계실은 인원은 많지 않으면서 업무는 급속도로 늘어나는 곳이라 사람들의 기피 대상이었다. 미래의 먹거리라는 좋은 명분 이외에는 가봐야 고생만 하는 조직으로 인식이 된 것이다. 그랬던 조직이 몇 달 후부터 바뀌는 모습을 보이기 시작했다.

먼저 연구원들의 표정이 밝아지고, 조직장들이 부하 직원들을 대하는 태도가 달라졌다. 경영층에 올라가는 보고서를 수십 번씩 고치던 관행을 깨고 불필요한 데 낭비하던 시간을 연구 업무에 쏟으면서 성과가 나오기 시작했고, 점점 일의 재미를 느끼는 것 같았다. 어둡

57

고 조용했던 연구소는 시장통같이 시끄러워지고, 실장인 내가 지나가더라도 별로 신경 쓰지 않고 자기 일을 하는 분위기가 조성되었다. 내 마음을 이해하고 받아준 소수의 사람들은 카톡과 문자를 보내주었고, 심지어 한밤중에 술에 취해 전화를 하는 직원들까지 생기기 시작했다. 이 모두가 내가 바라던 모습이었다. 그런 변화를 겪은 지 1년여, 그해 연말에 친환경설계실은 현대모비스 연구원들의 기피 대상에서 빠졌다는 소문이 돌았고, 심지어 우리 실로 오고 싶다는 직원들까지 생기기 시작했다. 나의 1년차 목표는 이렇게 달성이 되었다.

2017년 11월 어느 날, 회사 조직에 큰 변화를 시도한다는 이야기가 들려왔다. 기존의 기능별 본부제를 벗어나 모든 기능을 갖춘 책임형 사업부제(현재는 이름이 Business Unit(BU)으로 바뀌었다.)를 추진하고 있다는 내용이었다. 첫 대상으로 미래 사업인 전동화가 선택되었고, 내가 그 사업부장을 맡으면 좋겠다는 제안이 있었다. 연구소 바깥의 세상을 보고싶다는 오랜 꿈이 있었기에 솔깃하긴 했으나, 말 그대로 '공돌이'인 내가 작은 회사와 같은 조직인 사업부를 이끌어갈 자신은 없었다. 하지만 따로 맡을 만한 사람이 없었던 관계로 그나마 환경차와 관련한 이런 저런 업무를 맡아본 경험이 있는 나에게 역할이 주어졌고, 평생 처음으로 연구소 소속이 아닌 직책을 맡게 되었다. 아는 것이라고는 자동차나 자동차 부품을 연구하고 개발하는 것이 전부였던 내가 이제는 협력 업체로부터 소재나 부품을 구입하고 우리 제품을 만들어서 품질을 검사한 뒤 판매하는 일 까지를 맡게 된 것이다.

완전히 다른 세상이었다. 사업부 첫 해인 2018년에 내가 가장 많이 했던 말은 "연구소 밖은 위험해!"였을 것이다.

    사업부 초기부터 연구소 이외의 조직원들과 간담회나 식사 자리를 마련하여 업무를 파악하고 사람들도 알아갔다. 워낙 모르는 부분이 많았기에 배우는 일은 재미있었지만 역량을 넘어서는 일을 하다 보니 몸이 버텨내지 못했다. 사업부장을 맡은 지 1년후 정상이던 혈압이 160으로 급상승했다. 그래도 조직을 만드는 과정은 보람 있었다. 내가 가진 무기라고 해야 직원들을 대하는 진정성 밖에 없었지만, 다행히 우리 사업부원들은 연구개발 외에 어느 것 하나 제대로 아는 것이 없는 사업부장을 도와 건강한 팀워크를 이루어 나가기 시작했다. 보고하는 사람을 질책하지 않다 보니, 우선 사람들이 솔직해졌다. 지금도 우리 BU 사람들은 실수를 남 탓으로 돌리지 않는다. 대신 미처 못 본 부분이 있으면 얘기를 하고 재발하지 않도록 대책을 세운다. 그리고 실무에서 해결하지 못하는 문제는 팀장이나 실장이 해결하고 그래도 안 되면 나에게 SOS를 청한다. 보고서에도 정해진 형식이 없다. 급한 경우에는 전화를 하거나 카톡, 문자로 간단히 보고를 하기도 한다.

    전동화사업부에 새로 편입된 부서들을 돌면서 간담회를 하던 자리였다. 파워포인트 보고서의 해악에 대해 이야기를 하다가 보고서를 가장 많이 고쳐본 횟수가 어느정도 되는지를 물었다.

워킹그룹장: 가장 많이 고친 게 버전 115번까지 갔습니다.

팀장: 그 보고서 50번까지 간 거 아니었어?

워킹그룹장: 팀장님 아시는 게 50번이고요, 저희가 고친 게 더 있습니다.

나: 그렇게 많이 고치면 뭐 좀 달라지던가요?

워킹그룹장: 재미있는 게요, 한 80번 고쳤더니 맨 처음 거하고 비슷하게 되던 데요…

실제로 이런 일은 허다하게 생긴다. 안 그래도 보고서 양을 줄이고 가급적 수정을 안 하게 해야겠다고 생각하던 차에 그런 이야기를 들은 후 우리 BU는 보고서를 세번 이상 수정한 적이 거의 없다. 빠진 것이 없는지 확인하고, 스토리텔링storytelling이 잘 이어지는지 보고, 마지막으로 오탈자나 표현에 어색한 부분이 없는지 확인하는 것으로 마무리한다. 100번을 넘게 자료를 수정하던 시간 투자와 노력이 업무로 연결될 때 성과가 나오지 않는다면 그것이 오히려 이상하다. 이렇듯 조직문화를 바꾸는 일은 면밀한 현상 파악과 상당한 노력을 요하지만, 체질을 바꾸면 결과가 달라진다. 조직원의 역량이 사용되어져야 하는 곳에 사용되기 때문이다. 문제는 변화의 시작을 누가 어떻게 주도 하는가이다. 내부의 문제점을 객관적인 시각으로 진단하는 리더의 눈과 어떻게 개선할지를 생각하는 머리, 여기에 과감한 결단이 접목될 때가 바로 변화의 시작점이다.

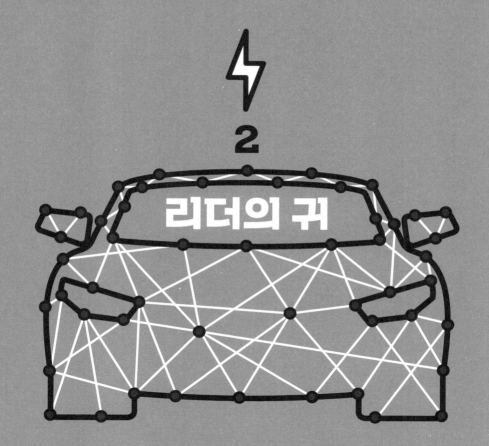

2

리더의 귀

리더의 귀 | 1 | 세계 최초로 수소전기차를 양산할 수 있었던 경청의 힘

듣는다는 의미의 '청聽'은 귀라는 글자 耳 아래 왕王이 있고 오른쪽에는 10十과 눈目, 그 아래는 숫자 1一과 마음 심心이 있다. 이에 대해서는 다양한 해석이 존재하지만, '왕의 말을 10번, 그것도 눈으로 보듯이 집중해서 들어야, 한 마음이 되는 것처럼 상대의 본심을 안다.'는 풀이가 있다. '경청傾聽'은 여기에 몸을 기울인다는 글자 '경傾'까지 더해졌으니, 부하직원의 말을 경청한다고 하면 그 의미는 몸을 그 사람 쪽으로 기울이고 마치 그가 왕인 것처럼 대하면서, 한두번도 아닌 열 번을 집중해서 듣는 자세를 가져야 한다는 것이다. 우리가 평소에 취하는 태도와는 거리가 멀다.

상대방의 말을 잘 듣는다는 것은 그 사람을 인정하는 것이고, 암묵적으로 그 사람에게 권위를 부여하는 것이다. 상사로부터 인정받고 권위를 부여받은 사람은 당연히 자기 일에 최선을 다한다. 그리고 조직 전체에 그런 분위기가 형성되면 어렵다고 생각한 일들도 가능해진다. 리더십 전문가인 존 맥스웰John Maxwell은 이런 말을 했다. "긍정적인 영향을 미치는 사람은 누구나 타인의 삶에 가치를 더해준다."[8] 경청처럼 에너지를 많이 소비하지 않으면서도 큰 효과를 일으키는 행동은 흔치 않다.

현대자동차에서 연료전지개발실장을 맡고 있을 때였다. 2013년

2월에 세계 최초로 투싼^{Tucson} 수소전기차를 양산한 이후, 경쟁사인 도요타의 추격을 따돌리기 위한 전략을 수립해야 하는 상황이었다. 당시 우리의 목표는 2018년 차종을 그보다 후에 나올 도요타의 경쟁차보다 우수하게 만들자는 것이었다. 5년 후에 나올 자동차를 경쟁사가 7년 후에 만들 차보다 더 잘 만들겠다는 무모한 계획이었다.

당시나 지금이나 연료전지를 이용하는 수소전기차 분야에서는 현대자동차와 도요타가 가장 앞선 기술을 가지고 있다. 당연한 이야기지만, 그렇다 보니 기술을 벤치마킹할 대상이 없었다. 다른 회사들은 우리보다 열세였고, 도요타의 기술은 입수하기 어려웠기 때문이다. '1등'을 유지하기 위해 과감하게 투입하기로 한 기술들이 몇 가지 있는데, 우리도 처음 시도해보는 것들이었다. 공기의 압력을 높이는 압축기 내부의 베어링을 일반 사양이 아닌 항공기용 공기베어링$_{air foil bearing}$으로 대체했고, 부식이 생길 수 있는 주요 부품에 부식방지 코팅을 하는 대신 특수 스텐레스 스틸을 사용해 원가 절감을 시도했다. 심지어 핵심부품 중 하나인 수소재순환 블로워는 아예 삭제를 했다. 기술 리더십을 유지하고자 하는 극단의 시도였지만, 책임자인 나로서는 실패할 경우 직책을 걸어야 하는 모험이었다.

2년 여가 흐르면서 그 사양 중 일부는 문제없이 진행이 되었는데, 수소재순환 블로워는 아직 걱정거리였다. 그 부품은 수소연료전지 반응에 필요한 수소를 순환시키는 부품으로, 제대로 작동하지 않을 경우 수소가 원활히 공급되지 않아 연료전지의 성능이 구현되지 않는다. 하지만 전력을 필요로 하는 구동부품이다 보니 효율을 저하시키는 요인이다.

우리의 계획은 이젝터^{ejector}라고 하는 일종의 노즐을 이용해서 이 기능을 대체하는 것이었다. 이젝터는 유체가 이동할 때 뒤쪽에서 발생하는 저압상태를 이용해 주변의 유체를 같이 끌고가는 원리를 이용하는 장치인데, 원리 자체는 간단하지만 최적화가 힘들다. 진행이 순조롭지 않다는 담당자의 보고를 들으면서 점차 불안해지기 시작하던 차에, 어느 날 주간업무보고 시간에 이 사양을 포기하고 원래대로 수소블로워를 다시 장착하는 것을 고려해보라는 지시를 했다. 리스크를 최소화하자는 의미였다.

그런데 내 말이 끝나자 마자 나보다 직책이 두 단계나 낮은 파트의 리더가 이의를 제기했다. 지금까지 고생해서 여기까지 왔는데 이제 와서 포기하는 것은 옳지 않으니 계획을 그대로 밀고 나가자는 얘기였다. 실장이 주관하는 업무회의에서 실장의 지시에 반대하는 의견을 파트장이 낸 것이었다. 순간 적지않이 당황했으나 곰곰이 생각해 보니 그런 의견을 과감하게 내주는 후배의 말을 경청해야겠다는 생각이 들었다. 이런 저런 질의 응답 시간이 이어지고, 결국 나는 부하 직원에게 내 소심함에 대해 사과한 후 결정을 번복하여 이젝터를 사용하는 계획을 유지하기로 했다.

이후 7년이 넘게 지났지만, 과거에 위험을 무릅쓰고 결정했던 사양들 때문에 문제가 있다는 이야기는 아직 들려오지 않는다. 오히려

65

2013년에 만든 투싼 수소전기차보다 2018년 넥쏘가 성능이나 내구 측면에서 더 개선되었다고 하니, 그 때 후배 직원의 말을 따른 것이 잘 한 결정임이 증명된 셈이다.

부하직원의 말, 특히 내 의견에 반하는 언사에 나는 특별히 신경을 쓴다. 상관의 의견에 반대하는 것이 얼마나 어려운지 이해하기 때문이다. 자칫 잘못하면 직장 생활이 어려워질 수 있고, 밉보여서 원하지 않는 업무를 맡거나 한직으로 밀려날 수도 있다. 이처럼 침묵하는 것이 더 편한 위치에서 용기를 내어 발언하는 것이기 때문에 새겨듣는다. 그리고 내 결정을 번복해야 하는 경우가 자주 있는 일도 아니다. 어쩌다 한번 있을 결정 번복은 리더가 창피해할 일이 아니다. 오히려 고집을 부려 걷잡을 수 없이 결과가 악화되는 것이 더 큰 문제다. 잠시 체면이 구겨지는 일이 생긴다 할지라도 잘못된 결정은 수정하는 것이 옳다. 리더 한 사람의 실수를 만회하기 위해 조직 전체가 불필요한 노력을 하는 일은 없어야 한다.

리더가 잘 듣기 위해서는 듣는 방법도 중요하겠으나 상대를 대하는 마음가짐이 더 중요하다. 어떤 방법을 동원하더라도 한가지 공통된 필수 조건이 있는데, 들을 준비가 되어있다는 사실을 상대방에게 알려주는 것이다. 말로 표현하는 방법도 있지만, 상대를 향하는 자세와 바라보는 눈빛, 진지한 표정 등을 동원하여 행동으로 알려주는 것이 더 바람직하다. 리더의 발언은 처음 운을 떼우는 것으로 충분하고, 간간이 질문을 던지거나 고개를 끄덕이는 정도면 족하다. 지혜로운 리더는 조직원들 중 침묵하는 다수의 의견을 끌어낼 수 있어야 하고 들을 줄 알아야 한다. 기원전 1세기 로마의 정치가이자 철학자인 마르쿠스 키케로Marcus Tullius Cicero는 이렇게 말했다.

"그들이 잠자코 있는 것은 외치고 있는 것이다. 눈은 입처럼 말을 한다는 것이 이런 것이며, 이 침묵한 눈빛에서 그 마음을 알아볼 수 있는 심안을 갖는 사람이라면 초일류 관리자다."

리더의 귀 | 2 | 귀를 기울이는 순간이 가져오는 매력

때로 진솔한 음성을 듣는데 눈이 방해가 되기도 한다. 사람의 오감 중 가장 빠르게 반응하고 많은 결정권을 쥐고 있는 것은 다름 아닌 눈이다. 첫 데이트를 하는 자리에서 상대에 대해 호감이나 비호감을 느끼는 시간이 1초도 채 걸리지 않는다고 한다. 과거 '0.3초의 진실'이라는 제목으로 KTF에서 광고를 만들었던 실화가 있다. 지하철역에서 선로로 떨어진 아이를 보고 한 청년이 뛰어내려가 열차가 오기 전에 구해내는 장면인데, 아이를 보고 구출해야겠다는 판단을 하기까지 0.3초가 걸렸다는 내용이다.

이처럼 눈이 지배하는 영역이 넓고, 심지어 경청의 과정에서도 'eye contact'를 중요한 요소로 삼고 있지만, 때로는 보는 것을 애

67

써 무시하고 귀를 기울여야 하는 경우가 있다. 겉모습이 아닌 언어를 통해 더 명확하게 전달될 수 있는 메시지는 분명 존재하기 때문이다. 같은 발표를 들어도 화려하게 치장된 자료를 보면서 많은 판단을 눈에 의존할 때와, 눈을 감고 언어가 전달하는 단어와 문장을 새겨들으며 논리를 이해할 때는 다가오는 메시지가 다르다. 그러나 더 둔한 감각인 청각을 동원한다는 것은 그만큼 인내를 요한다.

듣는 것이 얼마나 매력적인지를 오래 전에 경험한 일이 있다. 현대자동차 연구소에 재직하던 2016년 여름, 국내외 순환근무 프로그램으로 체코를 방문하던 시기였다. 현대자동차 체코 공장은 프라하Praha에서 두어 시간 떨어진 오스트라바Ostrava라는 공업도시 인근에 위치해 있는데, 우리 일행이 머물렀던 장소는 그 지역에서는 꽤 번화한 곳이었다.

근무 후 저녁 시간을 이용해 오스트라바 시를 둘러보던 어느 날, 시내에 있는 작은 광장에서 근처 교회의 오르간 연주회 광고를 보게 되었다. 드보르작Antonin Dvorak의 고향인 체코에 와서 음악회에 참가한다는 의의를 생각하며 함께 간 동료와 그곳을 찾았다. 연주회 시간에 임박해서 찾아간 탓에 고풍스러운 교회 안 대부분의 좌석은 이미 차 있었다. 그런데 아무리 봐도 연주하는 악기인 오르간이 보이지 않았다. 이상하다는 생각을 하며 다른 관객들처럼 앞을 주시하고 앉아 있은 지 얼마 후, 사회자가 나와서 연주할 곡과 연주자에 대해 설명을 해주었다. 그리고 음악이 시작되었다.

그날 나는 오르간이 무대 뒤쪽에 위치할 수도 있다는 사실과, 그렇더라도 청중은 앞을 보고 앉을 수 있다는 사실을 처음 알았다. 작은 교회의 뒤쪽 2층에 오르간이 있어 연주자와 청중이 서로 마주 볼 수 없다는 것은 상상도 하지 못했었다. 1시간 여의 연주회가 끝나고 나서 박수를 칠 때가 되자 사람들은 비로소 일어나 뒤쪽을 향했고, 그제서야 멋지게 생긴 연주자의 얼굴을 볼 수 있었다. 나오기 전에 안내하는 사람에게 물어보니, (내 기억이 정확하다면) 그 교회는 700년 이상 된 교회로 체코에서 두번째로 오래 된 교회인데, 건축 당시에는 오르간이 없었고 나중에 설치를 할 때 앞에는 자리가 없어 뒤쪽으로 배치를 했다고 한다.

그날 연주회는 내 의도와는 상관없이 귀로 듣기만 하는 연주회였다. 건반악기를 다루는 연주자의 몰입된 표정이나 물 흐르듯 건반 위를 움직이는 손놀림은 생각할 수 없는 사치였다. 세종문화회관 파이프 오르간을 처음 보던 날, 저 높이는 도대체 얼마나 될지, 파이프는 몇 개나 있을지를 생각하면서 흘러나오는 음악의 부분 부분을 놓치던 기억과는 달리, 연주하는 사람과의 소통은 오로지 음을 흘려보내는 손과 이를 잡아채는 귀 사이에서 이루어지고 있었다. 다른 방해 요소가 없이 같은 호흡으로 연주자와 청중이 한 공간안에 존재하는 느낌이었다.

경청을 영어로 표현하기에 'listening'은 너무 가볍다. 굳이 수식하는 부사를 붙여 'listening carefully'나 'listening intently'로 할

수도 있겠으나, 뭔가 어색하다. 사전적 의미로는 조심성, 신중함, 주의 기울이기로 번역되는 'attentiveness'가 그래서 오히려 경청의 의미를 더 정확히 전달한다. 음악을 감상할 때 눈은 닫더라도 귀와 함께 마음을 열고 연주자의 모습을 그려보라. 그런 자세로 상대방의 의도를 읽으려고 노력하는 것은 고도의 대화 기술이고 극도의 집중력을 요한다. 이렇게 'attentive listener'가 되어주는 것이 리더 입장에서는 작은 일에 지나지 않을지라도 부하 직원은 큰 배려로 느낀다. 리더의 귀를 오래 차지하기 어렵다는 것과, 그럼에도 불구하고 그 순간만큼은 그의 모든 관심이 자신에게 집중되어 있다는 사실을 알고 있기 때문이다.

수학자이면서 2005년 노벨경제학상을 수상한 MIT 출신의 로버트 아우만^{Robert Aumann} 교수는 이스라엘 히브리 대학교 교수이면서 미국 뉴욕주립대학교 교환교수를 겸임하는 독특한 이력의 소유자다. 그가 스페인을 여행하던 중에 열정적인 플라밍고 공연을 본 적이 있었다고 한다. 그의 앞에 젊은 관광객이 앉아 있었는데, 그 사람은 두 시간이나 되는 공연 내내 비디오 카메라에 그 장면을 담고 있었다. 이에 대해 아우만은 이런 생각을 했다고 전한다.

'**진짜 아름다운 공연은 그 조그만 화면 안이 아니라 무대 위에서 펼쳐지고 있는데, 딱하게도 그녀는 미래를 사느라 훨씬 더 풍요롭고 멋진 현재를 놓쳐버렸다.**'[9]

우리의 대화에서도 중요한 것은 현재 시점이고, 현재는 대화하는 사람들이 다른 방해 요소 없이 누릴 수 있는 시간이자 공간이다. 수많은 보고와 회의가 이루어지고 있음에도 보고받는 사람은 딱히 기억에 남는 것이 없고 보고하는 사람은 제대로 의사 전달이 되었는지 확신이 서지 않는다면, 두 사람 사이에 방해 요소가 많아 현재를 놓치는 것이다. 타인의 말을 경청할 때는, 연주자가 재현하는 음표를 하나하나 되새긴다는 생각으로 정성을 쏟아야 한다. 듣는 작업에 귀뿐 아니라 마음도 동반하는 과정이다. 대화하는 순간만큼은 상대를 향해 '열린 마음open mind'의 자세로 임해야 한다. 그래야 들은 내용이 귀에서 머리를 거쳐 가슴까지 전달된다.

리더의 귀 | 3 | 효율적으로 일하게 만드는 진정한 경청

들을 수 없는 병에 갑자기 걸린 30대 후반의 직장인 '이토벤'을 주인공으로 하는 소설《경청》은 제목이 시사하듯이 상대의 말에 귀를 기울이는 것이 얼마나 중요한 소통의 지혜인지를 말해준다. 이토벤이라는 별명은 청력에 이상이 생긴 작곡가 베토벤에서 따온 것으로, 자신의 지식과 경험으로만 판단을 내리고 다른 사람들 말에는 귀를 기울이지 않아 얻게 된 것이다. 그가 다니는 현악기 회사는 기술력을 인정받는 곳이었으나, 중국 저가 브랜드의 추격을 이기지 못하

71

고 생산 거점을 중국으로 옮기면서 국내 인력을 감축하게 된다. 구조조정 과정 가운데 이토벤은 대리점 개설권을 받아 오픈을 하게 되지만, 오픈하는 날 아침에 쓰러져 병원에서 검사를 한 결과 뇌에 악성 종양이 있음을 알게 된다.

남은 삶 동안 발달장애가 있는 아들 현이를 위해 바이올린을 직접 만들어 주기로 결심한 그는 강원도 공장에서 다른 사람들의 도움을 받아가며 악기를 만든다. 청각이 안 좋아지면서 독순술을 배운 이토벤은 함께 일하는 팀원들과 대화를 할 때 상대방과 소통하려는 노력을 하게 되었고, 새로운 악기 제작 기술을 성공시키며 회사가 다시 일어나는데 기여하게 된다.

이 책의 주제는 '모든 것을 귀로 듣지 말고 마음으로 들으라.'는 말로 축약할 수 있다. 마음으로 듣는 것은 바른 마음가짐을 가질 때 비로소 가능하다고 한다. 이 책의 교훈대로, 변화의 시기를 이겨내려면 귀를 열어놓고 배워야 한다. 지혜를 습득하는 영역인 경청은 개인적인 문제일 뿐 아니라 조직을 살리는 힘이기도 하다. 책 가운데 가장 공감하면서 읽었던 대목을 소개하면 다음과 같다.

'제가 말씀드리고 싶은 것은 변화의 시기에 생존하고 성장하려면 조직의 어느 위치에 있든 상관없이 모두가 귀를 열어놓고 배워야 한다는 사실입니다. 좀 더 정확히 말하자면 조직의 상부에 있는 사람들일수록 더욱 그래야 한다는 것입니다. 우리가 끊임없이 배우고 적응하

72

거인의 어깨

지 않는다면 변화하는 세계에서는 생존조차 어려울 것입니다.'[10]

'성공하는 대부분의 사람이 다른 사람을 성공시킨 사람이고, 성공하는 조직은 다른 조직을 살리는 조직입니다. 그러한 성공은 서로에게 귀를 기울이는 데서 시작됩니다.'[11]

　'입은 하나인데 귀가 두 개인 이유는 말하는 두 배로 들으라는 조물주의 뜻'이라는 그리스 철학자 제논^{Zenon ho Elea}의 이야기는 고전적이다. 하지만 듣는 법은 다양하다. 코칭경영원 원장을 겸임하는 국민대학교 고현숙 교수는 소통하는 방법으로 LENS^{leaning, eye contact, nodding, saying} 원칙을 제시한다. 가장 먼저 몸을 상대방에게 기울이는 관심을 보이고, 눈을 마주치고, 고개를 끄덕이며 대화하는 것으로 반응하라는 내용이다. 진정한 경청이란 상대방의 말 속에 숨겨진 의도와 욕구를 정확하게 파악하는 것이라 설명하는 고 교수의 조직관리 원칙은 자율과 소통이다.

　자율과 소통은 조직문화가 경직되지 않도록 유지하고 효율을 증대시키는 가장 좋은 방법이다. 하지만 조직 문화가 유연하다고 해도 상사와 부하직원 간의 거리감 자체를 무시할 수는 없다. 그런 까닭에 부하 직원의 말은 직설적이기보다 암시적일 수밖에 없고 리더는 숨은 뜻을 들을 줄 알아야 한다. 에둘러서 말하는 "어렵습니다." 혹은 "잘 모르겠습니다."와 같은 언급에는 각별히 귀를 기울여야 한다. 이

73

런 말을 윗사람에게 하고 싶어하는 부하직원은 없다. 그럼에도 이렇게 보고를 하는 것은 도와 달라는 의미다. '더 이상 내 능력으로는 해 볼 도리가 없으니 이제 팀장님이 나서 주세요.'라는 행간의 의미를 파악할 수 있다면, 그는 조직원들의 신뢰를 받는 사람이고 리더로 인정받을 수 있는 사람이다.

경청을 근본으로 하는 소통은 리더가 주도하는 것이 바람직하지만, 모두가 공유하는 문화로 정착되어야 비로소 효과가 있다. 경청하는 조직은 대화 중에 겉으로 드러난 언어의 표현에 집착하기보다 의미에 집중하며, 이런 조직은 유연하고 융통성이 있다. 조직이 얼마나 열려 있는가는 리더의 지시가 분명하지 않을 때의 반응을 살피는 것으로도 파악이 가능하다. 소통이 잘 되는 조직에서는 리더의 말이 이해가 안 갈 때 되물어 본다. "실장님, 그 말씀은 잘 이해가 안 가는데, 좀 더 설명해 주시겠습니까?"라는 말이 어렵지 않게 나온다.

이 정도로 소통이 되지는 않더라도, 아주 막혀 있지 않은 조직이라면 다소 구체화된 내용으로 확인을 한다. "실장님, 그러니까 다음 주 금요일까지 우리 실 내 모든 팀의 연간 판매 실적을 파악해서 보고를 하라는 말씀이신 거죠?" 이럴 때 열린 마음을 가진 리더는 업무 처리에 착오가 없게 하려는 부하 직원의 질문을 이해하고 고맙게 생각한다. 반면에 그렇지 못한 리더라면 다시 한번 자세히 설명해야 하는 상황 자체를 불쾌히 여긴다.

막힌 조직에서는 되묻는 법도 없고, 토를 달지도 않는다. 마치 완벽한 지시에 정답을 만들어서 올리겠다는 무언의 약속이 오간 것처럼 회의와 보고는 일사천리로 진행된다. 그러나 문제는 여기서부터 시작한다. 회의가 끝나고 실무진들이 모여서 대책을 논의하다보니 실장의 지시를 이해하는 방향이 제각각이다. 결국 누구 하나 분명하게 실장의 지시를 확인하지 않았기에 일어나는 사태인데, 아무에게도 문제가 없으려면 추론이 허락하는 모든 가능성에 대해 자료를 작성해야 한다. 우선 각 해당 팀에 연락을 해서 지금까지 나온 실적을 달라고 해 서너 가지의 버전을 만든다. 표적이 어디인지 모르니 '산탄총'을 쏴야 하는 것이다.

조직문화의 파장이 리더 한 사람의 경청하는 자세와 열린 마음에서 시작될 수 있다는 사실은 의미가 크다. 《경청》의 주인공 이토벤은 '악성樂聖' 베토벤이 아닌 '청각 장애' 베토벤이었지만, 청력이 저하된 뒤 각고의 노력으로 사람들과 융화한다. 성의를 가지고 들어줌으로써 상대방이 터놓고 말을 하게 만드는 태도는 최고의 대화 기술이다. 그리고 이토벤의 고백에서도 알 수 있듯이, 듣는 힘으로 다른 사람과 조직을 살리는 사람은 성공으로 가는 문의 열쇠를 이미 쥐고 있는 셈이다.

75

리더의 귀 | 4 | 챌린저호 사고는 사실 고무 오링 때문이 아니었다

1986년 1월 28일, 7명의 승무원을 싣고 미국 플로리다 주 케네디 우주센터Kennedy Space Center를 이륙하여 전세계 시청자들의 관심 속에 하늘로 솟구쳐오르던 챌린저Challenger호는 발사된 지 73초만에 모든 사람들이 지켜보는 가운데 공중에서 폭발한다. 인류의 우주탐사 프로그램이 시작된 이래 최악의 참사였다. 원인을 밝혀낸 사람은 유명한 물리학자이자 노벨상 수상자인 리처드 파인만Richard Feynman 교수였으나, 원인 자체는 사소하다고 여겨지는 부품인 고무 오링O-ring이었다.

로켓 부스터 내에서 연료의 누출을 막아주는 오링이 1월 하순이라는 추운 날씨에 탄성이 줄어들어 기밀성을 유지하지 못한 탓에, 액체수소 탱크에서 수소가 유출되고 불이 붙어 폭발로 이어진 것이었다. 이 비운의 사고로 인해 역사상 처음으로 민간인을 우주로 보내려던 계획은 수포로 돌아갔으며, 이후 스페이스 셔틀 비행은 2년 8개월 후 디스커버리Discovery호가 발사되기까지 전면 중지된다.

챌린저호 사고가 주는 교훈은 여러 가지가 있다. 우선 하찮아 보이는 고무 오링이 이런 대형사고를 일으킬 수 있는 만큼, 사소한 것에도 주의를 기울여야 한다는 '디테일의 중요성'을 인식하게 해준 계기가 되었다. 또한 발사 며칠 전부터 추운 날씨에서 발사를 강행하면 안 된다는 실무진들의 목소리를 NASA나 로켓부스터 제작업체 모튼 티오콜^{Morton Thiokol}사의 결정권자들이 무시한 대가의 처절함을 교훈으로 남겼다.

내가 유학하던 대학교는 미국 버니지아 주 서부에 있는 버지니아 공과대학이었는데, 주 동부에 나사 랭글리^{NASA Langley} 연구소가 있다. 거리가 가깝지는 않아도 같은 주에 있다 보니 양쪽 연구진간 교류가 빈번해서, 한번은 학과 세미나에 챌린저 프로젝트를 수행하던 리더급 인사가 강사로 초대되었다. 사고 후 5, 6년이 흐른 뒤였지만 워낙 상처가 큰 사고였던 탓에 강의장은 만원이었다. 이후 30년이라는 세월이 지났지만, 나는 아직도 그날 들었던 메시지를 생생하게 기억한다.

"They knew it!(그들은 알고 있었습니다!)" 사고가 나기 전부터 엔지니어들은 추운 날씨에 오링이 문제가 될 수 있다는 사실을 감지해 여러 차례 보고했다고 한다. 하지만 거액의 투자가 이미 이루어진 터라 프로젝트의 지연이나 중단을 염려한 경영층은 사고의 확률이 적다는 이유로 계속 진행하라고 지시했다. 사고 가능성은 발사 예정일이었던 1월22일과 재조정된 1월 28일 사이에도 수차례 제기가 되었으나 결국 발사의 강행이 참사를 불러 일으켰다. 그 날 세미나 강사가 강조한 내용은 오링의 탄성 문제가 아니었다. 미국과 같이 위계질서가 강할 것 같지 않은 나라에서 조차도 상하 간에 소통이 잘 되지 않아 이런 사고가 발생한 것에 대한 분노였고, 언젠가는 터질 수 있다는 사고의 개연성을 인식하면서도 굳이 나서 책임지려는 사람이 없었던 데 대한 자성自省이었다. 사고 원인을 밝혀낸 파인만 박사도 아래와 같이 '의사소통 단절 이론'을 정리했다.

"아래 사람들이 실무적인 내용을 가지고 윗사람들과 이야기를 나누려고 하지만 의견이 받아들여지지 않자 점점 대화가 줄어들고 결국에는 완전히 없어졌다. 그러면 윗사람들은 아래에서 일어나는 일을 알 수 없게 된다."[12]

우리 주변에서 늘 볼 수 있는 이런 현상을 방지하기 위해서는 부하직원이 상사에게 느끼는 거리감을 극복할 정도의 심리적 안정감이 보장되어야 한다. 하버드 대학교의 에이미 에드먼슨Amy Edmonson 교수는 저서 《두려움 없는 조직》에서 '인간관계의 위험으로부터 근무환경이 안전하다고 믿는 마음'이라는 표현으로 심리적 안정감을 정의한다. 평가 당하고 있다는 주변 환경을 의식하면, 많은 사람들은 굳이 불확실한 모험을 해서 성과를 내는 것보다 조용히 있어서 눈에 띄지 않는 편이 낫다고 생각하게 된다. 이런 현상은 조직의 침묵으로 이어지고 결과적으로 조직의 성과를 갉아먹는다.

실생활에서 이런 불행을 피하기 위해서는 리더가 항상 귀를 열어놓아야 하는데, 말처럼 수월하지는 않다. 때로 결과가 뻔한 아이디어나 가능성이 희박한 제안을 할 때도 인내하면서 들어주어야 하고,

거인의 어깨

'이미 다 해 본 방법이야!'라고 고함치고 싶은 것도 참아야 한다. 이런 식으로 상관이 몇달을 버텨줘야 비로소 부하직원들은 자유롭게 의사를 표현할 수 있다.

오래전 팀장을 맡을 무렵부터 '내가 무슨 이야기를 해도 우리 조직장은 일단 들어주는구나.'라고 팀원들이 생각할 수 있는 문화를 만드는 것이 중요하다고 생각했다. 이를 중요한 마일스톤의 하나로 설정한 것은 현대모비스 전동화사업부를 설립하던 초기였다. 그러나 정작 이런 문화가 정착되기까지는 1년 반 정도가 필요했던 것 같다. 첫 몇 개월은 사업부원들이 기존에 속해 있던 조직의 리더들과 나를 비교해서 '이 사람은 좀 다르구나.'라는 생각을 하는데 소요되었을 것이고, 또 몇 달은 의도적이건 우발적이건 내 인내력을 시험해보는 기간이었을 것이다.

1년여가 지나자 조직원들은 조금씩 마음을 열고 이런 저런 소리를 어렵지 않게 하기 시작했다. 회의 시간도 예외는 아니라서 우리 사업부 회의는 토의가 활발하다. 내 의견과 다르다고 해도 자유롭게 이야기한다. 그렇다고 해도 인사권을 가지고 있는 임원 앞에서 할 수 없는 말이 더 많았겠으나, 기존과는 다른 조직문화에 사람들은 놀라워했고, 우리 사업부의 열린 문화는 입소문을 타기 시작했다.

이런 회의 문화를 만들고자 했던 데는 여러 이유와 계기가 있지만, 여러 해 전 일본 도요타 자동차와 회의를 하면서 받았던 인상도 한몫을 했다. 현대자동차 그룹과 수소전기차 분야에서 세계 시장을

79

양분하고 있는 도요타는 2013년 2월에 현대자동차가 먼저 양산형 수소자동차를 출시하자 상당히 충격을 받았다.

그 해 중반기쯤 도요타 측에서 우리에게 연락이 왔다. 수소전기차에 대해 공동으로 연구를 하자는 의사를 비친 것이다. 우리로서도 당혹스러운 제안이었다. 비록 양산은 우리가 먼저 했지만, 역사가 깊은 도요타의 기술력을 알고 있었기에, 진정으로 기술 협력을 원하는 것인지 다른 속셈이 있는 것인지 가늠이 되지 않았다. 결과적으로 수개월의 상호 방문에도 불구하고 원하던 협업이 원만하게 이루어지지는 않았지만, 그 때 들었던 도요타 조직 문화는 내가 생각했던 일본의 문화와 차이가 많았다.

일본 도요타시를 방문해서 저녁식사를 하면서 사적인 대화가 오가던 어느 날이었다. 현대자동차에서는 본사 기획실의 임원과 연구소 연료전지개발실장이었던 내가 대표로 참석했다. 도요타의 회의 대표는 우리로 치면 임원인 부장급 실장이었는데, 세 사람이 모두 동갑내기라 개인적으로도 가까워졌다. 내가 관심을 가지고 질문했던 내용은 "도요타에서는 회의 문화가 어떤가요?"였다. 통역을 통해 들려온 대답은 "우리는 회의할 때는 계급장 떼고 합니다."

의외였다. 쇼군將軍이 할복을 명령하면 부하는 따르는 절대 권위주의 문화를 상상했던 내가 예상했던 답변은 아니라 다시 물어보았다. "그러면 의견이 다를 때는 어떻게 합니까?" 답변은 이랬다. "회의할 때는 직급에 상관없이 자유롭게 의견을 말하지만, 일단 결정이 되고 회의실을 나오면서는 모두 그 결과에 따라갑니다."

전혀 기대 밖의 대답에 충격이 컸다. 바로 이런 모습이 내가 그리던 회의 문화였고, 많은 서적에서 언급한 바람직한 조직의 모습이었기 때문이다. 이후 나는 회의에서 계급장을 떼어내려고 노력했고, 8년이 흐른 지금에서야 리더로서 조금이나마 더 듣는 노력을 하는 수준이 되었다. 'Rome was not built in a day.(로마는 하루 아침에 이루어지지 않았다.)'라는 명언처럼 전동화 BU의 조직문화도 하루 아침에 이루어진 것은 아니다.

리더의 귀 | 5 | 분위기를 알아차리는 큰 귀

우리가 자주 인용하는 '임금님 귀는 당나귀 귀' 이야기는 신라시대 48대 왕인 경문왕景文王에 관한 설화이다. 나귀처럼 긴 귀를 가진 경문왕은 왕관 속에 큰 귀를 숨겼지만 왕관을 만드는 직책인 복두장幞頭匠만은 그 사실을 알고 있었다. 평생 비밀을 지키던 복두장이 죽음에 임박하자 도림사라는 절의 대나무 숲에 가서 '우리 임금님 귀는 당나귀 귀다!'라고 외치는 바람에 그 후 바람이 불면 대나무 숲으로부터 그 소리가 들려온다는 이야기다. 유사한 이야기가 여럿 있지만, 손을 대는 것마다 황금으로 변한다는 프리지아의 왕 마이다스Midas가 서양에서는 유명하다.

태양신 아폴론Apollon의 벌을 받아 길어진 귀를 넓은 수건으로 감추었다는 마이다스의 이야기는 그리스 신화에 등장한다. 이 두가지 설화 모두 큰 귀는 숨기고 싶은 허물을 묘사하지만, 사실 큰 귀로 다른 사람의 말을 잘 들을 수 있다면 창피한 것이 아니고 오히려 자랑스러운 것이다. 요즘처럼 경청이 강조되는 시기에 '큰 귀'는 리더의 중요한 자질로 여겨진다.

조직장들이 조직원들의 목소리를 듣는 방법은 여러가지가 있겠으나, 가장 좋은 방법은 얼굴을 맞대고 이야기를 나누는 것이다. 회식하는 자리는 먹는 것이 주목적이다보니 시간은 오래 같이 보냈는데도 막상 나눈 이야기는 별로 없게 되는 경우가 많다. 이보다는 회의실에 다과를 준비해서 간담회 형식으로 대화를 나누는 편이 더 많은 정보를 얻을 수 있다. 요즘은 사내 채팅망을 갖춘 곳이 많으니 예고 없이 대화를 거는 방법도 좋다. 처음에는 직원들이 불편해할 수 있지만, 대화를 시도하려고 애쓰는 리더의 수고에 응원을 보낸다. 다만 업무 지시나 보고는 피하고, 일상생활이나 직장에서 불편한 것이 없는지를 묻는 상담의 창구로 이용해야 한다.

현직자들이 비공개로 회사를 평가하는 앱&웹 서비스 '블라인드'는 필터링 없는 직원들의 의견을 들을 수 있는 창구다. 익명성이 보장되어 때로 과한 표현이 게시되기는 해도, 댓글이라는 정화기능이 있어서 자세히 읽어보면 의견의 타당함이나 부당함이 파악된다. 과거 '신문고'와 같은 이런 소통 채널은, 너무 의식할 필요까지는 없더라도 조직의 분위기를 감지하는 도구로 이용하면 도움이 된다.

직장 상사는 기본적으로 '나도 틀릴 수 있다.'는 자세를 갖추어야 한다. 다른 사람들이, 특히 내 조직원이 나와 다른 결론을 내릴 때 합당한 근거가 있다고 생각하지 않으면 모든 대화가 설전이 되고 지시는 강요된다. 심리학에서는 이렇게 자기 나름의 논리를 제공하는 근거를 '추론의 사다리ladder of inference'라고 한다. 크리스 아지리스Chris Argyris 교수의 이론에 따르면 사람은 데이터를 수집하는 단계로부터 이를 해석한 후 결론을 도출하고, 행동으로 옮겨 결과를 얻는 단계를 밟는다. 문제는 결론을 도출하는 근거가 완벽할 수 없다는 것이다. 사다리의 여러 단계 중 어느 한 곳에서 차질이 생겨도 잘못된 결론이 나올 수 있다.

신념과 고집의 모양은 종이 한 장 차이지만 결과는 하늘과 땅 차이다. 신념이 고집과 구별되어 선한 영향력을 미치려면 주장하기보다 설득해야 하고, 그 기본 전제는 추론의 사다리가 서로 다를 수 있음을 받아들이는 것이다. 내 결정이 아닌 '우리'의 결정을 하기 위한 기본 전제는 상대를 인정하는 것이다. 타인의 의견에 긍정적인 반응을 보이는 것은 생각보다 훨씬 더 큰 힘이 있다.

리더의 귀는 또한 포용성을 갖추어야 한다. 이를 위해서는 마음의 여유가 있어야 하며, 사소한 내용에 집착하기보다 화자의 의도를 파악하는 것이 중요하다. 특히 다른 사람들의 말실수는 적당히 한 귀로 흘리거나 빨리 잊는 것이 좋다. 리더의 위치에 있다 보면 부하직원들이 보고나 발표시에 실수하는 경우를 종종 본다. 극도의 긴장, 혹은 정 반대로 지나친 방심 때문이다.

내가 주관하는 BU 간담회 중에 한번은 임원의 임기 이야기가 나왔다. 퇴직 시 받게 되는 혜택에 무엇이 있는지가 언급되다가 내가 "잘 모르겠는데, 현직에 있는 동안 회사에서 대접받으면 되지 그런 혜택이 중요할까요?"라는 말을 하게 되었다. 내 말에 이어서 과장급 직원이 나름 농담 반 진담 반으로 발언을 했는데, 그 순간 일부는 침묵했고 일부는 웃음을 참지 못하고 낄낄거렸다.

"퇴직 시 회사에서 혹시 위로금 주는데 안 받으실 거면 BU 손익에 도움이 되도록 기부해 주실 수 있나요?"

아주 짧은 시간이지만, 발언의 의도를 이해하고 크게 웃을 수밖에 없었다. 당시의 전동화 분야는 신규사업이라서 수익은 별로 없고 손실이 많았기 때문에, 내가 돈을 기부하면 손익 개선에 조금이라도 도움이 되리라는 생각을 한 것이다. 자칫 심각할 수도 있는 상황이었으나, 우리 BU의 분위기가 그렇게 경직되지는 않아서인지 웃으면서 간담회를 마무리했다. 말한 내용만 가지고 트집을 잡았다면 아주 어색한 분위기가 연출될 뻔한 순간이었다.

조직장이 편하게 대하더라도 윗사람 앞에서 이야기를 하려면 긴장되고 거리감을 느낀다. 내 업무를 도와주는 비서가 입사한지 얼마

거인의 어깨

안 되었을 때 이야기다. 우리 회사는 사전에 신청을 하면 일정 직급 이상의 임원들은 그룹이 보유한 헬리콥터를 이용할 수 있다. 자주는 아니더라도 차로 가기에 일정이 빠듯하거나 급히 여러 명이 이동을 할 때 헬기를 타는 경우가 있는데, 어느 날 충남 서산으로 출장을 다녀온 후였다. 신입 비서가 내 출장 비용을 계산해 주려고 하다가 헬기로 갈 때는 어떻게 처리를 해야 하는지 혼동이 왔다. 비행기 항공료는 정산 경험이 있으나 헬기는 처음이었던 것이다. 그래서 던진 질문이 다음과 같았다.

"서산 가실 때 헬기 비용은 어떻게 지불을 하셨어요?"

그 질문을 듣고는 옆에 있던 사람과 배꼽을 잡고 웃었는데, 막상 질문한 당사자는 이해를 못하고 있었다. 그도 그럴 수밖에 없는 것이, 이용한 경험이 있는 사람이야 헬기 비용을 따로 지불하지 않는다는 사실을 알고 있지만, 비서 입장에서는 헬기도 교통 수단인데 비용 정산을 어떻게 해야 하는지가 궁금할 수밖에 없었던 것이다. 이런 경우에도 리더의 귀와 입은 중요하다. 가볍게 웃으면서 흘려듣는 귀가 필요하고, 상황을 설명해주는 배려까지 더해진다면 금상첨화다.

리더에게 조직원들이 줄 수 있는 최고의 신뢰는 '저 사람은 우리 편이야.'라는 믿음이다. 흥미로운 사실은 이런 조직을 만드는 데 반드시 필요한 요소가 리더의 말하는 능력이 아닌 듣는 능력이라는 점이다. 사람들은 누구든지 남들 이야기를 듣기보다 자신의 이야기를 하고 싶은 욕망이 강하다. 스스로를 표현하는 데 익숙한 젊은 세대에게 더 강하게 나타나는 이런 성향은 '조직 안에 나'보다는 '나와 네가 모여 조직'이라는 자기중심적 사고와도 연계된다.

젊은 세대의 특징은 이전 세대와 비교하면 다분히 개인적이다. 만남의 폭을 넓게 만들기보다 성향이 비슷한 가까운 사람들과의 교제로 만족하고, 과거에 인적 교류로 습득했던 지식은 SNS로 대체한다. 혼자 밥을 먹거나 영화를 보기도 하고 심지어 혼자 여행을 가도 아무렇지 않은 신세대에게 '우리편'이라고 인정을 받는 것은 쉽지 않다. 그래서 더 다가가야 하고, 가장 좋은 방법이 바로 듣는 것이다.

현대모비스 전동화BU에서는 정기적, 비정기적으로 다양한 이벤트를 연다. 발족 첫 해인 2018년 초에는 비전을 수립하고 로고와 액션플랜action plan을 정하는 등 조직의 기초를 다지는 작업을 했는데, 그 중 특히 리더들이 지켜야 할 규칙이 있었다. 'Listen, Ask, Listen Again'. 줄여서 'LALA(라라) 프로젝트'라 명명한 이 활동의 목적은 리더들이 말하기보다 듣도록 하자는 것이었다.

묻는 행동은 경청하고 있다는 표시이자 대화에 개입하는 최소의 수단이다. 흥미로운 사실은, 경청이 분명히 듣는 행위임에도 불구하고 경청을 잘 하는 사람은 주변으로부터 말을 잘 한다는 평가를 받는다. 주로 들어주다가 중간에 적절하게 몇 마디 거든 부분으로 인해 상대방은 대화에 만족하게 된다. 발언의 기회를 내어주면서도 오히려 대화의 주도권을 쥘 수 있다는 지혜를 리더들은 깨달아야 한다.

보고를 받을 때 각별히 유의해야 하는 점은 결론 이상으로 서론과 중간 단계를 주의 깊게 살펴보는 것이다. 윗사람에게 보고하는 내용의 대부분은 잘 되었다는 것이다. 하지만 긍정 일변도의 보고서 내용을 자세히 살펴보면 출발점이 이상하거나 도입된 가정이 불합리한 경우가 의외로 많다. 그럴듯한 결론에 취하지 않으려면 출발점과 중간 과정을 잘 살펴야 한다.

목표를 너무 무난하게 잡는 경우도 흔히 있는 일인데, 조직장이 목표에 집착하거나 KPI^{key performance index}에 사활을 거는 경우 특히 심하다. 굳이 목표를 높게 잡아 달성 못 할 바에야 쉽게 달성 가능한 목표를 수립하고, 연말에 '목표 대비 초과 달성'이라고 결산하는 것이 훨씬 보기가 좋다. 이 때도 역시 결과만 보고 판단하지 않아야 한다. 120%의 목표를 세우고 10%가 부족한 것이 100% 목표를 5% 초과 달성한 것보다 낫다. 도전적인 목표는 조직을 움직이게 만들고 성장시킨다. 결과의 절대값을 비교해보아도 그렇지만, 조직의 사기와 개개인의 역량 개발 차원에서도 그렇다.

리더 위치에 오르면 주변에 사람들이 모인다. 그 가운데는 직언을 서슴지 않는 사람들도 있지만, 조직의 유익보다 사리사욕을 취하려는 이들도 있을 것이다. 리더의 귀는 이런 사람을 구별할 수 있을 만한 예리함도 갖추어야 한다. 리더가 가장 조심해서 들어야 하는 말은 가까운 측근의 말이다. 믿는 사람의 말은 필터링이 어렵다. 같은 안건에 대해 측근과 제3자가 다른 의견을 주장하면, 주변 사람의 말에 귀가 더 솔깃하게 된다. 또한 가까운 사람들은 가치관이나 문제를 보는 시각이 리더와 유사한만큼 더 마음이 끌린다. 그래서 심각한 결정을 할 때는 다양한 의견을 듣는 것이 중요하다.

내부에서 서로 다른 의견들이 수용되지 않으면 조직은 정체되고 부패한다. 역사적으로 볼 때 타락의 중심에는 항상 최측근이 있었다. 중국 후한 말 영제 때의 십상시十常侍가 그랬고, 조선시대 외척들의 횡포도 그런 경우였다. 리더가 '객관성'이라는 잣대를 세우고 유지하는 것은 중요하다. 한 팀의 보고 내용이 불명확하거나 의심 가는 곳이 있으면 다른 팀의 의견도 들어 보아야 한다. 특히 누군가의 잘못을 지적하는 보고를 들을 때는 반드시 양쪽의 의견을 모두 듣고 판단을 내리는 것이 좋다. 어느 한 조직을 편애하게 되면 소수의 추종자와 다수의 훼방꾼을 만들 수 있다는 사실을 명심하자.

사람은 누구든 좋은 소리를 더 듣고 싶어한다. 이런 현상은 합리적인 절차와 체계에 입각해 운영될 것만 같은 대기업에서도 예외는 아니다. 새로운 업무를 시작할 때 무조건 된다고 하는 사람과 조심하자는 사람이 있으면, 된다고 하는 사람이 더 믿음직스럽다. 추진력과 과감성이 성장의 원동력이 되었던 우리 기업 역사에서 적극적인 사람은 신뢰를 받았고, 설령 성공하지 못하더라도 그 의지를 높이 평가하는 일이 많았다.

물론 도전적인 목표치를 가지고 노력해서 달성한다면 상을 줘야한다. 하지만 실상은 그렇게 '광 파는 사람' 따로 있고, 고생하는 사람 따로 있다. 어떤 면에서는 이렇게 긍정적인 발언을 남발하는 사람이야말로 리더가 가장 조심해야 하는 부류이다. 윗사람의 마음을 읽고 미리 선수를 치는 데는 능하지만 막상 문제가 발생할 경우에는 희생양을 찾아 책임을 다른 사람의 탓으로 돌린다. 이런 유형을 묘사하는 단어가 '교언영색^{巧言令色}'이다. 남의 환심을 사기 위해 교묘히 꾸며서 하는 말과 아첨하는 얼굴빛이라는 의미다.

《논어》의 〈학이편^{學而篇}〉에는 '교언영색 하는 사람 중에는 인자가 드물다.'는 말이 있다. 같은 내용이 〈양화편^{陽貨篇}〉에도 반복되는 것을 보면 공자^{孔子}가 평소 제자들에게 여러 번 강조한 말로 추정된다. 고려 충렬왕 때 문신 추적^{秋適}이 금언^{金言}과 명구^{名句}들을 모아 정리한 《명심보감^{明心寶鑑}》에는 '양약은 고구이나 이어병^{良藥苦口利於病}이요, 충언은 역이이나 이어행^{忠言逆耳利於行}'이라는 말이 있다 좋은 약은 입에 쓰나 병에 이롭고, 충성스러운 말은 귀에 거슬리나 행동에 이롭다는 의미이다.

주변에 좋은 사람을 많이 두려면 우선은 사람을 믿어야 하지만,

89

제대로 된 사람을 가려서 사용하지 않으면 오히려 조직은 와해된다. 역사에서 배울 수 있듯이, 간신이 득세하는 세월이 길어지면 충신은 저항하기보다 실망 가운데 물러났고, 더 이상 충신이 없는 조직은 시대의 풍파를 이겨내지 못했다. 역시《명심보감》을 통해 잘 알려진 '의인막용 용인물의疑人莫用 用人勿疑'라는 말이 있다. 일단 쓴 사람은 의심하지 말라는 의미의 '용인물의'라는 구절 앞에 의심스러워 믿지 못할 사람은 쓰지 말라는 '의인막용'이 있다는 사실을 기억하자.

리더의 귀 | 7 | 듣는 사람이 많아지면 따라오는 '개방성'

소통이 잘 이루어지지 않는 조직에서는 윗사람들의 지식이나 경험은 지혜의 보고가 아니라 귀찮음이나 두려움이다. '코칭coaching'이 아니고 '잔소리nagging'에 사용되기 때문이다. 그래서 좋은 리더는 때로 알면서도 모른 척하고, 아랫사람 스스로 고민하고 경험하며 일을 배워 나가도록 한다. 이를 위해서는 실수를 용납하는 자세가 필요하고, 입보다 귀를 먼저 여는 마음가짐은 필수다. 또한 중요하지 않은 일까지 깐깐하게 따지지 말고 오히려 사소한 업무는 적당히 넘길 수도 있어야 한다. 흔히 얘기하는 '똑게 상사(똑똑하지만 게으른 상사)'의 유형이다.

모든 것을 알고 세세하게 지시하는 상사는 보스는 될 수 있으나

거인의 어깨

리더감은 아니다. 이전 챕터에서 창조적 무능의 이론으로 설명한 것처럼, 사소한 실수는 눈감아주고 대신 역량을 집중해야 하는 일에서 꼼꼼함을 보이는 사람이 진정한 리더다. 너무 세세하고 사소한 분야까지 간섭을 하면 직원들은 부정적인 보고뿐 아니라 보고 자체를 기피한다. 보고 후 따라오는 수많은 숙제를 떠안는 것이 싫고, 질타를 듣기도 부담스럽기 때문이다.

하지만 부하직원이 다루는 업무에 관한 사소한 부분을 파악조차 하지 말라는 이야기는 아니다. 부하직원은 상사가 자신의 실수나 약점에 대해 질책하지 않더라도 내용을 알고 있다는 사실만으로도 부담스럽다. 무언의 압박이 가져오는 긴장감은 오히려 일을 하는데 필요한 동력이 되기도 한다.

내가 잘 아는 우리 그룹 내 CEO 한 분은 폭 넓은 소통을 위해 다양한 채널을 동원한다. 수천 명이나 되는 직원의 전화번호를 모두 저장시켜두고 카카오톡이나 문자로 끊임없이 소통을 한다. 사내 화상통화로 임원뿐 아니라 사원들과도 수시로 의견교환을 하다 보니 다양한 의견 청취가 가능하고, 중간관리자들이 허위로 보고하기가 어렵다. 임원이나 중간관리자에게는 고역이 될 수 있음에도 불구하고 이 방식이 큰 부작용 없이 진행되는 데는 이유가 있다.

이분은 실무자에게 들은 보고로 중간 관리자들을 필요 이상으로 난처하게 만들지 않는다. 말 그대로 다양한 의견을 듣는 소통의 창구로 이용한다. 하지만 CEO가 그 정도로 부지런하게 움직이는데 조직

91

원들이 긴장을 하지 않을 수는 없다. 진정으로 듣고자 하는 리더의 의도와 행동이 수백 마디의 잔소리보다 훨씬 효과가 크다.

2018년 전동화사업부라는 신설 조직 초기에 간담회를 하던 당시의 일이다. 정해진 순서가 있지는 않았지만, 대개는 먼저 내 소개와 사업부를 이끌어가는 비전에 대해 간단히 언급을 했다. 그 다음에는 어느 한 명도 빠지지 않도록 순서대로 자기 소개를 하게 했는데, 처음에는 쭈뼛쭈뼛하던 사람들도 시간이 흐르면서 다양한 소재로 입을 열었다. 재미있는 사실은, 이미 몇 년을 같은 팀에서 근무한 직원들끼리도 이 자리를 통해 새로운 부분을 알게 되고, 전혀 의외의 모습을 가지고 있는 동료를 발견하기도 한다. 무술 고단자나 수준 높은 악기 연주자, 전세계를 여행해본 사람에 이르기까지 다양한 취미와 특기를 가진 사람들이 바로 옆에서 나와 함께 근무하고 있었다는데 놀란다.

사람들이 이야기하는 시간에 나는 특징 있는 내용들을 적어 둔다. 그리고 시간이 흐른 후 사내 채팅망이나 카톡을 통해 직원들에게 연락을 한다. 그 때 간다고 하던 여행지는 가보았는지, 배우기 시작한 악기는 어느 정도 수준인지, 뒤집기를 했다던 아기는 이제 걷는지 등등, 말 그대로 '커스터마이즈드customized' 된 내용들을 가지고 대화를 끌어갔다. 내 입장에서는 조금이라도 더 직원들과 친밀감을 높이려는 욕심에 시작한 행동이지만, 직원들은 본인들이 '케어care'받고 있다는 생각을 더 많이 하는 것 같다.

바쁜 내 일정을 알고 있기에 작은 문자 하나에도 고마워하지만,

내 입장에서는 뜬금없는 내 연락에 싫은 내색 없이 응대해 주는 그들이 더 고맙다. 이런 시도를 통해 배우는 점이 참 많다. 듣는 것이 많아야 더 파악할 수 있고, 파악한 것이 많아야 말하기가 쉽다는 단순한 원칙이다.

영어 표현에는 신체 일부를 이용해 재미있게 의미를 전달하는 것들이 많다. 가령 "I am all thumbs."라고 말한다면 '모두 다 엄지 손가락'이란 의미이니 손재주가 없다는 소리다. 우리가 흔히 쓰는 표현인 'big mouth'는 말이 많다는 뜻이고, 날카로운 눈은 독수리에 빗대어 'eagle eye'라고 표현한다. 일상 생활에서도 자주 쓰는 표현인 "I am all ears."는 직역을 하면 '나는 모두 귀'가 되는데, 들을 준비가 되어있다는 뜻을 전할 때 사용한다.

리더들이 특히 귀를 기울이기 힘든 대표적인 경우는 조직의 문제점이나 리더 자신의 약점을 다른 사람이 지적할 때이다. 겸손한 마음이 없이는 불가능한 이런 경청은 리더를 더욱 성숙하게 만들어줄 뿐 아니라 조직을 유연하게 만든다. 스스로의 약점을 인정하는 사람이 리더로 있는 조직은 실패에 연연하지 않는다. 모두가 불완전하다는 인식을 가지고 있기 때문에, 실수나 실패를 하나의 과정으로 여길 줄 안다. 실패의 원인을 찾아 희생양을 찾기보다는 '습득한 교훈lessons learned'을 찾는데 힘을 쏟는다.

전동화 BU 사람들이 말이 많은 것은 '개방성openness'을 강조하는 노력을 몇 년 동안 기울인 결과다. 대화가 자유로운 분위기는 예상치 못하던 파생효과도 가져왔다. 자신이 말하고 싶은 만큼 다른 사람의 말에도 귀를 기울여야 한다는 불문율이 형성된 것이다. 얼핏 보기에 작은 행동인 경청, 특히 리더의 경청은 그 열매가 많다.

　말을 잘 하는 상사보다는 잘 들어주는 상사 주변에 사람들이 모인다. 만약 말을 잘 하는 상사가 말을 자제하고 들어준다면 그 효과는 훨씬 크다. 들어주는 상사를 따르는 이유는 단순하다. 마음이 편하고, 같이 일하고 싶고, 결과를 보이고 싶은 욕심이 생기기 때문이다. 많은 사람들은 자신의 이야기를 하고 문제를 상의하면서 스스로 답을 찾는다. 정신과 의사를 찾아가는 가장 큰 이유는 '자신의 이야기를 들어줄 사람을 구하지 못하기 때문'이라고 한다. 듣는 일 한가지만 잘해도 좋은 리더가 되는 자격의 절반은 갖추는 셈이다.

초보 팀장에게 가장 중요한 건 무엇이었을까?

만 27세에 미국으로 건너가 박사학위를 취득하고 몇 년간 직장생활을 하다가 경력 사원으로 40세가 넘어 국내 기업에 취직을 했기 때문에, 나에게는 신입사원이라는 개념이 희박하다. 귀국해서는 바로 7, 8명의 조직을 맡았고, 이듬해부터 수십 명 단위의 팀을 이끄는 리더로 일했다. 초보 팀장으로 일하던 16년 전의 조직 문화는 지금과는 많이 달랐다. 윗사람이 부하 직원에게 소리치는 일들은 셀 수도 없이 많았고, 업무 수첩을 집어 던지거나 회의 석상에서 폭언이 이어져도 모두가 침묵하던 때였다. 해외 생활을 오래 한 탓인지, 나에게는 그런 분위기가 너무나도 불편했다. 자연스레 조직문화가 무엇인지, 좋은 리더십이 어떤 것인지 고민하기 시작했다.

독서를 통해 얻은 지식이나 경험으로 나름대로의 리더십을 구사하느라 노력했다. 부하 직원들을 배려하고, 야단치는 일은 가급적 삼갔다. 많이 들어주려고 노력하고, 내려놓으면서 다가가려고 했다. 사실 내 성격이 그렇게 외향적이지 못하기 때문에 다가가고 대화하는 일이 생각보다 쉽지는 않았다. 그러나 꾸준히 시도했고, 처음에는 내가 추구하는 다소 '이질적인' 조직문화에 혼란스러워하던 직원들도 점차 적응이 되어갔다.

팀장이 화를 내지 않고 어떤 말을 해도 들어준다는 믿음을 갖게 하기까지는 상당한 시간이 걸렸지만, 일단 그런 믿음이 생긴 다음에는 서로 소통하는 분위기 속에서 하나씩 결과가 나오기 시작했다. 터놓고 대화하고, 문제가 있어도 숨기지 않고 드러내서 해결을 하다 보니 오히려 큰 문제도 생기지 않았다. 자주 사고가 터지고 그럴 때마다 요란하게 해결을 하는 조직들과 달리 우리 팀은 외부에서 보기에 '무난하게' 유지가 되는 조직이었다.

윗사람이 보기에 불안한 조직, 성과가 필요했다

이런 조직은 내부 결집력이 강화되고 상호간에 시너지 효과를 체험하게 되면서 빠르게 성장하고 놀라운 성과를 만들어낸다. 하지만 윗사람이 보기에는 어딘지 불안하다. 팀장이 야단을 안 치니 사람이 물러 보이고, 문제를 해결했다는 보고가 많이 안 올라오니 일을 안 하는 것 같다. 물론 새로운 기술을 개발하는 일은 하루아침에 이루어지지 않는다. 하지만 당시의 우리 조직문화는 '빨리빨리'에 익숙해 있었고 '보여주기'식 결과에 집착하는 경향이 강했기에, 내가 시도하는 조직 운영 스타일에 대해서 우려의 목소리가 있었다. 그렇다고 뭐가 딱히 안 되는 것도 아니고 결과물은 꾸준히 나오다 보니 주로 이런 식의 평가가 나왔다.

'성과는 우수하나 좀 더 타이트하게 관리를 하면 더 좋은 결과를 낼 것으로 기대한다.' '너무 미국식이라 우리 문화와 거리가 있고 카리스마가 필요하다.'

결국 내가 할 수 있는 일은 좀 더 길게 내다보고 아무도 부인할 수 없는 성과를 내놓는 것이었다. 그러나 그런 일을 나 혼자 하는 것이 아니라 팀원들과 함께 해내야 했고, 만족스러운 결과가 나올 때까지 내 자리가 보장되어 있는 것도 아니었다. 그렇다고 다른 선택의 길이 있지도 않았다. 그냥 그렇게 묵묵히 소걸음을 걸으며 언젠가는 이런 리더십도 인정을 받을 수 있을 것이라는 막연한 기대를 하는 것 외에는 달리 도리가 없었다. 그런 노력들이 열매를 맺기 시작한 것은 팀을 이끌기 시작하고도 여러 해가 흐른 뒤였다. 엔지니어에서 관리자로, 또 보스에서 리더로 거듭나야만 했던 절박한 시간들이었다.

2004년 5월, 국내 직장 생활을 현대모비스 마북동 연구소에서 시작할 때 처음 맡은 보직은 수소전기차의 엔진이라고 할 수 있는 연료전지를 개발하는 파트급 조직의 리더였다. 이듬해 초에 연료전지 조직과 재료를 개발하는 두 개의 파트가 독립하여 선행연구부가 발족되었고, 이 때 처음 부서장이라는 팀장급 직책을 맡았다. 미래를 내다보고 만든 조직이어서 회사에서 기대가 크고 타부서에 비해 지원도 많이 받는 곳이었다.

그러나 2005년 말에 그룹내 계열사의 환경차 조직을 모두 현대자동차로 통합한다는 계획이 수립되면서, 다음해인 2006년 2월, 나는 연료전지를 개발하는 10여 명의 인원과 함께 불과 100여 미터 떨어진 현대자동차 환경연구소 내의 연료전지개발팀으로 자리를 옮기게 된다. 낯선 조직에서 다시 7, 8명으로 구성된 기획 파트를 맡아 9개월을 일한 후, 팀이 실로 승격될 때 생긴 2개의 팀 가운데 하나를 이끌며 본격적으로 환경차 개발 업무에 뛰어들게 되었다.

2006년 11월에 현대자동차 연구소의 연료전지개발1팀장으로 보임을 받던 당시 우리가 개발하고 있던 수소자동차들은 지금 시판중인 넥쏘 수소전기차보다 두, 세 세대 이전 차종이었다. 투싼과 스포티지 SUV에 수소연료전지를 장착해 시범운행을 했고, 2년 후에는 대형 SUV인 모하비를 수소전기차로 개조하기도 했다. 이런 경험들을 토대로 2013년 2월, 세계 최초의 양산형 수소전기차가 출시되었다. 경쟁 상대인 일본의 도요타보다 거의 2년을 앞서 시장에 제품을 내어놓은 것이다. 1966년에 세계 최초로 수소전기차를 선보인 미국의 GM이나 독일의 강자 다임러Daimler도 아직 양산에 근접하지 못한 때였다. 외부에서는 물론 우리 스스로도 믿기 어려운 결과였다.

관리가 어려운 조직, 조직관리 말고는 다른 뾰족한 수가 없었다

당시 수소전기차 개발 조직은 연료전지개발실이라는 단위 아래 2개의 팀이 있었고, 내가 맡았던 연료전지개발팀은 시스템을 설계하는 것이 주 임무였다. 일반 자동차로 비교하면 파워트레인을 설계하는 부서에 해당한다. 당시만해도 현대자동차 그룹 내부에서조차 우리 실 이외의 조직에서는 '수소로 가는 차'에 별 관심이 없었기 때문에 모든 부품의 설계와 시작품 제작 및 차량 검증을 자체적으로 해야만 했다.

일은 재미있었지만 결과물에 확신이 없었고 모든 것을 자급자족하려니 힘도 들었다. 더군다나 조직문화가 정착된 것도 아니었다. 국내에 수소전기차 관련 인력이 부족하다 보니 현대자동차의 다른 조직과는 달리 연료전지개발실은 외부에서 영입된 인력이 많았다. 미래는 불확실하고 조직의 색깔은 불분명하고, 그렇다고 외부로부터 크게 인정받는 조직도 아니었다. 다만 석박사 학위 소유자가 많아서 학력으로 치면 사내에서 가장 수준이 높았다. 간단히 말하면, 아주 관리하기 어려운 조직이었던 것이다.

그 당시만 해도 국내 수소전기차 업계에서 내 영향력은 작지 않았다. 미국에서 마지막으로 일하던 직장이 United Technologies Corporation[UTC]이라는 기업군의 연료전지 전문사인 UTC Fuel Cells라는 곳이었는데, 현대자동차의 연료전지 기술은 이 회사로부터 가져온 것이었다. 그 이전에 일하던 미국 에너지부 연구소인

Pacific Northwest National Laboratory^{PNNL}도 연료전지 분야에서
는 꽤 알려진 곳이었다.

그런 조직에서 경험을 쌓고 귀국한 사람이다 보니 전문성은 인
정받았지만, 막상 내가 가진 한계는 자동차에 대한 경험이 별로 없
다는 것이었다. 자동차 지식이라고 해야 고등학교 기술책에서 배운
것과 대학교 때 수업을 들으며 쌓은 정도이지, 남들처럼 엔진을 만
져보고 차체를 들여다본 경험도 없었다. 게다가 15년 가까운 짧지
않은 미국생활을 하고 온지 얼마 지나지 않아 우리 고유의 직장문화
에 적응하기가 어려웠다. 팀 내 부하직원들 중에 나보다 먼저 입사
한 사람들이 많았고, 내가 오히려 이방인 같은 존재였다.

이런 여러가지 약점은 팀을 이끌어 나가는 초기에 많은 고민을
안겨주기도 했지만, 그런 시기가 없었더라면 아마 평생동안 리더
십이나 조직문화에 대한 고민조차 하지 않고 살았을지도 모른다.
내 장단점을 파악하고 어떻게 하면 주어진 역할을 감당해낼까를
생각하다 보니 자연스레 '조직'이라는 단어가 돋보이게 되었고 그
중심 요소인 '사람'이 눈에 들어왔다. 조직관리에 승부수를 던지게
된 것은 내가 지혜가 있어서라기보다 다른 뾰족한 수가 없었기 때
문이다.

팀장을 맡은 후 몇 년 동안은 즐거움보다 어려운 시절이 많았다.
내 위로 실장님이 있었지만, 큰 그림을 그리고 대외 업무를 많이 해
야 하는 실장의 보직과 달리 팀장은 내부의 개발 업무를 실질적으로
책임져야 한다. 그런 과정 속에서 생기는 수많은 장애물을 극복하고

서로 다른 개성을 가진 팀원들의 역량을 합해서 하나의 작품을 만들어내려면 많은 수고가 따른다. 우리보다 월등한 기술을 가지고 있는 기업의 결과를 벤치마킹하거나 자료를 입수할 수 있다면 그나마 업무가 수월한데, 수소전기차 기술은 현대자동차가 앞서간데다가 본격적인 양산이 이루어진 시기가 아니라 경쟁사의 기술을 입수할 수도 없었다. 나침반 하나 가지고 망망한 대해를 건너는 심정이라고나 할까.

믿을 수 있는 것이라고는 내 팀원들 외에는 없었다. 그래서 그들을 일류로 만들어야 했고, 그러기 위해 나는 그들을 일류로 대접하기로 했다. 그러니 화를 내거나 무시할 수가 없었다. 믿고 맡기고, 내가 가지고 있던 자료들을 풀어서 그들로 하여금 연구하게 하면서 기다려 주는 것이 최선의 방법이었다.

달콤했던 세계 최초라는 타이틀

2013년 '투싼 수소전기차'가 나오던 무렵에 현대자동차와 도요타의 경쟁은 극에 달하고 있었다. 우리가 2013년 양산 계획을 발표하자 도요타에서는 믿기 어렵다는 시선이었고, 양산이라는 의미를 축소시키려는 시도들도 있었다. 이후 2015년 초에 미라이Mirai라는 수소전기차를 양산하려던 계획은 2014년 11월로 두 세 달 앞당겼다. 시간이 지나면 우리와의 격차가 2년이 아닌 1년으로 기억될 것을 노린 수라는 생각이 들었다.

101

어쨌든 우리는 세계 최초로 양산형 수소전기차를 출시했고 반향은 컸다. 마침 양산이 발표되고 이틀 후 일본 도쿄의 빅사이트^{Big Sight}라는 컨퍼런스 센터에서 퓨얼셀 엑스포^{Fuel Cell Expo} 행사가 있었다. 내 기조연설 이후 질문을 하려는 사람들이 수십 미터를 기다리기도 했는데, 현장의 담당자가 자신도 처음 겪는 일이라고 말해주었다.

2014년 말 현대자동차의 수소전기차는 또 다른 이정표를 세운다. 자동차업계의 아카데미상이라 불리는 미국 워즈오토^{Wards Auto}의 '2015년 10대 엔진상'에 수소차로서는 처음 선정된 것이다. 오랜 기간의 노력이 세계무대에서도 인정받는 감격적인 순간이었다. 이처럼 세계 최초라는 타이틀은 달콤했고, 업계의 환호는 중독성이 있었다.

투싼 수소전기차의 양산을 반년가량 앞둔 2012년 여름부터 우리는 다음 차종 개발을 검토했다. 양산 목표는 2018년 초였다. 목표는 2020년경에 양산될 가능성이 있는 도요타의 다음 세대 수소전기차보다 앞서는 차였다. 우리보다 2, 3년이나 후행해서 양산하는 차보다 앞선 기술을 투입한다는 목표는 상당히 공격적이었다. 한번 잡은 리더십을 유지하기 위해서는 그 방법밖에 없었지만, 다른 한편으로는 많은 리스크를 안고 가야했다. 남들이 시도해보지 않은 기술들을 접목해야 가능한 목표였기 때문이다.

이 신차 개발은 내가 연료전지개발실장을 맡게 된 2013년 4월 이후 본격적으로 진행되었는데, 시스템 설계뿐 아니라 말 그대로 개발 전체를 총괄 책임지는 위치였기 때문에 의지할 곳도, 핑계 댈 구석도 없었다. 우선 적용 가능한 신기술을 찾아내는 데 주력했다.

리더십을 유지하기 위한 도전

그렇게 발굴한 기술 중에는 항공기용 고속 베어링을 사용한 부품이 있다. 볼 베어링이 아닌 공기 베어링을 공기 압축기라는 핵심 부품에 사용하기로 했다. 또한 수소를 재순환하기 위해 일반적으로 사용되는 블로워를 빼고 단순한 노즐의 원리인 이젝터로 대체하기로 했다. 당시로서는 아무도 시도해보지 않은 기술들이었다. 만에 하나 이렇게 적용한 너 댓 가지 중 어느 하나라도 말썽을 부리면 시스템 전체가 작동을 안 할 수 있고, 그렇게 되면 모든 책임은 최종 결정을 한 내 몫이었다.

개발 과정 중에도 이미 검증된 사양으로 돌아가고 싶은 생각을 한 적이 한두 번이 아니었다. 그러나 그때마다 인내하고 앞으로 나아간 데는 두 가지 이유가 있었다. 하나는 경쟁사에 뒤지고 싶지 않다는 욕심이었고, 다른 하나는 우수한 연구개발진인 부하직원들에 대한 믿음이었다.

이런 난관을 겪고 탄생한 작품이 2018년 3월에 출시한 수소전기차 넥쏘Nexo이다. 2015년까지 연료전지개발실을 맡고 있다가 2016년에는 환경차시험개발로 자리를 옮겨 하이브리드와 전기차 시험개발을 담당했기에 출시 당시의 영광은 후배들의 몫이었지만,

그 기초를 닦은 보람과 하나의 이정표를 세우는데 기여한 자긍심은 평생을 간직할 가치로 남았다. 내가 남긴 유산으로 더 큰 열매를 맺어 세계가 환호하는 작품으로 탄생시켜준 후배들에게 고맙고, 무리하게 신기술을 접목시키고자 했던 실장의 말에 묵묵히 따라와 결국은 성공적인 개발을 해준 그들이 자랑스럽다. 조직은 이렇듯 꿈을 가진 사람들이 모여 작품을 만들어낸다.

오랜 시간 동안의 연료전지 개발을 뒤로하고 2016년 초부터는 현대자동차 연구소 환경차개발센터의 환경차시험개발실에서 수소전기차를 제외한 다른 환경차의 개발을 담당했다. 자동차 개발은 크게 설계와 시험평가로 구별하는데, 이 때 내가 맡은 조직은 시험평가 조직으로 자동차의 성능이나 연비를 향상시키는 연구가 주업무였다. 같은 부품을 사용하더라도 어떻게 연결하고 소프트웨어를 어떻게 적용하는가에 따라 성능이나 연비가 달라진다. 이론으로 개선할 수 있는 부분도 있지만, 상당 부분은 차를 몰고 돌아다니면서 새로운 소프트웨어를 적용해보고 부족한 점이 발견되면 개선하는 작업이다.

국내외에 시험차를 몰고 다니며 연구를 하느라 1년 중 절반을 집에 못 들어가는 사람도 있었다. 더운 여름날에 자동차가 제대로 작동하는지, 연비나 성능은 보장이 되는지를 점검하려면 섭씨 40도가 넘는 혹서기 시험이나 영하의 혹한기 시험도 필요하다. 대표적인 하계 시험 장소인 미국 서부의 데스 밸리Death Valley는 말 그대로 죽음의 계곡이다. 이런 곳에서 하루 종일 운전을 하면서 연료 1리터당

다만 100미터라도 더 주행해서 경쟁사를 이기기 위한 사투를 벌인다. 수소전기차 조직과는 달리, 환경차시험개발실은 내가 실장으로 부임하던 시기에 이미 개발 진행중인 양산 차종이 여러 개 있었다. 2016년 당해에 나온 주요 차종만 해도 아직까지 도로에서 많이 볼 수 있는 아이오닉Ioniq과 니로Niro 하이브리드와 전기차, 그랜저와 K7 하이브리드 등 다양하다.

수소 전기차는 오랜 기간에 거쳐 설계 단계부터 직접 참여를 해서 잘 아는 분야지만, 다른 환경차는 수소차와 공통적인 부분, 예컨대 모터, 배터리와 일부 제어기를 제외하면 생소했다. 특히 엔진과 모터를 어떻게 구동하여 연비를 올리는지가 내가 맡은 조직의 가장 중요한 업무였음에도 불구하고 나는 그 분야 전문가가 아니었다. 당연히 부하직원들에게 의존하는 방법 외에 다른 도리가 없었다.

다행히도 내 전임 실장이 만들어 놓은 조직의 분위기가 좋았다. 다섯 개 팀 간에 긴장은 있었지만 기본적으로 팀워크를 이해했고, 비전문가인 실장을 존중하고 따라와 주었다. 우선적으로 해야 하는 일은 리더들의 마음을 유연하게 만드는 일이라고 판단했다. 단기간에 이룬 것이 많은 사람들이라 자신감이 지나치다는 생각이 들었기 때문이었다.

현대자동차 연구소의 다른 부문과는 달리 환경차 개발 조직은 거의 모든 부품의 하드웨어와 소프트웨어를 자체 개발해왔다. 그 이유는 크게 두 가지였다. 첫 번째는 2010년경까지만 하더라도 하이브리드나 전기차는 그다지 주목할 대상이 아니어서 연구소 내부에

105

서도 크게 관심을 갖지 않았기에 기술을 자급자족해야만 했다. 두 번째는 현대차 나름의 독자적인 시스템을 개발하다보니 경쟁사나 선진 업체의 기술을 벤치마킹할 수 없었기 때문이다. 말 그대로 맨 바닥에서 시작해서 이제 성공의 맛을 보기 시작한 곳이었다. 그런 까닭에, 오히려 성공의 주역인 리더들의 어깨에서 힘을 빼 주는 것이 시급했다.

강한 조직을 만들 수 있었던 부드러운 리더십

사실 내가 리더 역할을 맡은 이후 오랜 기간동안 만들고 싶었던 조직은 '강한 조직'이었다. 현대모비스에서 선행연구부를 맡을 때는 소수의 인력을 정예부대처럼 이끌어서 미래의 기반을 다지고 싶다는 욕심이 있었고, 현대자동차로 자리를 옮겨 연료전지개발팀을 맡을 때는 신기술 분야에서 세계 최고라는 타이틀을 차지하고 싶었다. 이후 세계 최초의 수소연료전지 양산차를 만든 후에는, 맡은 부분은 모두 세계 1등을 만들고 싶다는 치기 어린 욕망이 꿈틀거렸다.

강한 조직을 만들기 위해 내가 취한 방식은 관리를 타이트하게 하거나 직원들을 몰아 부치는 마이크로 매니지먼트가 아니었다. 대신 최대한의 자율성을 부여하는 방식이었다. 또한 전략을 수립하기보다 조직문화를 세우려고 했다. 그런 가운데 깨달은 사실이 있었다. 조직에는 강함만큼 필요한 중요한 요소가 있는데, 그것이 바로 '유연함'이라는 사실이다.

이미 몇번의 양산 차종 개발 경험이 있는 조직 이어서인지, 환경차시험개발실은 지시에 대한 반응이 빨랐다. 양산에서는 시간이 워낙 중요한 요소이기 때문에 빨리 판단하고 결정해서 지시를 해주어야 조직 전체가 움직인다는 생각이 몸에 배어 있었다. 그만큼 리더의 판단은 중요했고, 그에 못지않게 업무의 효율화도 필요했다.

2015~16년이 전세계적으로 환경차가 주목받는 시점이었기에 경쟁사보다 비교 우위를 점하기 위한 노력도 숨가쁘게 진행되었다. 현대자동차 역사상 처음으로 환경차를 위한 전용 플랫폼이 사용된 아이오닉과 니로는 그 중에서도 각별히 신경을 쓴 차종이었다. 도요타의 베스트셀러 하이브리드차인 프리우스Prius를 이기기 위해 만든 전략 차종이었던 만큼, 출시가 임박한 상황에서 실장 업무를 이어받은 내 어깨는 무거웠고, 우리 실원들도 새로 부임한 실장과 호흡을 맞추느라 쉽지 않은 몇 달을 보내야 했다.

전문가 집단에 자율성을 부과하면서 책임과 권한을 같이 부여하는 관리방식은 좋은 열매를 맺었다. 우리가 목표로 하는 연비와 그날의 결과를 적어 두는 내 책상 옆 화이트보드에는 며칠에 한 번씩 새로운 결과로 숫자가 바뀌었고, 경쟁사의 연비에 점차 접근하고 있었다. 여러 날 동안 연비에 변화가 없을 때는 초조한 마음으로 다음날을 기다렸다. 연구원들의 업무에서 불필요한 절차를 덜어내고자 긴급한 사안에 대해서는 '선조치 후보고'를 하도록 했고, 보고나 회의 자료는 최소화했다.

나보다 전문가인 팀장들을 믿으면서, 한편으로는 자존심 강한 팀장들 사이에 생길 수 있는 갈등을 조율하기 위해, 필요시에 신속히 결정을 하며 대외 업무를 처리해주는 정도로 내 역할은 축소시켰다. 양산을 수개월 앞두어 목표를 달성할 시간이 부족한 상황에서, 내 목소리는 최소한으로 낮추는 것이 오히려 좋은 성과를 맺을 수 있다는 판단 하에 모든 업무를 진행했다. 강하면서도 유연한 조직문화가 어떤 결과를 가져올지 시험해보는 무대였다.

2016년에 출시한 아이오닉 하이브리드와 전기차는 모두 그 해 전세계 자동차 중에서 각 분야의 최고 연비를 달성한다. 미국의 EPAEnvironment Protection Agency에서 발표하는 전세계 출시 차량의 순위에서 아이오닉 하이브리드와 아이오닉 전기차는 각 부문의 연비 세계 1위 차량에 선정되었다. 화려한 무대 뒤편에서 연비 0.1km/liter를 더하기 위해 밤잠을 줄여가며 험지에서 수고한 연구원들이 이루어 낸 성과였다.

수소전기차에 이어, 도요타의 아성이라고 여겨졌던 하이브리드차와 미래차의 대명사인 전기차 모두에서 '세계 1등'이라는 타이틀을 차지한 것은 엔지니어로서 큰 목표를 달성했다는 성취감을 가져다주었다. 게다가 나에게는 기술적인 성과 외에 더 중요한 의미가 있는 시기였다. 새로운 조직에서 발휘하고자 했던 리더십이 어느 정도 효과가 있음을 확인할 수 있었기 때문이다.

아이오닉과 니로, 중대형 차인 그랜저와 K7 하이브리드 개발을 하느라 정신없이 보냈던 2016년이 지나고 2017년이 되었다. 전기차와 하이브리드차의 매력에 흠뻑 빠진 데다, 실 구성원들과도 가까워져서 모든 것이 만족스럽던 시기에 또다른 변화가 찾아왔다. 그해 2월, 11년만에 다시 모비스로 복귀하라는 인사명령을 받게 된 것이다. 1년 2개월 동안 정들었던 남양연구소 환경차시험개발실의 250명 연구원들을 모아 이임 인사를 했다.

11년 만에 다시 돌아온 현대모비스 연구소는 상대적으로 초라해 보였다. 7~800명이던 인원이 10여 년 만에 3,000명 이상으로 늘어났음에도, 12,000명 규모의 조직에 익숙해 있던 나로서는 모든 것이 작아 보이고 여러 가지가 부족해 보일 수밖에 없었다. 연 매출 40조원이 넘는 현대모비스는 단일 회사 매출로 국내 대기업 중에서도 10위 권에 있는 기업이다. 그럼에도 완성차 업체인 현대자동차와 기아가 그룹 내에 있고, 부품업체로서 고객사를 대응하는 위치에 있다 보니 조직문화가 많이 다르다.

11년 전 모비스에 근무하던 당시에는 '미국물'을 빼느라 다른 것은 살필 겨를이 없었으나, 이제는 같은 그룹 내 회사 간의 차이를 파악하고 또 다른 환경에서의 리더십을 모색해야 하는 입장이 되었다. '현대차물'을 빼야 하는 상황이 온 것이다. 이렇게 리더십의 새로운 색깔을 찾아 헤매는 여정이 (2004년 5월 처음 모비스에 둥지를 틀었던 바로 그 건물의 같은 층으로 돌아오면서) 다시 한번 시작되었다. 그때만 해도 은퇴 전에 더 이상의 변화는 없을 것이라 생각했다. 내 나이도 이미 50대 중반이었다.

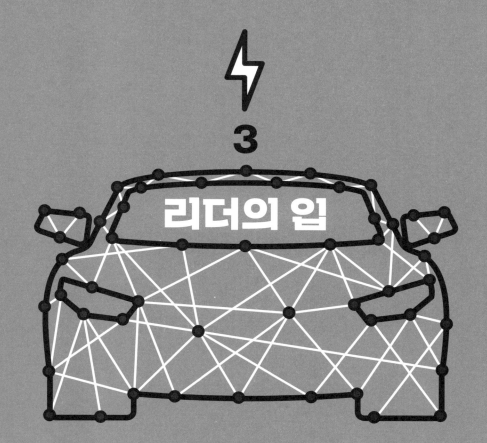

3

리더의 입

40년도 훨씬 더 지난 오래전 일이지만, 내 말하는 습관에 적지 않은 영향을 주었던 경험이 있다. 학생들을 대상으로 하는 라디오 프로그램에 내가 다니던 중학교가 출연하게 되어 대강당이 꽉 차도록 학생들이 모였을 때였다. 당시 학급 임원을 맡고 있어 앞자리에 앉아있던 나에게 사회자가 와서 질문을 던졌다.

"학생은 왜 학교에 다녀요?"

어떤 의도로 던진 질문인지를 파악하기도 어려웠으니, 답변은 더어려울 수밖에 없었다. 순간 재치 있는 대답을 한다고 내 입에서 나온 말은 이랬다.

"학교에 안 다니면 학생 소리를 못 들으니까요…"

나름대로 유머를 섞은 답변이라고 생각했는지, 아니면 라디오 프로그램이라 한번 튀고 싶은 생각이 있었는지 까지는 기억나지 않는다. 어쨌든 분위기는 썰렁했고, 순간 나는 큰 실수를 했다는 것을 직감했다. 일본식 교복을 입고 다니던 시대, 사소한 잘못에도 체벌이 가해지던 1970년대 중반의 기준으로 보면, 나는 상황 파악을 못한 엉

113

뚱한 발언을 한 셈이었다. 그 대화는 통편집을 당해 방송에는 아예 나오지도 못했다.

그 일은 이상하리 만치 오랫동안 잊히지 않았다. 다행인 것은, 비록 어린 나이였으나 살면서 말조심을 해야겠다는 교훈을 얻은 것이다. 내 의도도 중요하지만 듣는 상대방이 어떻게 받아들일지, 또 내 발언이 상황에 적절한지를 살피지 않으면 후회할 일이 생긴다는 것도 그 때 배웠다.

하물며 조직의 리더가 말실수를 하면 중학생 한 명이 실수하는 것과는 그 여파가 다르다. 그 리더가 한 나라의 국가 수반이거나 기업의 최고 경영자라면, 외교 문제로 비화될 수도 있고 대내외적으로 큰 혼란을 불러 일으키기도 한다. 영향력이 커질수록 입은 조심해야 한다. 《언어의 온도》를 쓴 이기주 작가는 《말의 품격》이라는 후속작을 통해 전작에서 내비친 자신의 생각을 좀 더 구체화하고 현실화한다. 그는 '사람이 지닌 고유한 향기는 사람의 말에서 뿜어져 나온다.'고 하며, 말 한마디, 글 한 줄도 조심스레 꺼내야 한다고 말한다.

'종종 가슴에 손을 얹고 돌아볼 필요가 있다. 내 말과 글과 숨결이 지나간 흔적을, 그리고 솔직함과 무례함을 구분하지 못한 채 사는 건 아닌지를, 말이라는 악기를 아름답게 연주하지 않고 오로지 뾰족한 무기로만 사용하는 것은 아닌지를…'[13]

거인의 어깨

소통과 변화를 주제로 기업과 공공기관에서 활동 중인 강사 가운데 김창옥아카데미의 김창옥 대표가 있다. 제주도 출신인 김대표는 청각장애 3급인 아버지를 가장으로 두어 경제적으로 어려운 시기를 보내고, 군 복무 후 25살의 늦깎이로 경희대학교 성악과에 입학하여 이후 뮤지컬 배우로 활동한다. 그런 배경 때문인지는 몰라도, 국내 대표 스타 강사로 활약중인 그의 강의 중 많은 부분은 '소통'과 '목소리'를 주제로 한다.

그가 중요하게 생각하는 말은 '예쁜 말'이다. 상대의 자존감을 살려주는 '존재에 대한 칭찬'도 그가 강조하는 주제다. 김창옥 대표는 2019년에 출간한 책《지금까지 산 것처럼 앞으로도 살 건가요?》에서 '말이 통과해야 하는 문'을 언급한다. 이기주 작가가 생각하는 '악기'로서의 말이 갖추어야 하는 요건들이라 할 만하다. 책 가운데 부모가 자녀들에게 말실수를 하지 않으려면 어떻게 해야 하는가를 이야기하는 부분이 있다. 이슬람 속담을 인용하면서 전개되는 이 내용은 단순하지만 명료하고, 상식적이면서도 심오하다. 특히 말 한 마디로도 큰 영향력을 행사하는 리더들에게 많은 생각을 하게 만든다.

꼭 리더가 아니더라도, 더불어 사는 세상 가운데 원만한 대인관계를 유지하기 위해서는, '세개의 문'을 열 때마다 한 번씩 쉼표를 찍어가며 조심스럽게 다음 문을 여는 연습을 해야 한다.

첫 번째 문은 '그 말이 사실인가?'

두 번째 문은 '그 말이 필요한가?'
세 번째 문은 '그 말이 따뜻한가?'[14]

말에는 온기나 냉기가 있다. 이솝 우화에 나오는 것처럼, 옷깃을 부여잡고 가는 사람의 코트를 벗기는 힘은 세찬 바람이 아니고 오히려 따스한 햇볕이다. 사람의 마음을 여는데 질책이 가장 큰 효과가 있다면, 아마도 우리가 읽고 있는 자기계발이나 대인관계, 혹은 리더십에 관한 수많은 책들은 폐기되어야 할 것이다. 아무리 세상이 각박해지고 개인주의가 현실을 지배한다 하더라도, 일상에서 나누는 대화마저 그 경로를 따라갈 필요는 없다.

직장생활에서 위기가 올 때마다 10년전 상사의 따뜻한 말 한마디를 기억하며 견디는 후배들이 있다. 반면에 말로 인한 마음의 상처를 극복하지 못하고 조직을 떠나는 인재들도 있다. 말 한마디가 당장에 어느 한 사람의 운명을 결정하지는 않을지 몰라도, 말들이 쌓여 조직문화가 되면 수많은 사람들의 미래를 바꾼다. 물론 실수에 대해 따끔한 충고를 주어 정신을 바짝 차리게 하는 사람도 필요하다. 그러나 그런 악역을 맡는 사람들은 이미 우리 주변에 차고 넘치지 않는가?

균형을 맞추기 위해서라도 이제는 따뜻한 말, 품격 있는 말을 연습할 때이다. 말이 함부로 나오지 않고 위에서 언급한 세 개의 문을 통과할 때 더욱 정제되고 정화되어 따뜻하게 전달된다는 사실을 이해할 수 있어야 한다. 그리고 그런 리더들의 성공사례가 더 필요하다.

리더의 입 | 2 | "나 때는 말이야" vs "나도 사실은 말이야"

우리는 누구나 성공신화를 꿈꾼다. 미국의 실리콘밸리에서 스타트업으로 시작해 세계적인 회사를 일구어 낸 천재들의 이야기부터, 고등학교 졸업자로 국내 대기업의 부회장이 된 사람에 이르기까지 주변에서 자수성가한 사람들의 성공담은 큰 꿈을 심어준다. 조직 내의 리더들에게서 젊은 시절을 어떻게 버텨서 여기까지 왔는가 하는 이야기를 듣는 일도 도움이 된다. 기업의 고위임원이 되려면 수십년간 인고의 세월을 겪어야 한다. 그들이 하는 옛날 이야기들은 전쟁의 무용담 같아서, 때로 믿기 어려운 경험담도 '아, 정말 대단하시네요.'라는 맞장구를 쳐가며 들어준다.

문제는 부하직원들의 이런 반응을 자기 나름대로 해석하고 더 나아가 '자가발전'을 하는 데 있다. 본인 외에는 아는 사람 없는 내용들은 과장되게 마련이고, 이야기의 주인공은 항상 '자신'이다. 이런 이야기를 듣는 부하 직원들은 정말로 항상 감동하고, 나도 저런 사람이 되고 싶다고 다짐을 하게 될까? 어느 정도 동조하고 부럽다는 생각을 할 수는 있으나, 자기자랑만 늘어놓는 상사에 대해서는 친근감보다 거부감이 커진다. 오히려 수십 년 동안의 직장생활에서 실패했던 경험담을 이야기하면서 그런 일을 후배들이 겪지 않도록 조언해주는 선배들이 더 고맙고 존경스럽다.

미국 유학을 하던 당시였다. 내 지도교수는 영국의 캠브리지와 옥스포드라는 양대 명문에서 학부와 석박사를 취득한 분이었다. 1993년에서 94년으로 넘어가는 겨울, 결혼을 하게 되어 몇 주를 비우고 돌아왔는데 교수님이 영국으로 떠났다는 친구들 이야기가 들렸다. 확인해보니, 영국 정부의 요청을 받고 모국에서 일하기로 하면서 미국에서 지도하던 학생들을 그냥 두고 떠나기로 급히 결정을 한 것이었다.

말로 표현할 수 없는 당혹감이 밀려왔다. 갈 데가 없어진 나는 수소문 끝에 다른 지도교수를 찾아 연구를 재개했지만, 이번에는 교환교수로 있었던 그분의 전문 분야가 내 논문과 방향이 맞지 않아, 석사 이상의 논문을 쓰기가 어려워 보였다. 결국 나는 세번째 교수님을 찾아 다시 연구를 시작했고, 이 덕에 4~5년을 생각하고 시작한 박사학위 공부는 만 7년이 되어서야 끝이 났다.

이 무렵에 나는 한인학생회와 교회에서 중추적인 역할을 하고 있었는데, 그러다보니 작은 캠퍼스 타운이었던 그 지역 한인사회에서 30대 초중반의 나이에 이미 리더의 위치에 있었다. 많은 사람들이 찾아와 이런 저런 상담을 청해 힘든 유학생활을 털어놓으며 조언을 구했다. 내가 워낙 고생하며 공부한다는 사실을 모두가 알고 있었기에 내가 건네는 한마디가 사람들에게 힘이 되고 위로가 되었던 것 같다.

물론 내가 남들보다 빠른 기간내에 학업을 마치고 세계적인 논문을 쉽게 썼다면 그 비결을 묻기 위해 찾아오는 사람이 더 많았을지도 모른다. 그러나 유학 시절부터 지금까지 30년이 넘는 세월동안 연락을 주고받는 사람들의 이야기를 들어보면, 그들이 용기를 얻고 자신감을 회복한 것은 내 실패 극복기이지 성공담이 아니었다고 한다. 고통은 누구에게나 견디기 힘든 일이지만, 리더가 시련을 이겨내는 모습은 그를 바라보는 수많은 사람에게 힘이 된다. 항상 그 자리에 버티고 서있는 '큰바위 얼굴'의 역할이다.

이런 관점에서 리더가 많이 해야 하는 말은 "나 때는 말이야."가 아니고 "나도 사실은 말이야."이다. "나도 사실은 말이야, 그런 실수를 했었지.", "나도 사실은 말이야, 부족한 점이 많아.", "나도 사실은 말이야, 그런 과정을 겪으면서 힘들게 이 자리에 왔어." 이런 말들이 부하직원들에게 도움이 되고 위로가 된다. 솔직한 리더에게는 마음이 열린다. 잘난 척만 하고 스스로 모든 것이 완벽하다고 하는 사람에게 누가 다가가서 말을 건넬 수 있겠는가?

리더는 완벽을 추구해야 하지만, 완벽에 다다를 수 없음을 인정해야 한다. 게다가 리더는 혼자의 능력으로 일을 하는 사람이 아니다. 조직의 힘을 사용하는 사람이고, 필요하면 외부의 도움도 요청해야 한다. 조금이라도 더 나아지려는 노력을 조직 내에서 수행하기 위해서는 결국 소통 능력이 큰 무기가 되며, 이럴 때 가장 필요한 자질은 탁월함보다 겸손이다.

부족함을 인정하는 리더를 위해서는 조직이 힘을 보탠다. 부하직원들을 위해 희생하고 앞장서서 문제를 해결해주는 리더, 스스로의 문제점을 인정하고 개선하려고 노력하는 리더를 위해서는 조직원들이 더 가슴을 졸인다. 리더의 진정한 자질은 남이 가지고 있지 않은 탁월한 능력이 아니라, 오히려 스스로는 부족하더라도 남들의 탁월한 능력을 인지하고 이용하는 것이다. 소통은 공감에서 나온다. 내가 낮아지고 상대방을 높이는 것이 리더십인 이유는, 팀워크가 개인의 능력보다 훨씬 더 효과적이고 효율적이기 때문이다.

조언이나 위로의 말만큼, 때로는 아무 말없이 지어주는 미소도 큰 효과가 있다. 지금은 다른 기업에 계시지만 많은 것을 닮고 싶은 부회장급 고위 임원이 계셨다. 회사를 위한 로열티나 능력의 탁월함뿐 아니라, 장기적인 비전과 그 비전을 성취하기 위한 큰 그림을 그리는 거시적인 리더십으로 존경받던 분이었다. 워낙 많은 것을 꿰뚫어 보시는 분이라, 야단 한번 맞아본 적이 없는데도 그 분 앞에 서면 항상 긴장되었다. 발표를 하거나 보고를 드리면 상세한 코멘트를 주시는 경우도 있지만, 때로는 아무 말씀도 없이 고개를 끄덕이며 미소를 짓곤 하셨다. 말로 표현하는 긍정적인 메시지만큼 효과가 있는 무언의 'OK사인'이다. 그런 표정을 보면, 칭찬의 말 한마디 들은 것이 없음에도 불구하고 피곤함이 사라지고 용기를 얻었다.

아랫사람은 항상 윗사람의 표정을 살핀다. 얼굴은 생각보다 많은 이야기를 한다. 재치 있는 비서는 상사의 얼굴 표정이 좋지 않을 때

120

는 방문이나 보고를 지연시키기도 한다. 리더는 입으로만 말을 하는 것이 아니고, 표정, 눈빛과 손짓으로도 의사 전달을 한다. 그래서 말뿐 아니라 표정도 관리하고 자제해야 한다. 보고를 들으면서 딴청을 피운다든지 얼굴에 못마땅한 기색이 드러나면 부하직원은 이런 변화를 금방 눈치챈다.

입으로는 격려의 말을 하더라도 표정이 불편하면 그것 또한 놓치지 않는다. 부하직원의 말을 경청할 때는 대표이사의 말을 들을 때보다 더 귀를 기울이고 들어야 한다. 오해를 사지 않으려면 말 그대로 일거수일투족一擧手一投足을 조심해야 하며, 특히 리더의 입조심, 말조심은 아무리 강조해도 지나치지 않다. 유대인의 경전 탈무드에는 이런 말이 있다.

'물고기는 언제나 입으로 낚인다. 인간 역시 입으로 걸린다.'

리더의 입 | 3 | 리더의 입이 바빠야 할 때

리더의 입이 바빠야 할 때가 있다. 조직원들을 대변할 때와 부하직원을 칭찬할 때다. 기업은 공동 목표를 달성하기 위해 분업하고 협업하지만, 각 조직의 이해관계 때문에 이견이 발생하는 경우가 많다. 상대 조직의 책임자와 개인적으로는 아무 악감정이 없더라도 내 팀과 팀원들의 권익을 위해 때로는 언쟁을 벌이게 되는데, 대인 관계로 인한 문제를 원하지 않다 보니 많은 리더들이 어려운 상대를 대할 때 직접 나서지 않고 아래 사람들을 내세운다.

하지만 리더가 꼭 나서야 하거나, 그렇지는 않더라도 나서주는 것이 도움이 되는 경우도 많다. 자녀가 곤경에 처해있거나 싸움에 휘말렸는데 뒷짐을 지고 있을 부모는 없다. 자식은 뒤로 빠지게 하고 대신 나가서 핏대를 올리는 게 부모의 심정이다. 하지만 직장생활의 현주소를 보면 이와는 거리가 멀어 입장이 곤란한 자리에서 자신은 뒤로 빠지고 부하직원들을 내모는 사람들이 훨씬 더 많다. 그렇게 해서 해결되면 본인의 결정 덕분이고 안 풀리면 부하직원 탓을 한다.

이런 유형은 사실 리더라기보다 보스에 가깝지만, 불행히도 우리 주변에서 흔히 볼 수 있다. 이런 사람들은 일이 안 될 경우를 대비해 빠져나갈 구멍을 잘 만든다. 가령 결재를 할 때도 일단 '이거 안 될 거 같은데…'라고 부정적인 한마디를 해 놓는다. 결과가 안 좋을 때 '거봐, 내가 뭐라 그랬어.'라고 할 포석을 두는 것이다. 일이 잘 풀리면 당연히 본인이 결재를 한 덕이다.

이런 상사가 있는 조직은 어딘지 막혀 있는 느낌을 준다. 보고를 기피하거나, 하더라도 사실을 감추고 듣기 좋은 내용만 나열한다. 특히 타조직과의 문제가 발생하면 안절부절 못한다. 어떤 일이든 크게 벌이려면 협업이 필요하고 크고 작은 갈등이나 마찰이 일어나게 마련이다. 실무선에서 풀기 어려운 문제가 고위 임원들의 몇 마디 대화로 해결되는 경우가 많은데, 윗사람이 이런 일을 피하다보니 문제 해결은 되지 않고 상사에 대한 불신은 높아진다. 조직문화 정립의 기초가 되는 '리더에 대한 신뢰'가 상실되면, 조직은 외형상으로 유지가 되더라도 내부로부터 서서히 시들어간다.

반면에 리더가 너무 나서서 싸워주는 것도 바람직하지 않다. 부하직원을 위한다고 갈등이 있는 타 팀의 팀장에게 조목조목 따져서 문제를 해결한 것 같았는데, 이로 인해 상대 팀의 실무진이 팀장에게 호된 꾸지람을 들었다고 치자. 막상 협업을 해야 하는 담당자 입장에서는 팀장이 문제를 해결해준 것이 아니고 혹을 하나 더 붙여준 격이 된다. 문제 해결은 제쳐 두고 상대팀 실무와 인간적인 관계를 회복하는 것이 우선이 되어버린다.

이런 상황을 피하려면 따지는 근거가 철저하게 '사실'에 의존하고, 지나치게 감정을 싣지 않아야 하며, 우리의 실수나 상대방이 잘한 점이 있다면 인정해야 한다. 또한 우리는 항상 옳고 상대는 틀리다는 식의 진영 논리로 번지지 않도록 객관적인 태도를 유지해야 할 뿐 아니라, 타조직과 연락을 취하기 전에 내부 담당자의 솔직한 의견을 충분히 듣고 함께 작전을 짜야 한다. 사실 여부를 충분히 확인하지 않고 섣불리 시비를 걸었다가 망신을 당하는 경우가 생각보다 많다. 리더의 말에는 무게가 있어서, 한번 입밖으로 나오면 되돌리기 어렵다는 사실도 명심해야 한다.

리더의 입이 바빠야 하는 다른 경우는 부하직원을 칭찬할 때이다.

칭찬은 당사자 앞에서 하는 것도 의미가 있지만, 없는 자리에서 할 때 여파가 더 크다. 다른 사람의 입을 통해서 듣는 좋은 소문이나 소식은 기쁨이 몇배가 된다. 소문이 이미 곳곳에 퍼졌다는 증거이기도 하고, 상사가 다른 직원들 앞에서 내 칭찬을 했다는 사실 자체만으로도 행복하다.

33,000여명(2021년 5월 기준)의 임직원을 보유한 현대모비스에서 이제 나보다 직급이 높은 분이 겨우 다섯명이다. 말 그대로 기업의 꽃이라는 고위 임원이 된 것인데, 나는 지금도 과거에 모시던 직장 상사가 내 얘기를 좋게 해 주셨다는 말을 들으면 하루 종일 기분이 좋다. 어깨가 으쓱해지고, 그분을 모셨던 오래 전 기억들이 소록소록 떠오르며 스스로가 대견해진다.

하물며 신입사원이나 젊은 직원이 본부장의 칭찬을 간접적으로 들었다고 생각해보라. 직원들의 사기를 올리는 방법 치고 칭찬만 한 것이 없다. 칭찬은 아끼기에는 유효 기간이 너무 짧다. 혹시 실수를 했을 경우라도 나무라기 전에 먼저 격려를 해야 한다. 《젊은 예술가의 초상》, 《율리시스》를 쓴 작가 제임스 조이스James Joyce는 '실수는 발견의 문Mistakes are the portals of discovery.'[15] 이라고 했다. 부하직원의 성과가 마음에 안 들어 훈계를 해야 한다면 사람을 탓하지 않고 업무만을 지적해야 한다.

리더의 칭찬은 조직원들의 초능력을 이끌어내기도 한다. 이 말을 뒤집어보면 리더의 질책이 직원의 사기를 바닥으로 떨어뜨릴 수 있다는 말이다. 미국의 유명 투자자 찰스 슈왑Charles Schwab은 "인정받기보다 비판받을 때 일을 더 잘하거나 더 열심히 노력하는 사람은 본 적이 없다."[16]는 말을 남겼다. 리더십의 자질에 온화한 성품을 꼽는 것은 놀라운 일이 아니다. 품질경영의 대가로서 일본 도요타 자동차에도 큰 영향을 준 것으로 알려진 에드워드 데밍W. Edward Demming은 품질경영의 14개 항목 중에 다음과 같은 흥미로운 내용을 포함하였다.

'감독과 리더십 제도화, 두려움 제거, 팀노력의 극대화, 작업자에 대한 강요제거, 작업자들의 자존심 보호…'[17]

아무리 봐도 이런 내용들이 품질과 무슨 관계가 있는가 하는 생각이 들지만, 데밍의 철학은 결국 품질도 사람이 좌우하는 것이고, 능동적 학습의 주체인 작업자들이 심리적으로 안정될 때 원하는 품질 수준이 나온다는 것이다. 내 지난 직장생활을 돌이켜봐도 가장 재미있게 일하면서 좋은 성과가 나왔던 시기는 상사가 나를 믿고 인정해 줄 때였다. 존경하는 상사의 믿음을 얻으면, 인정받고 싶다는 욕구와 책임감이 겹쳐 말 그대로 초능력이 나온다.

세계 최대 비즈니스 소셜미디어인 링크드인LinkedIn의 CEO였던 제프 와이너Jeff Weiner는 조직 관리의 비결로 '긍정적 리더십'을 중시한다. 공감과 격려를 강조하는 그는 '직원 스스로가 회사의 주인의식을 가지도록 붇돋아야 한다'는 철학을 가지고 있다. 칭찬과 질책은 모두

같은 입에서 나온다. 칭찬만 해서는 기강을 유지하기 어렵고 가끔 야
단을 쳐야 한다는 것이 상식적으로는 설득력이 있지만, 그런 생각을
하는 사람들 대부분은 사실 칭찬하는 방법을 모르거나 아예 관심이
없다. 칭찬의 위력을 이해하는 리더라면 '가끔' 야단을 치는 것이 얼
마나 무의미한지를 안다. 야단 치는 것도 습관이고 감정이 개입되는
행위이다. 절대로 필요할 때 적절한 수준으로만 야단을 칠 수는 없다.

리더의 입 | 4 | 변명하거나 진정으로 사과하거나

말조심을 해야 하는 이유는 한번 입 밖으로 나간 말은 주워담지
못하기 때문이다. 그 말에 '독'이나 '악'이 담겨 있다면, 수습하는 방
안은 두가지 밖에 없다. 변명을 하거나 진정으로 사과하는 것이다. 변
명은 많은 경우에 거짓을 동반한다. 마치 여러 개의 신용카드로 돌려
막기를 하듯이, 변명으로 앞서 한 변명을 막아야 하고 오늘 한 거짓
말 때문에 또 다른 거짓말을 고민해야 한다.
진심 어린 사과를 하면 오히려 문제는 빨리 해결될 수 있으나, 그
대가는 때로 혹독하다. 주변의 따가운 시선을 견뎌내야 하고, 수십년
간 고생해서 쌓아 올린 부나 명예가 한순간에 무너질 수도 있다. 그
런 이유로 고위직에 있는 사람들은 사과할 타이밍을 자주 놓친다. 지
켜보는 대중들은 이미 문제를 다 알고 있는데, 정작 당사자는 말장난

으로 난국을 수습할 수 있다고 착각한다. 이런 오판에는 주변 사람들이 영향을 끼치기도 한다. 가까운 사람들은 가족, 친구, 동료가 대부분이다 보니 누구 하나 쓴 소리를 하지 않는다. 그 인의 장막만 걷어내면 바깥 세상에서 나를 어떻게 보고 있는지가 분명한데도, 그런 시도를 하기보다 그냥 시간이 해결해 줄 것을 믿으며 변명을 지속한다.

이런 리더가 많으면 조직은 (반드시라고 해도 좋을 만큼) 무너진다. 당장 몇 년 사이에 자취가 사라지지는 않더라도, 더 이상 발전하지 못하고 쇠퇴하다 결국 도태된다. 쇠락의 원인은 내부 요인이 더 크다. 우선 조직원들이 무책임한 언행을 일삼는 리더에 대해 신뢰감을 잃기 시작한다. 함부로 말을 던지고, 일이 잘못되면 부하직원을 탓하고, 상황이 심각해지면 거짓으로 변명을 하는 조직에서는 실력 있고 정직한 직원이 견디기 힘들다. 설령 남아있는다 해도 점차 환경에 적응하면서 '동색同色'이 되어간다.

조직문화의 개선改善이나 개악改惡의 출발점은 리더가 보유하고 있는 가치관이다. 이런 가치관이 리더의 입을 통해 지시나 요청으로 주변에 전달된다. 리더의 말은 부드러울 수는 있으나 가볍지 않아야 한다. 《말의 품격》에서 저자는 '언품言品'의 중요성에 대해 다음과 같이 전달한다.

'인간의 입술은 그가 마지막으로 발음한 단어의 형태를 보존한다는 말이 있다. 내 입술에 내 말의 흔적이 남아있다는, 무섭고 서늘한 얘

기다.[18]

리더의 실수가 치명적인 반면, 사과 한마디도 회복력이 크다. 상사와 부하직원 간의 많은 갈등은 말 몇 마디로 갚을 수 있는 빚을 안 갚기 때문에 일어난다. 자신의 업적을 인정받지 못해 마음에 응어리를 가지고 있는 직원이 있다고 하자. "전부 다 고생했는데 뭘 그렇게 꿍 하고 있어."라고 하는 팀장과 "자네가 이번 프로젝트에서 가장 큰 역할을 했다는 걸 최근에야 알았어. 내가 못 챙겨줘서 미안해."라는 팀장이 있다면 어느 조직이 더 효율적으로 움직일까?

또 다른 예로, 중대한 결정을 하는 과정에서 리더의 판단 착오가 있어 일을 그르쳤다고 가정해보자. 많은 상사들은 이럴 때 자신을 제외한 다른 데서 이유를 찾고 대상은 주로 부하 직원들이다. 정도가 심하면, 자신이 판단을 잘 못 하기는 했지만 판단을 위해 제공된 자료가 잘 못 된 것이 문제라고 한다. 이럴 때 조직원들은 할 말을 잃는다. 윗사람은 자신의 실수를 '쿨하게' 인정하는 것이 여러가지로 도움이 된다. 실수 그 자체가 조직원들의 기억에 오래 남는 것이 아니라, 그 실수를 리더가 어떻게 마무리하는지가 각인된다는 사실을 기억하자.

완벽주의자 기질을 가진 많은 리더들은 자신의 약점이 드러나는 것을 극도로 싫어한다. 실수를 스스로가 용납하지 못하다 보니 부하직원들 앞에서는 더더욱 약점을 드러내려 하지 않는다. 그런 성향이 그들을 그 위치에까지 올려놓은 것은 사실일지 모르나, 리더이기 때문에 모든 것이 완벽해야 한다는 생각은 내려놓아야 한다. 잘못 결정한 일이 있다면, 사실대로 인정하고 방향을 새로 잡는 것이 가장 빠른 해결책이다.

리더가 이런 저런 구실을 대면서 자신의 실수를 합리화하더라도, 본인의 바람과는 달리 부하직원들은 그런 리더를 호의적으로 생각하지 않는다. 오히려 실수를 인정하고 사과하는 책임감에 경의를 표하고 친근감을 느낀다. 이기주 작가가 이야기한 '마지막으로 발음한 단어'의 무게를 이해한다면, 리더의 입술에 남은 단어는 항상 진실에 기반해야 한다. 그런 리더가 더 매력적이다.

1997년에 설립하여 세계 최대의 온라인 스트리밍 서비스 업체로 성장한 넷플릭스Netflix는 코로나 바이러스로 인한 '언택트' 환경에 힘입어 2020년 6월에는 창사 이래 최초로 시가총액 2,000억불을 돌파한다. 이 회사는 특이한 조직문화로도 유명한데, 직원들을 업계 최고로 대접하고 최고가 되기를 바라는 대신 그 수준에 미치지 못하면 가차없이 내보낸다. 업무 시간이 짧고 휴가도 마음대로 사용할 수 있다는 매력이 있지만, 입사 후 6개월만에 퇴사하는 인원이 전체의 절반이 된다고 할 정도로 업무는 힘들다.

창업자 리드 헤이스팅스W. Reed Hastings, Jr. 회장은 이처럼 사소한 제재를 하지 않는 대신 최고의 결과를 도출하지 못하면 생존할 수 없는 살벌한 문화를 만들었다. 그러나 의외로 실수에 대해서 만큼은 포용적이다. 실수도 최고가 되기 위한 하나의 과정이라 생각하는 그는 작가 에린 마이어Erin Meyer와 함께 쓴 저서《규칙없음No Rules Rules》에서 성공과 실수를 다루는 리더의 행동을 다음과 같이 언급한다.

'성공했을 때는 조그맣게 이야기하거나 스스로 말하지 말고 다른 사람들의 입에서 그 말이 나올 때까지 기다려라. 하지만 실수했을 때는 직접 분명하고 큰 소리로 말함으로써, 모든 사람이 알고 당신의 실수를 타산지석으로 삼게 하라. 잘한 일은 작은 소리로, 실수는 큰 소리로 말하라. 리더의 미덕은 겸손이다.'[19]

그가 실수를 인정하라고 하는 배경에는 겸손이 있다. 최근 들어 리더십의 화두 중 빈번하게 등장하는 단어 중 하나인 '겸손'은 무한 경쟁이 벌어지는 현실에서 구현하기 쉬운 성품은 아니지만, 실수를 인정하는 리더의 모습은 분명 겸손으로 비친다. 겸손이 약점이 아니라 강점인 이유는, 상대방을 품는 힘이 있기 때문이다.

조직에서 그런 리더십을 발휘하면 구성원들은 내가 실수를 하더라도 용납해줄 것 같은 안도감을 느끼게 된다. 같은 실수가 되풀이되지 않는다면, 실수는 배우는 과정으로 여겨져야 한다. 어디에도 완벽한 사람은 없다. 실수를 통해 배워서 실수를 덜 하는 사람들과 그렇지 못한 사람들이 있을 뿐이다.

말에 가시가 있는 사람들이 있다. 자신은 농담을 하거나 재치 있는 말을 한다고 생각하는데, 막상 그 말을 듣는 사람은 기분이 상한다. 이런 유형의 사람은 대부분 자존감이 지나쳐 자만감이 강하다. 모든 일에서 주연을 맡지 않으면 직성이 안 풀리는 사람들이다. 이런 성격의 소유자가 리더십을 맡게 되면 다양한 부작용이 나타난다. 간섭이 많아 주변 사람들을 힘들게 하거나, 심하면 칼을 휘둘러 사람을 다치게도 한다.

이와는 좀 다르지만, 가시가 있는 말은 아닌 데도 상대방을 불편하게 만드는 사람들이 있다. 대화의 주도권을 놓지 않고 계속 이야기를 하면서, 결국 대부분이 자기 이야기인 사람들이다. 주변에서 호응하면서 들어주는 것이 예의 차원이라는 사실을 눈치채지 못하고, 스스로의 말이 재미있어서 다들 웃으면서 듣고 있다는 착각을 한다. 심지어 얼마 전에 이야기한 사실을 잊어버리고 같은 소리를 되풀이하기도 한다.

말이 많거나 말에 가시가 있는 사람들, 좀 더 넓은 의미에서 자기 중심적인 사람들도 현직에 있는 동안에는 별 문제없이 사회생활이 가능하다. 특히 높은 직급에 있거나 중요한 직책을 맡고 있다면 남 눈치 보지 않으면서 하고 싶은 대로 하면서 살 수도 있다. 그런데 불행히도 이런 사람은 은퇴한 후 주변에 남는 사람들이 별로 없다는

131

사실을 보고 나서야 자신의 '현역생활'에 문제가 있었음을 깨닫는다. 은퇴 후 생활은 직장 동료나 선후배, 또는 학교 동창들과 어울리는 맛에 산다고 한다. 늘 주변에 사람들이 많아 바쁘면서도 보람 있게 지내는 사람들이 있는가 하면, 그다지 환영받지 못하는 사람들도 있다.

지혜로운 사람들은 직책이 높고 힘이 있을 때 주변 사람들을 챙긴다. 나중에 대접을 받고자 하는 의도로 그렇게 하는 것이 아니고, 성품 자체가 남을 배려하는 성향이 있다 보니 결과적으로 풍족한 은퇴 후 생활을 누린다. 그런 사람들의 공통점은 행동으로도 배려를 잘하지만 말로 빚을 지거나 상처를 주지 않는다.

영국 빅토리아 여왕 시대의 정치가인 윌리엄 글래드스턴^{William Gladstone}과 벤자민 디즈레일리^{Benjamin Disraeli}는 모두 수상까지 지낸 유명인사였다. 이 두 사람과 모두 식사를 같이 할 기회가 있었던 윈스턴 처칠의 어머니 제니 제롬은 훗날 그 자리가 어땠는가를 묻는 질문에 이렇게 대답했다고 한다.

"글래드스턴씨 옆에 앉으니, 그가 영국에서 가장 지적인 남자라 생각되더군요. 잠시 후 디즈레일리씨 옆에 앉으니, 내가 영국에서 가장 지적인 여자가 된 느낌이었어요."[20]

두 사람 모두 달변이었으나, 글래드스턴은 대화의 주체가 자기 자신이었던 데 반해 디즈레일리는 상대방이었기에 편하게 대화하면서도 오히려 더 강하고 좋은 인상을 남겼던 것이다.

세계를 움직인 위인들의 이야기를 읽어보아도, 부모님이 야단을 많이 치고 무리하게 몰아 부치는데 자극을 받아 열심히 살다 보니 이 위치까지 왔다고 말하는 사람은 찾아보기 어렵다. 어린 시절에 남보다 못하고, 심지어 학교에서 따돌림을 받는 사람이었을지라도 '너는 할 수 있어.'라는 어머니의 격려로 어려움을 이겨내고 훌륭한 사람이 되었다는 이야기가 대부분이다.

우리가 아는 에이브러햄 링컨 대통령이나 발명왕 토머스 에디슨도 어머니의 사랑과 격려 속에 위대한 발자취를 남겼다. 우리 사회의 조직원들 중에 교육을 받은 기간을 다 합해도 12개월에 지나지 않거나, 병아리를 만들겠다고 달걀을 품는 기행을 일삼아 초등학교를 3개월만에 그만둔 어리숙한 사람은 찾기 어려울 것이다. 그렇다면 그들은 리더의 한마디를 통해 굳은 결심으로 대단한 성과를 낼 수 있고, 지속적인 보살핌과 멘토링으로 타의 추종을 불허하는 기술을 개발할 수 있는 사람들일지도 모른다. 가능성은 잠재력이다. 누군가가 깨우고 개발해 주지 않으면 평생 바깥으로 나와 발휘되지 못할 수도 있다.

심리학자 에미 워너Emmy Werner와 루스 스미스Ruth Smith는 하와이의 북서쪽에 있는 카우아이Kauai라는 섬에서 어린 시절에 역경을 당한 아이들의 인생에 대한 대규모 연구를 시작했다. 당시 이 섬의 주민 대부분은 지독한 가난과 질병으로 고통을 받았고, 타지역에 비해 알콜 중독자나 범죄자의 비율도 높았다고 한다. 두 심리학자는 1955년에 태어난 신생아 833명을 대상으로 30년동안 이들이 어떤 삶을 살았는지 추적 연구를 했는데, 성장기에 어려움을 많이 겪은 사람일수록 사회에 적응하지 못하고 약물 남용이나 정신적인 문제로 많은 고통을 받았다.

그런데 이런 예상 가능한 결과와는 다른 특이한 아이들이 발견되었다. 가정불화가 심하고 일부는 알콜 중독이나 정신 질환을 앓는 부모가 있는 극단적으로 열악한 환경에 놓여있던 201명의 성장과정을 지켜본 결과, 3분의 1에 해당하는 72명은 학업성적이 우수했고, 그중 일부는 대학 입시시험인 SAT에서 상위 10%에 들기도 했다. 워너와 스미스 교수 팀은 이 연구를 통해 역경이나 스트레스가 있더라도 이를 극복하고 정상상태로 회복하는 힘, 즉 불우한 환경 속에서도 이를 극복할 수 있는 요소가 있다는 결론을 얻었다. 이것이 바로 '회복탄력성resilience'이라는 심리학 개념이다.

불우한 환경 가운데서도 회복탄력성을 가지고 예외적으로 성공한 아이들의 경우 발견된 공통점은, 주변에 따뜻한 돌봄을 제공해준 사람이 있었다는 것이다. 이들은 부모나 조부모 혹은 학교 선생님이었고, 이와 같이 단 한명이라도 아이를 진심으로 아끼고 사랑을 베푸는 사람이 있을 때 그 아이는 비뚤어지지 않고 잘 성장할 수 있다는 것을 증명하였다. 이 아이들이 40대가 되었을 때 실시된 설문조사를

거인의 어깨

보면, 고위험군 201명 중 앞서 언급한 72명 외에도 교육을 잘 받았거나, 종교단체에 참여하거나, 혹은 안정적인 가정을 이룬 사람들은 비교적 평탄한 생활을 영위한다는 사실이 발견되었다. 그렇다면 사람들에게 놀라운 효과를 가져다주는 회복탄력성의 근원은 무엇일까?

가장 중요한 요인은 긍정적 마음과 낙천성이라고 한다. 리더의 긍정적인 태도와 격려의 말 한마디가 의외의 놀라운 결과를 가져올 수도 있다는 사실을 기억하자. 긍정심리학의 권위자인 마틴 셀리그만 Martin Seligman 교수는 학습된 무기력이 사람을 자포자기하게 만든다고 밝혔지만, 이보다는 포기하지 않은 사람들의 특성에 관심을 가졌다. 그에 따르면 심리학은 인간의 약점이나 장애뿐 아니라 강점과 덕성에 대한 학문이다. 그는 또한 진정한 심리적 치료는 우리 안에 있는 최선의 가능성을 이끌어내는 것이라고 말한다. 따뜻한 말 한마디와 작은 배려로 조직의 역량을 극대화하는 것이야말로 바로 리더의 역할이고 회복탄력성을 높이는 방법이다.

리더의 입 | 6 | 말로 상처주지 않는 법

예일대학교에서 경제학을 전공하고 펜실베니아 대학교에서 응용 긍정심리학을 연구한 데이비드 폴레이 David Pollay 는 어느 날 택시를 타고 가던 중 흥미로운 광경을 목격한다. 난폭하게 운전하는 차에 그가

135

타고 있던 택시가 부딪히는 큰 사고가 날 뻔했는데 오히려 상대방 차의 운전자가 고래고래 소리를 질러 대고, 피해자인 택시 기사는 미소를 지은 채 손을 들어 인사를 하는 것이었다. 기사의 행동을 이해할 수 없었던 폴레이의 질문에 그 기사는 이렇게 답했다고 한다.

> "사람들은 대부분 쓰레기차와 같아요. 절망감, 분노, 짜증, 우울함 같은 쓰레기 감정을 가득 담고 돌아다니거든요. 쓰레기가 쌓이면 자연히 그것을 쏟아버릴 장소를 물색하게 되지요. 아마 그대로 내버려두면 그들은 당신에게 쓰레기를 버릴 거예요. 그러니 누군가 얼토당토 않게 화를 내고 신경질을 부리더라도 너무 기분 나빠 하지 마세요. 그냥 미소를 지은 채 손을 흔들어 주고는 다른 일로 주의를 돌리세요. 제 말을 믿으세요. 틀림없이 전보다 더 행복해지실 겁니다."[21]

그 말에 깨달음을 얻은 그는 이후 남에게 상처를 주지 않고 대화하는 법과 타인의 부정적인 감정에 상처받지 않는 법에 대해 연구하기 시작했다. 원제가 'The Law of the Garbage Truck(쓰레기차의 법칙)'인 책 《3초간》은 타인의 부정적인 감정이 내게 영향을 미치기 전에 그 감정을 튕겨버리는 완충 지대로 '3초'를 제시한다. 기업에서 현실적으로 이 '3초 법칙'을 지켜야 하는 숙명을 안고 사는 사람들은 아무래도 부하직원 들이다. 윗사람으로부터 질타를 당하면 그 나쁜 감정을 잊어버리도록 연습해야 버틸 수 있기 때문이다.

거인의 어깨

그러나 이 3초 법칙을 리더가 먼저 이행한다고 가정해보자. 타인 앞에서 신경질을 부리거나 화를 내는 모습을 보이기 전에 3초를 참는 법칙이다. 가령 안 좋은 실적 보고를 듣거나 조직원의 실수를 알게 되었을 때 느끼는 감정을 그대로 발산하지 않고, 3초간을 참아 부정적인 감정이 나를 삼키지 못하도록 한 다음 대처를 하는 것이다. 혹은 팀장으로서 다른 팀에 항의를 해야 할 상황에서 심한 어조로 이메일을 써 놓았다면 '보내기'를 누르기 전에 3초간 참으면서 정말로 보내야 하는가를 다시 한번 고민해 본다. 이렇게 될 수만 있다면, 한 명의 리더로 인해 유발되는 부정적인 감정을 지우느라 수십, 수백 명의 조직원들이 고생을 할 필요가 없어진다. 오히려 긍정적인 감정이 상사로부터 부하직원에게까지 전염되어, 저자의 말처럼 '감사에너지'가 순환되는 효과가 일어난다.

사람의 말은 감정을 표현하고 생각을 전달하는 가장 직접적이면서도 자극적인 수단이다. 그만큼 말로 인해 상처를 받기도 쉽고 위로를 받기도 쉽다. 또한 이런 효과는 조직에서 직급이 높은 사람을 통해 더 크게 전파된다. 말 한마디로 천냥 빚을 갚는다는 말이 있지만, 반대로 천냥 빚을 지기도 한다. 말이 많으면 실수도 많게 마련이다. 때로 말하는 사람이 도와주려는 선한 생각을 가지고 있더라도 의도치 않게 상대방의 마음에 상처가 될 수 있다는 사실은 기억해야 한다. 정신과 의사이자 작가인 정혜신 박사는 저서《당신이 옳다》에서 다음과 같이 언급한다.

137

'누군가의 속마음을 들을 땐 충조평판(충고, 조언, 평가, 판단)을 하지 말아야 한다. 충조평판의 다른 말은 '바른말'이다. 바른말은 의외로 폭력적이다. 나는 폭언에 찔려 넘어진 사람보다 바른 말에 찔려 넘어진 사람을 과장해서 한 만 배쯤 더 많이 봤다. 사실이다.'[22]

상사의 말 한마디나 스치는 얼굴 표정 하나도 부하직원들의 가슴에는 깊이 새겨진다. 리더는 영향력이 큰 만큼 말조심을 해야 하고, 특히 아랫사람과 대화를 할 때는 내 말의 영향력과 파장에 대해 충분히 고민하고 입을 열어야 한다. 단언을 하기보다 여지를 남기는 것이 좋고, 평가와 판단을 할 때도 내 말만 하기보다 상대방의 입장을 듣는 여유가 필요하다. 리더의 말은 지성 위에 감성을 덧입혀야 하고, 날카로움을 인내와 배려로 감싸 안아야 한다.

《말의 품격》에서 이기주 작가는 대부분의 부부가 갖는 대화의 문제를 자신의 예를 들어 설명한다. 평소에 조용한 성격의 저자가 부인과 싸울 때면 상대의 말은 듣지 않고 하고 싶은 말만 쏟아내고, 심지어 윽박지르기까지 한다는 내용이다. 이럴 때 밀려오는 후회의 마음을 작가는 이렇게 표현했다.

'싸움이 완전히 끝나고 난 후 항상 후회하지만 아내의 상처 난 마음까지는 달래 줄 순 없었습니다.'[23]

직장에서의 대화 예절도 품격을 지니지 않으면 누군가에게는 큰 상처를 남긴다. 깨진 도자기는 붙여도 그 흔적을 지울 수 없듯이, 사람의 마음에 생긴 상처 역시 말끔히 사라지지 않는다. 이기주 작가는 같은 책에서 말에도 날카로움이 있어 때로는 둔감해야 한다고도 썼다. 유연하게 휘두를 때 말의 품격이 더해지며 언력言力은 배가된다고 하는 그는 조선 후기 문인 성대중成大中이 쓴《청성잡기青城雜記》의 한 구절을 인용하면서 말에 의해 사람의 품격이 드러남을 다시 한번 강조한다.

'내면의 수양이 부족한 자는 말이 번잡하며, 마음에 주관이 없는 자는 말이 거칠다.'[24]

리더의 입 | 7 | 리더의 권위는 말에 있지 않다

많은 리더들의 착각 중 또 하나는 '어려운 용어를 사용하면 권위가 세워진다.'고 생각하는 것이다. 리더는 아무래도 경험이 더 많고 고급 정보를 얻을 수 있어 복잡한 내용을 더 많이 알 수 있겠으나, 대화는 일방통행이 아니다. 상대방의 입장도 중요하고, 굳이 어려운 말로 위압감을 드러낼 필요는 없다.

세계 4대 성인聖人으로 꼽는 예수, 부처, 공자, 소크라테스의 공통점은 '대화'에 있다. 제자들의 무지를 지적하거나 꾸짖는 것이 아니라, 지속적인 대화를 통해 스스로의 문제점이나 과오를 깨닫게 하는 대화다. 성인들의 대화는 어려운 주제나 복잡한 언어로 구성되지 않았다. 당시의 보통 사람들이 이해할 만한 내용을 평이한 언어로 풀어 설명하고, 적절한 예화를 들어 이해를 도왔다.

이런 까닭에 동서양 철학의 근본이라고 하는 공자의《논어》나 소크라테스의 가르침을 적은 플라톤의《국가》는 생각처럼 읽기 어렵지 않다. 예수님의 대화도 지극히 평이하다. 수제자 베드로를 비롯해 많은 제자들이 어부였고, 예수님이 가까이했던 사람들은 고관대작들이 아니라 사회로부터 무시 받고 배척당하던 부류였다. 그런 이유로 예수님의 대화에는 당시의 문화나 지정학적 상황을 반영한 우화가 많이 등장한다. 이처럼 진정한 리더들의 언어는 형식이 아니라 내용 자체에 권위가 있다.

자신을 드러내기 좋아하고 큰 목소리를 내는 사람들은 침묵하는 다수의 의견이나 집단지성은 무시하고 자신의 의견이 항상 최선이라는 확신을 가지고 산다. 감투라도 씌워주면 그 정도는 도를 지나치기 일쑤인데, 이런 사람들의 특징 중 하나가 바로 윗사람과의 관계를 강조하고 자신의 의견을 그의 생각인 양 포장하는 것이다.

이런 사람이 권한을 잡으면 조직은 의외로 일사불란하게 움직인다. 다행히 리더가 방향키를 잘 잡아서 올바른 방향으로 이끌면 괜찮지만, 엉뚱한 곳으로 배가 움직여도 지적하는 사람이 아무도 없다. 돌이킬 수 없는 지경까지 이르러서야 문제점이 노출되고 대책을 세우느라 분주해진다. 이런 유형의 리더들이 자주 사용하는 화법이 있다. '사장님이 그러시는데', '사장님께 직접 들은 이야기인데'라는 식으로 자신의 위상을 간접적으로 높이는 것이다.

전국시대 초나라의 대장군 소해휼昭奚恤에게서 유래된 호가호위狐假虎威라는 말이 바로 이런 경우다. 정작 사장님께 직접 들은 이야기인지는 진위 파악이 어렵고 직접 여쭈어 볼 수도 없는 노릇이지만, 어쨌든 '사장님이 그러시는데'의 위력은 크다. 이런 화법은 불합리한 논리를 펼 때나 말하는 사람의 득실이 관계되는 상황에서 자주 등장한다. 합리적인 의견이라면 굳이 윗사람을 언급할 이유가 없다. 그러나 요즘처럼 정보의 채널이 다양하고 빠른 시기에 웬만한 거짓말은 오랜 시간이 걸리지 않아 탄로가 난다. 만약 거짓으로 권위를 세우는 문제가 리더에게서 일어난다면, 그 자신이 조직원들의 신뢰를 잃게 될 뿐 아니라 조직 전체에도 좋지 않은 전통을 남기게 된다.

빈수레가 요란하다는 우리 속담이 있다. 주변의 고위직을 인용해 언급하는 사람들도 그렇지만, '내가 왕년에 말이야...'를 자주 되새기는 사람 역시 리더로서는 부적합하다. 다소 부족하더라도 리더는 자기만의 철학과 관리방식이 분명해야 하며, 과거보다는 현재와 미래를 이야기해야 한다. 지나간 성공은 미래를 논할 때 기억에서 지우는 것이 좋다.

그리고 리더는 자신이 주도하는 계획이 있어야 한다. 성공을 위한 계획은 최고 경영자가 만들어 주는 것이 아니고 조직의 리더가 조직원들과 함께 고민해서 만들어내야 한다. 리더가 계속 윗사람을 언급하면, 아래 사람들은 리더를 어려워하기는 해도 믿음을 주지 않는다. 또한 리더의 입이 중심을 잡지 못하고 가벼우면, 조직은 내부에서 흔들릴 뿐 아니라 타조직으로부터의 신뢰도 잃어버린다. 진정한 리더는 자기만의 언어로 진솔한 이야기를 담아낼 수 있어야 한다.

건강한 조직을 형성하기 위해서는 상사와 부하직원 사이의 벽은 낮을수록 좋고 소통은 활발할수록 좋다. 직급이 가져다주는 권위는 조직의 통솔을 위해 필요하지만 내가 갖고 싶다고 생기는 것도, 강요할 수 있는 것도 아니다. 《책은 도끼다》, 《여덟 단어》 등으로 우리에게 잘 알려진 TWBA Korea의 박웅현 크리에이티브 대표는 권위의 속성에 대해 아래와 같이 명료하게 설명한다.

'권위에 굴복하지 않는 것도 중요하지만, 더 나이 먹어 윗것이 되었을 때 권위를 부리지 않는 태도도 중요합니다. 권위는 우러나와야 하는 거예요. 내가 이야기한다고 되는 게 아니라 상대가 인격적으로 감화가 돼서 알아줘야 하는 거예요. 그게 권위입니다.'[25]

리더십이 중요한만큼 팔로워십도 중요하다. 결정권을 가지고 있는 사람들이 리더들이라 이 책에서는 그들의 책임과 역할에 대해 강조하고 있지만, 리더들에 대한 이해나 배려가 필요한 것 역시 사실이다. 우리나라 기업 임원들은 아직도 50대가 주축이다. IT 분야가 아니라면 대부분이 60년대에 태어난 586세대다. 대한민국이 개발도상국에서 중진국으로 발돋움하는 시기에 그 변화를 목격하며 혜택을 누린 세대, 졸업 후 취업에 대해 별 걱정을 해보지 않았고, 작은 집을 마련하여 조금씩 늘려서 여기까지 온 복받은 세대이기도 하다.

그러나 한편 이들은 학창 시절에 사소한 일로도 선생님께 꾸중을 듣고, 체육이나 교련 시간에는 대걸레 자루로 매를 맞으며 자라난 세대다. 집에서 기타 연습을 하려면 '딴따라'가 되려고 하느냐는 부모님의 질타를 받았고, 남자도 요리사나 미용사가 될 수 있다는 생각은 하지도 못하고 커온 사람들이다. 오로지 열심히 공부하는 것이 성공과 출세의 길이라는 논리에 길들여진 사람들이며, 그런 조건들을 그나마 충족시킨 사람들이 현재 우리나라 사회의 중추를 이루고 있다.

틀에 박힌 사고로 한 곳만 바라보고 최선을 다하는 것이 가장 바람직한 인생이라는 단순한 논리에 길들여진 586 세대에게 21세기 초반에 찾아온 변화는 너무나 급격하다. 이들에게도 기회를 주어야 하고 그들이 안고 사는 고민을 들어보아야 한다. 그들의 입이 거칠어지거나 무리한 요구를 하면 뒤에서 불평하거나 무시하지 말고, 가끔은 진정성을 담아 '전무님, 저희가 그 부분은 좀 실수한 것 같아요. 하지만 그럴 때는 전무님의 노하우를 차근차근 설명해 주시면 도움이 될 것 같습니다.'라고 이야기해 줄 수 있는 후배들도 필요하다.

시대가 많이 바뀌었다. 이제는 리더들도 그런 충언에 냉담하게 반응하기는 어렵다. 선배와 후배가 마음을 열고, 상사와 부하직원이 서로를 배려하는 문화가 조성될 때 조직은 발전하고 멋진 결과를 만들어낸다. 물론 그 첫 단추는 리더가 끼워야 하지만 말이다.

4

리더의 머리

현대자동차 그룹은 상대적으로 친환경차 개발을 늦게 시작했지만, 빠른 시간 내에 상당한 경쟁력을 갖추었다. 2000년부터 베르나를 비롯한 소형차에 하이브리드 시스템을 적용하면서 기술력을 갖춘후, 세계 최초로 LPG를 이용한 아반테 하이브리드 자동차를 2009년 7월에 출시하였다. 비록 연비는 17.8km/l로 도요타나 혼다에 비해 떨어졌지만, 자체 기술로 시스템을 개발하였고 휘발유의 반값에도 못 미치는 저렴한 LPG를 이용한 하이브리드라는 점에서 높이 평가할만했다.

2010년 이후 현대차 그룹의 친환경차는 다양한 포트폴리오를 형성하면서 선진업체들을 위협하기 시작한다. 2011년 쏘나타와 K5 하이브리드 출시, 2013년 투싼 수소전기차 양산, 2016년에는 전용 차체를 이용한 아이오닉과 니로 하이브리드 및 전기차 출시 등을 통해 환경차 시장의 강자로 떠올랐다. 미국의 테슬라[Tesla]나 중국의 BYD로 대표되는 순수 전기차 분야에서도 기술적으로 뒤쳐지지 않는 수준을 보유하고 있어, 적어도 환경차 분야에서만큼은 세계 최고의 경쟁력을 확보하고 있다고 할 수 있다.

그러나 우리가 진정한 세계 1등이 되기 위해서는 타사로부터, 심지어 경쟁 상대로부터도 배울 점이 있다는 사실을 인정해야 한다. 1997년 세계 최초로 양산형 하이브리드차 프리우스를 선보인 도요

147

타는 그 프로젝트를 시작할 때 상당 기간 수익을 볼 수 없다는 사실을 알았다고 한다. 기획 조직과 재경 조직의 갈등과 대립 끝에 결국 최고경영층을 설득하여 미래를 위한 투자를 시도했고, 그 열매는 지금까지도 이어진다.

도요타는 상대적으로 제작비가 많이 들고 인프라의 영향을 크게 받는 전기차나 수소차를 많이 만들지 않고도 각국의 연비나 온실가스 규제를 만족시키는 데 경쟁사보다 유리하다. 하지만 이처럼 장기적인 안목을 갖춘다는 것은 말처럼 쉽지 않다. 특히 전문 경영자의 입장에서는 더욱 그렇다. 한정된 재임 기간동안 실적을 내지 못하면 자신의 거취를 장담할 수 없는 상황에서 규모가 큰 투자를 통해 미래를 대비해야 한다고 주장하는 것은 대단한 배짱이 필요하다. 이런 상황은 대기업의 경영층이나 고위 임원들에게만 해당되는 것이 아니다. 크고 작은 조직에서 이와 같은 결정의 순간은 수시로 찾아온다.

이런 관점에서 리더의 탁월한 능력과 시기 적절한 판단은 무엇보다도 중요한 사업 성패의 요인이다. 스스로 뛰어난 지능을 가지고 항상 정확한 판단을 한다면 더 할 나위 없이 좋겠으나, 하루가 다르게 기술과 상황이 급변하는 요즘 같은 시대에는 개인의 제한된 능력에 모든 것을 의존하기가 어렵다. 오히려 리더의 능력은 주변 사람들의 의견을 어떻게 수렴하고 결정을 내리는가에 달려있다. 주변에 사람을 잘 두어야 하고, 사업에 대한 지능만큼 사람을 보는 지혜도 중요하다는 이야기다.

거인의 어깨

2019년 영화 「포드 V 페라리」Ford v Ferrari」에서 볼 수 있듯이 당대 최고의 자동차 경주인 '르망 24시'에서 포드가 숙적 페라리를 꺾고 우승한 이유는 헨리 포드 2세Henry Ford Jr.가 차를 잘 만들었거나 운전을 잘 해서가 아니다. 젊은 층에게 어필하기 위해서는 양산형 대중 자동차보다 멋지고 특별한 차가 필요하다고 믿은 리 아이아코카가Lee Iacocca의 발상을 수용하고, 최고의 차를 만들기 위해 야생마와도 같은 캐롤 셸비Carroll Shelby를 영입한 점, 이런 차를 제대로 운전하기 위해 켄 마일스Ken Miles를 고용한 것들이 합쳐져 이루어 낸 결과이다.

리더가 중요한 판단을 할 때 의지할 수 있는 기본은 데이터이다. 즉, 과거에 기초해서 미래를 판단하는 것이다. 그러나 변화가 심하고 예측이 어려운 시기에는 오히려 미래를 내다보고 현재를 설계하는 능력이 더 요구된다. 그만큼 리스크를 안고 가야한다. 이럴 때 필요한 것이 순간적인 판단 능력인데, 말콤 글래드웰Malcolm Gladwell은 이런 감각을 '블링크Blink'라고 했다. 누군가를 처음 만날 때나 긴급한 상황에서 신속하게 결정을 내려야 할 때 첫 수 초 동안 우리의 무의식에서 섬광처럼 일어나는 '직관'이다.

글래드웰은 저서 《블링크》에서 때로 눈 깜짝할 사이의 순간적인 판단도 수개월에 걸친 이성적인 분석과 판단만큼 가치가 있다고 주장한다. 그러나 이런 무의식적인 사고도 훈련과 경험을 통해 신속하고 정확한 능력으로 개발될 수 있다는 측면에서는 의식적 사고와 다르지 않다. 물론 타고나는 부분도 있겠으나, 이런 순간적인 판단의 바탕조차도 엄청난 노력과 숙고와 고뇌의 산물이라고 저자는 설명한다.

그러나 직관이 순간적인 판단에 의존하기 때문에 오류를 낳을 수도 있다는 사실은 명심해야 한다. 또한 상세히 분석하는 능력과 직관적으로 상황을 판단하는 블링크가 모두 객관성을 잃어버리면 오히려 잘못된 확신으로 오판을 하게 되고, 이런 경우 결정된 사항에 대해 돌이키기가 힘들어진다. 분석력이든 직관이든 이를 통해 리더에게 필요한 통찰력을 갖추기 위해서는 많은 노력과 경험이 뒷받침되어야 한다.

순간적인 판단의 가치를 강조한 말콤 글래드웰이 그의 또다른 저서 《아웃라이어》에서는 하루 3시간씩 10년을 연습해야 자신의 재능을 꽃피울 수 있다는 '1만 시간의 법칙'을 강조한 점은 흥미롭다. 이런 시각에서 볼 때, 분석적인 사고력과 직관적 사고는 서로 대치되는 것이 아니라 보완적인 관계로 보아야 한다. 훌륭한 리더는 이런 사고의 양면성을 지니고 상황에 따라 필요한 사고력을 적절히 발휘하는 사람이다.

전략은 미래를 담보로 하기에 설불리 수립해서는 안 된다. 너무 낙관적이면 후배들에게 부담이 되지만 그렇다고 전략을 비관적으로 만들 수도 없는 노릇이다. 모든 가능성을 예측하여 시뮬레이션을 하고 다양한 각도에서 거듭 확인하는 작업을 거쳐야 한다. 미래의 상황을 현재 시제로 당겨 결정하는 것은 각고의 노력을 요한다. 현대 전략 분야의 아버지로 불리며 피터 드러커, 톰 피터스와 함께 현대경영학의 3대 대가로 불리는 하버드 대학교의 마이클 포터^{Michael Porter} 교수는 '전략이란 천 길 낭떠러지를 접하고 있는 벼랑 끝 즉 에지^{edge}에 서는 것이다.'라고 설명한다. 더 이상 물러설 곳이 없고, 자칫 집중력을 잃으면 낭떠러지에서 떨어지는 위기의 지점이라는 의미다.

이처럼 전략이라는 단어가 주는 이미지는 어딘지 차갑고, 이성적이고 냉정하다. 그렇다면 전략을 수립하기 위한 결단도 그래야 할까? 독일의 대표적인 드럭 스토어 데엠^{dm}의 창업자인 괴츠 베르너^{Götz Werner}는 저서 《철학이 있는 기업^{Womit ich nie gerechnet habe: Die Autobiogrphie}》에서 '결단력은 언제나 온기 즉 마음에서 시작된다.'[26]고 설명한다. 냉정한 사람은 결코 결단력을 갖지 못한다고 언급한 그는 이어서 '직관적 체험을 자유롭게 하기 위해서는 먼저 세상 속으로 들어가 호기심과 열린 마음을 갖고서 주변을 바라보아야 한다.'[27]고 주장한다. 가장 냉정해야 할 것 같은 순간에 사실은 가장 감성적이어야 한다는 것이다. 결단을 요구하는 전략 수립의 시작점은 차가운 머리 이전에 따뜻한 가슴이다.

리더의 머리 | 2 | KPI의 함정과 목적 성과

기업의 성과는 늘 계획 대비 결과물로 산정된다. 해마다 4사분기가 되면 각 조직은 한 해의 실적을 점검하고 내년의 계획을 세우며,

151

이를 바탕으로 전체의 목표가 설정된다. 이후 월별로, 혹은 분기별로 실적이 집계되어 작년에 세운 목표가 금년에는 달성이 가능할지 확인한다. 별 문제없이 지나가려면 작년 대비 금년의 성과는 나아지는 면을 보여야 하고, 만약 목표를 초과해 달성하지 못하면 열심히 일하지 않는 조직으로 인식된다. 그러다 보니 과감하고 공격적인 목표보다는 무난하고 달성 가능한 목표치를 내세우되 이전 해보다는 진일보한, 누가 봐도 딱히 흠잡을 데 없는 계획이 가장 바람직한 계획이된다.

조직의 리더 입장에서는 내년으로 일이 끝나는 것이 아니고 그 이듬해와 미래 까지를 고민해야 하기 때문에, 당장 내년에 높은 목표를 수립하여 그 이후에 정체가 생기는 손해를 감수하려 하지 않는다. 문제는 조금만 더 노력하면 10% 이상의 성장을 보일 수 있는 조직이, 이런 계산 때문에 목표치를 5%로 줄일 때 얼마나 큰 손실이 발생하는지를 파악하기 어렵다는 것이다. 과감한 목표를 세우라고 얘기하고 또 실패를 해도 괜찮다고 하면서도, 막상 타 조직과 비교하는 자리에서 그런 도전적인 사람들이 인정받지 못하는 문화가 형성되면, 어떤 조직장도 과감하게 안전지대의 틀을 박차고 나오려 하지 않는다.

대부분의 기업은 성과관리를 KPI^{key performance index}에 기준해서 진행한다. 구매, 영업과 관련된 재무제표뿐 아니라 공장의 설비 가동률, 제품의 수율이나 직행률, R&D 비용, 재고 등 조직을 효율적으로 관리하는데 필요한 많은 지표들이 일목요연하게 기재되고 관리된다. CEO입장에서는 이 지표를 기준으로 어느 산하 조직이 성과가 좋고 어디가 부족한지를 쉽게 평가할 수 있고 이에 따라 논공행상論功行賞을 할 수 있어, 마치 기업 경영의 '마술 지팡이'처럼 여겨지는 것이 바로 KPI이다.

하지만 KPI에 매몰되는 순간 본래 이 지표가 필요했던 이유는 잊어버린 채 오로지 숫자를 달성하기 위한 전쟁이 벌어지는 것을 흔히 목격한다. 타 조직과의 비교도 이 지표로 이루어지기 때문에, KPI가 기업의 비전을 달성하기 위한 '수단'이라는 사실은 망각되고 오히려 비전 자체라는 착각에 빠지게 된다. 달성이 목표가 되어버리면 계획은 당연히 달성 가능하도록 수립된다. 너무 드러나지 않게, 그러나 무난하면서도 초과달성이 가능한 수준으로 짜깁기 되어진다. CEO의 관심사가 오로지 KPI 달성 여부라면 조직은 그에 맞추어 적응한다. 이러다 보니 모든 조직이 KPI는 초과 달성을 했는데, 기업은 쇠퇴하는 기 현상이 나타난다. '눈 가리고 아웅'하는 식의 경영이 가져오는 비극적인 결과이다.

이화여자대학교 경영대학 윤정구 교수는 저서《황금 수도꼭지》에서 이런 현상을 꼬집어 'KPI가 회사의 비전과 사명을 살해하는 주범'이라고 강한 어조로 비판한다. 경영자들이 KPI에 환호하는 이유가 비전 달성 정도를 숫자로 쉽게 알아볼 수 있기 때문이기는 하지만. 이 지표가 개인에게 할당되는 순간 구성원들은 비전과 사명을 깨끗이 잊어버리고 KPI를 달성하는 것이 최대 현안이 된다는 것이다.

윤 교수는 '논리적으로 따지면 KPI는 회사의 비전과 사명 달성을 위한 전략적 수단[28]'이라고 못박아 이야기한다. 백 번 옳은 말이다. 수많은 기업의 경영이 '효율적 경영'에 초점을 맞추다 보니, 조직을 구성하고 업무를 수행하는 '사람'과 운영의 기본이 되는 '원칙'에 대한 관심이 줄어들었다. 이미 여러 해 전부터 인문학 강의가 유행하고 목적 경영이 강조되고 있지만, 아직까지 우리나라에서 그런 철학이 내재화되어 성공한 기업이나 리더들의 이야기를 듣기는 어렵다. 비전은 조직원들이 함께 꾸는 꿈이다. 이런 꿈을 숫자 몇 개로 나열해서 관리할 수는 없다. 단지 참고치로 삼고 좀 더 나은 조직을 만들기 위한 노력의 일환으로 사용하는 것은 적극 권장할 만하지만, KPI가 목적 자체를 대신할 수는 없다.

《황금 수도꼭지》에서 저자는 살아남기 위한 '생계형 성과'가 아니라 지속적으로 개혁이 가능한 '목적 성과'를 추구할 것을 권장한다. 목적을 달성하기 위해 혁신을 성공적으로 제도화하고 그 결과로 인해 지속적이고 자연스럽게 얻어지는 목적 성과는 조직원 스스로가 주체가 되는 성과이다. 리더의 역할은 이런 목적에 대한 믿음을 조직 내에서 '공진화' 시키는 것이다.

세상에 변화로 족적을 남겼거나 100년 기업을 유지한 사람들은 이런 공감대를 이끌어낸 사람들이라고 한다. 목적성과가 달성되면 구성원들의 열의가 살아나고 회사의 목적에 대한 비즈니스 스토리가 고객들과 세상에 반향을 일으켜 끊임없이 울림을 창출한다. 이런 울림은 고객, 주주, 경영진, 이웃들에게까지 전달되어 지속적인 성장의 발판이 된다는 것이 윤 교수의 주장이다. 또한 이런 연결이 가능한 이유는 현시대가 초연결사회로 급속하게 전환됨에 따라 그 어느 때보다도 문화의 전파가 빠르기 때문이라고 한다.

실제 현대 기업의 흥망성쇠를 살펴보면 고객과의 소통이 얼마나 중요한지가 드러난다. 대중매체 홍보를 통한 소통뿐 아니라 SNS를 통해 보다 친밀하게 다가가는 전략도 펼쳐지고 있으며, 제품을 전달하기보다 기업의 이념이나 철학을 전달하려는 시도가 많아지고 있다. 자동차 기업이 'beyond automobile(자동차를 넘어)'을 광고하고, 부품업체는 'driving science(운전의 과학)'를 캐치프레이즈로 내건다. 고객은 이런 기업의 비전에 공감하여 그 기업의 제품에 관심을 갖는다. 이런 상황에서 기업의 핵심 경영진이 비전을 수치화한 KPI에만 매몰되어, 보다 큰 그림, 가장 기본이 되는 철학을 무시한다면 가슴 아픈 일이다.

리더의 머리는 냉정해야 하고 전략을 구상하고 달성하는데 전력해야 하지만, 사람의 내면을 보고 공감을 유도하는 감성이 동반되지 않는 전략은 단기간의 성과 이후를 보장하기 힘들다. 경영에 어려움을 겪고 있는 회사들의 가장 큰 문제는 '업을 따르는 종업원이 사라지고 돈 받은 만큼만 정확하게 계산해서 일하는 직원들만 남았다는 사실'[29]이라고 한 윤 교수의 조언은 가슴에 새겨들을만하다.

155

4 · 리더의 머리

집단에서도 '개개인성' 혹은 '개성'을 중시해야 하는 근거는 다양한 논문과 책에서 제시되지만, 하버드 대학교 교수 토드 로즈^{Todd Rose}의 《평균의 종말^{The End of Average}》은 인본주의적 관점이 아닌 실제 데이터를 인용하여 개개인성이 용인되는 조직의 탁월한 성과를 분석한 면에서 의미가 있다. 우리에게 너무도 익숙하고, 심지어 효율화의 측면에서 가장 선진화된 개념으로 받아들이는 '테일러주의^{Taylorism}'에 대해서도 저자는 가차없는 비판을 한다. 20세기 초 자동차 회사 포드의 대량생산을 비롯해 많은 경영 현장에서 큰 기여를 한 것으로 믿어졌던 테일러주의는 비효율성을 개선하는 측면에서는 인정할 부분이 있으나, 인간보다 시스템을 우선시하여 개개인성을 무시하는 결과를 낳았다는 것이다.

이런 철학은 비단 산업 현장뿐 아니라 교육계에도 심각한 영향을 미쳤는데, 우등생과 열등생을 구분하고 입시 시험을 기획하는 등의 교육시스템 중 상당 부분이 테일러주의에 기초하고 있다고 한다. 인간의 중요한 특성이 다차원적이며 같은 사람도 상황에 따라 다른 성향이 나타난다는 점을 고려하면, 평균주의는 개인의 특성을 철저히 무시하여 인간 본연의 가치를 희석시키는 부작용이 있다는 것이다. 어려서부터 생활의 일부가 되어 너무도 익숙해져 버린 평균의 개념도 사실상 실제와는 거리가 멀다고 한다. 《평균의 종말》은 우리가 알고 있는 평균적인 사고방식이 얼마나 많은 오류를 가지고 있는지를 예를 들어 설명한다.

1940년대 말, 프로펠러 비행기 시대를 지나 제트엔진을 단 비행기가 등장하면서 속도가 빨라지고 기기가 복잡해지자 미국 공군은 사고를 줄이기 위한 방안을 찾기 위해 길버트 대니얼스라는 중위에게 과제를 부여했다. 그는 조종사 4,063명을 조사하여 미국 조종사의 신장, 체중, 다리 길이 등 10개 항목에 대한 평균치를 측정했다. 파일럿이 앉는 좌석의 가장 이상적인 디자인을 만들기 위함이었다. 그러나 그 많은 조종사 중 10개 항목 모두 평균치에 속하는 신체를 지닌 사람은 단 한 명도 없었다. 이는 평균적 인간을 모델로 삼아서는 합리적으로 시스템을 설계할 수 없다는 큰 교훈을 안겨준 사건이다.

토드 로즈는 우리의 사고가 제한된 패턴을 따르도록 유도하는 '평균주의'에 대해 부정적인 견해를 제시하며, 심지어 평균주의의 독재에서 해방되어야 한다고 주장한다. 또한 그는 우리 앞에 놓인 밝은 미래의 시작점을 '평균의 종말'이라 선언한다. 이와 마찬가지로 조직관리의 관점도 이제는 전체가 아닌 개인을 존중하는 방향으로 선회되어야 한다. 다양한 개인의 특성을 고려하고, 같은 사람일지라도 상황에 따라 다르게 행동할 수 있다는 사실을 인정할 때 조직원들에 대한 이해가 증대된다.

이런 맥락에서, 우리 기업 문화가 반드시 버려야 함에도 불구하고 쉽게 처리하지 못하는 부분 중 하나가 '평균과 통계'에 근거한 계획

157

이다. 바꿔 말하면, 과거의 데이터에 대한 지나친 의존이다. 그런 접근 방식이 비효율적이거나 미래 지향적이지 못하다는 근거가 많음에도 쉽사리 유혹을 떨치지 못하는 이유는, 한마디로 편하고 무난하기 때문이다.

가령 신년도 사업계획을 세운다고 해보자. 코로나 위기가 배송 분야에서는 오히려 더 없는 기회를 제공하여 다소 무리하게 계획을 세워도 달성이 가능한 상황이라고 해도, 지난 수년 동안의 평균 성장률을 뛰어넘는 목표를 굳이 수립할 이유가 없다. 만에 하나 달성이 안 될 경우 그 질책을 감내해야 하기 때문이다. 목표를 적당히 수립하고 초과 달성하는 편이 오히려 안전하다. KPI의 함정과 유사한 현상이다.

또 다른 예로, 현재 캐시카우cash cow 역할을 하는 제품을 개발하는 조직과, 아직은 손실을 보지만 미래를 위해 반드시 성장시켜야 하는 조직이 있다고 가정해보자. 당연하게도 투자는 미래 사업에 해야 하고 인력도 집중 지원을 해서 경쟁사와의 격차를 벌여야 한다. 그러나 미래 산업은 평균을 산출할 만한 과거의 데이터가 부족하고, 지난 수년 동안의 성장률이나 수익성에 관한 충분한 통계가 없다. 틀을 깨고 새로운 구상을 하지 않는다면 기존에 해오던 대로 과거의 실적에 의존하여 인원과 예산을 배분할 수밖에 없고 신사업은 성장의 기회를 놓친다.

이처럼 도전적인 사업 구상을 할 때는 새로운 접근방식을 도입하지 않으면 미래 계획을 세우는 초기 단계부터 난항을 거듭하게 된다. 테드 로즈의 개개인성을 기업과 사업에 대입한다면, 평균이 적용되지 않는 신규 사업에는 그 사업 자체의 특성을 이해하고 존중하는 접근 방식이 필요하다는 이야기가 된다.

더구나 평균적 사고방식은 산업 환경이 급변하는 요즘과 같은 시기에는 적합하지 않다. 이제는 기술 개발 속도가 워낙 빨라서 한 번 기회를 놓치면 만회하기가 힘든 세상이다. 기술을 내재화하는 것조차도 시간이 없다고 생각하는 선진 기업들은 무모해 보이는 투자를 하면서까지 유망한 기업을 인수하고 인재를 영입한다. 대표적인 사례가 153억달러(약 17조원)를 들여 이스라엘의 자율주행차 관련 벤처기업인 모빌아이Mobileye를 매수한 인텔Intel이다.

인텔이 마음만 먹으면 사람을 뽑고 개발비를 투자해서 그 정도의 카메라 영상 인식 기술을 개발하지 못할 리가 없다. 그러나 그들의 판단은, 기술이 하루가 다르게 변하는 시점에서 굳이 내재화를 하기보다 필요한 기술을 보유한 기업을 인수하는 편이 유리하다는 것이었다. 바로 사업의 '개개인성' 즉 특성을 인정한 예라고 할 수 있다.

코로나 위기를 겪으며 과거에는 상상하지 못했던 다양한 신규 사업군이 등장했다. 제조업이 주를 이루었던 1990년 이전의 사업 관점이나, 인터넷과 SNS가 발달하며 일상을 바꾸어 놓은 최근 2~30년과는 또다른 미래가 펼쳐 지리라는 것은 예상이 어렵지 않다. 한 치 앞을 예측하기 어려운 변화의 시대에 평균과 통계를 중시하는 과거지

159

향적 사고방식으로는 생존이 어려운 이유다.

평균적 사고방식의 탈피는 사업뿐 아니라 조직 운영과 인사관리에도 적용이 절실하다. 직원을 상대평가 하여 보상과 징벌을 결정하는 구시대의 유물을 던지고 개개인성을 존중하는 평가제도를 도입하는 기업들도 점차 늘어나고 있다. 코스트코^{Costco}의 급여 정책이나 로열티 지급방식, 인도 최대의 IT기업인 조호^{Zoho}에서 실적평가 대신 시행중인 면담이 그 예이다.

시대가 빠르게 변해가면서, 특히 4차 산업혁명의 물결에 동조하여 잰걸음으로 모든 분야의 개선을 서둘러야 하는 입장에서, 국내 기업들은 어떤 시각으로 현재의 '평균주의적'인 모습에 대해 고민하고 있는지 성찰이 필요하다. 능력에 상관없이 입사 시기가 비슷하면 비슷한 연봉을 주는 식의 제도로는 한계가 있다. 현재의 인사평가 방식이나 조직관리 형태로는 우리가 그토록 원하는 핵심인재를 영입하는 것도, 육성하는 것도 쉽지 않다. 평균의 함정에서 빠져나가려는 노력이 그 어느 때보다도 절실한 시점이다.

리더의 머리 | 4 | 고독을 즐기는 리더는 두려움을 피하지 않는다

한 때 세계에서 가장 영향력 있는 여성 리더 중 한 사람으로 꼽

했던 HP의 전 CEO 칼리 피오리나^{Carly Fiorina}는 업적과 능력에 대해

평가가 엇갈리는 인물이다. 하지만 그의 자서전《칼리 피오리나, 힘

든 선택들^{Tough Choices: a Memoir}》을 보면 리더십과 조직관리에 대해서

만큼은 많은 고민을 한 사람임에 틀림없다. 스탠포드 대학교에서 중

세역사와 철학으로 학사학위를 받고 MIT 경영대학원에서 석사학

위를 취득한 그는 방대한 독서를 통해 얻은 인문학적인 사고방식을

기업 경영에 접목하기 위해 많은 노력을 기울였다. 그의 책에는 손

자병법의 구절도 등장하는데, 리더십에 대해서 인용한 문장은 아래

와 같다.

'훌륭한 지도자는 부하들이 존경하는 사람이다. 나쁜 지도자는 부

하들이 경멸하는 사람이다. 위대한 지도자는 부하들이 '우리가 해냈

다'고 말하게 하는 사람이다.'[30]

《칼리 피오리나, 힘든 선택들》을 읽으며 가장 공감했던 부분은,

피오리나가 지적하듯 리더의 자리가 '외로운 자리'라는 것이다. 그는

그 이유를 열정과 냉정이 모두 요구되는 자리이기 때문이라고 설명

했다. 내가 담당하는 전동화 BU는 미래의 대세인 친환경차에 필요한

주요 부품의 연구개발에서 생산, 판매까지 전 영역을 책임진다. 신기

술을 개발하는 것도 어렵지만 지금이 막대한 투자를 할 올바른 시점

인지, 공장을 지을 때 어떤 규모로 할 것인지 등의 결정을 하는 것도

쉽지 않다. 이런 조직의 책임을 맡게 되면 매순간 결정을 해야 하고,

그 결과를 고민해야 한다.

161

때로는 한가지 결정을 하기 전에 극도의 긴장 상태에서 수많은 변수를 고려하기도 한다. 다른 사람이 조언을 해주기도 하지만 결국 책임을 지는 사람은 나 자신이고, 그런 일련의 과정 속에서 '군중 속의 고독감'을 느끼는 적이 한두번이 아니다. 그렇다고 내가 얼마나 힘든지, 어떤 고민을 하는지를 조직원들에게 너무 상세히 드러낼 수도 없다. 조직 전체가 흔들릴 수 있기 때문이다. 문제의 해결을 위해 한 발자국 물러서서 객관적인 결정을 하려면, 리더는 외로움을 즐길 줄도, 이길 줄도 알아야 한다.

'고독'은 한편으로 세상과의 단절을 의미하지만 스스로의 내면 세계와는 더욱 긴밀한 교제를 나눌 수 있는 기회이기도 하다. 자신의 과거와 현재를 돌이켜 보면서 미래를 계획하는 시간이고, 각박한 세상에서 상처입은 나를 회복시키는 치유의 장소이기도 하다. 함께 할 사람이 없어서 혼자 외롭게 있는 것과는 달리, 스스로 선택한 혼자만의 '퀘렌시아querencia(스트레스와 피로를 풀며 안정을 취할 수 있는 공간)'에서 재충전하는 습관을 들이는 것은 누구에게나 필요하다. 어쩔 수 없는 상황 때문이 아니라 자신을 업그레이드하기 위해 적극적으로 고독을 추구하는 것이다.

'론리니스loneliness'가 다분히 어둡고 소극적인 외로움인데 비해 스스로 택한 고독은 '솔리튜드solitude'라고 한다. 일본의 경영 컨설팅 전문가인 쓰다 가즈미는 저서 《고독을 즐기는 사람이 성공한다》에서 고독해질 수 있는 능력이 있어야 비로소 독자적인 생각과 가치관을 만들어낼 수 있다고 설명한다. 저자의 말대로, 고독의 시간이 인간을 인간 답게 만드는 실존의 시간이 되려면 스스로에게 솔직하고 가면을 벗어 던질 용기가 있어야 한다. 모든 계획의 시작이 현재의 상태를 정확히 판단하는 데서 시작하듯이, 고독이라는 매개체를 통해 자신과의 대화를 하기 위해서는 스스로의 상태를 정확하고 면밀하게 진단하는 것이 첫걸음이다. 특히 리더의 위치에 서 있는 사람이라면, 그 직책을 처음 맡았을 때의 초심을 아직도 유지하고 있는지 스스로의 기준에 맞추어 살펴보는 것도 좋다. 군중 속에서 스포트라이트를 받는 데 익숙한 사람일수록 더욱 그런 시간이 필요하다.

적극적인 고독이 삶의 여러 측면에서 도움이 된다고 해도, 현대인들은 고독 자체를 힘들어한다. 버지니아 대학교와 하버드 대학교 연구팀의 조사 결과에 따르면 많은 사람들은 15분간 아무것도 하지 않고 생각만 하는 것보다 아예 스스로에게 전기쇼크를 가하는 고통을 견디는 것이 더 쉽다고 생각할 정도로 고독을 견디지 못하는 것으로 나타났다. 우리 손에 휴대폰이 쥐어지고 전 세계가 인터넷과 SNS로 연결되면서 솔리튜드의 시간을 갖는 것은 점차 더 힘들어지고 있다. 사람 사는 어느 곳에서든지 휴대 전화기는 나와 외부를 연결하는 통로 역할을 한다. 손가락을 한 번 움직일 때마다 정치, 경제 소식이나 연예와 스포츠라는 별개의 세계를 넘나들 수 있는 현대사회에서, 어쩌면 고독은 그 필요성을 절실하게 느끼는 소수의 사람들만 누릴 수 있는 사치인지도 모른다. 하지만 그런 사색의 시간, 자성의 시간이 자기 발전에 얼마나 큰 도움이 되는지를 깨닫는다면, 홀로 서는 훈련은 리더로서의 자질을 개발하고 성숙하게 만드는 데 큰 도움이 된다. 때로는 외부와의 단절이 자신의 정신세계를 더 풍부하게 만든다.

비즈니스 유닛이라는 하나의 온전한 기업과 같은 조직을 맡게 되면서, 나에게도 이런 혼자만의 시간이 더 필요하다는 생각을 자주 한다. 회의나 보고를 통해 듣는 수많은 정보를 분류하고 다양한 목소리를 튜닝하는 시간이 없이는 점점 더 복잡해지는 머리를 정리할 기회가 좀처럼 주어지지 않기 때문이다. 수십 년 전에 사서 보관하고 있던 LP판 100여 장을 사무실에 가져다 놓고 근무시간 이후 그날 기분에 따라 음악을 선택해 듣기도 하고, 혼자 카페에 가서 커피 한잔을 마시며 책을 읽기도 한다. 출근해서 성경을 읽으며 묵상하는 시간과 운전대를 잡고 맑은 하늘을 보면서 기도하는 시간 모두가 나에게는 솔리튜드의 시간이다. 복잡한 상황을 단순화해서 결론을 도출해내는 일은 번잡한 머리와 마음으로는 불가능하다. 어려운 결정일수록 고민은 오래 하되 결정은 신속하고 단호하게 해야 한다. 고독의 시간은 어떤 면에서는 스스로의 생각과 판단을 객관화하는 시간이다.

이순신 장군은 명장으로서의 이미지가 워낙 강하지만, 《난중일기》를 통해 드러난 인간적인 면모 또한 우리에게 강한 인상을 남긴다. 명량대첩을 앞두고 사색하는 장군의 심정은 일기 곳곳에서 짐작이 가능한데, 결과적으로 이런 고독은 두려움을 이기는 힘이 되었고 새로운 전술을 구상하는 창의적 사고의 원천이 되었다. 명량

거인의 어깨

대첩을 앞둔 1597년 9월의 난중일기에는 그의 심정이 이렇게 묘사되어 있다.

'9월 11일 날씨가 흐리고 비가 올 것 같다. 혼자 배 위에 앉아서 어머니에 대한 그리움에 눈물을 흘렸다.

9월 12일 하루 종일 비가 뿌렸다. 선실에 앉아있으니 마음이 산란하였다.'

동서고금의 전쟁사 가운데서 탁월한 영웅으로 추앙받는 장군도 사무치는 외로움이나 다가오는 두려움을 피하거나 숨기지 않았다. 오히려 현실을 있는 그대로 받아들이고 그 가운데서 헤쳐 나갈 길을 찾는 용기와 결단이 그를 위대한 리더로 만든 것은 아닐까? 스스로에게 솔직한 자세, 머리와 마음을 비우는 일도 리더의 훈련과정이다. 고독만이 줄 수 있는 평온의 순간은 결핍이 아니고 풍요로움이다.

리더의 머리 | 5 | 인공지능 시대, 리더가 꼭 갖춰야 할 감성 리더십

밀레니얼 세대 중에서도 Z세대로 구별되는 1990년대 중반 이후 출생자들은 어린 시절부터 노트북과 핸드폰을 접하며 살아왔다. 기성세대에게는 충격으로 다가오는 AI가 이들에게는 본인들이 이미 익숙한 기술이 진일보한 수준 정도로 받아들여진다.

전형적인 Z 세대인 내 아이들은 전기·전자 제품을 사용할 때 설명서가 필요 없다. 자동차의 사용자 메뉴얼이 없어도 기능을 파악하는 데 문제가 없고, 무엇보다도 새로운 기술에 겁을 먹지 않는다. 이들에게 인공지능이나 사물인터넷은 'Wow!'까지는 아니고 'Oh!' 정도의 감탄사를 자아내는 대상이다. 그러나 이런 조직원들을 관리하는 리더들은 성인이 되어서야 핸드폰을 처음 접했고 컴퓨터 기억 장치로 플로피 디스켓 대신 USB가 나올 때 신기해하던 세대다. 따라서 관리자와 피관리자 사이에 존재하는 문화적 차이만큼 조직 관리의 관점도 다를 수밖에 없다.

기계와의 공존에 낯설지 않고 미래에는 결국 기계들과 경쟁을 해야 한다는 사실을 인지하는 세대에게 다가가는 리더들은 과연 어떤 입장을 취해야 할까? 《꿈꾸는 다락방》, 《리딩으로 리드하라》 등의 책을 통해 잘 알려진 이지성 작가는 2019년에 출간한 《에이트》에서 인공지능에게 대체되지 않는 자질을 키우는 두 가지 원칙을 제시한다. 첫 번째는 IT 기기나 인공지능을 차단하는 능력을 가지도록 하는 것이고, 또 다른 하나는 새로운 인공지능을 창조할 수 있는 능력을 갖는 것이다. 작가는 기계의 길을 버리고 인간의 길을 가야한다고 주장하며, 그 방법으로 철학 공부를 통해 인간 본연의 모습을 찾을 것을 권고한다.

유사한 관점에서, AI가 지배하는 미래 세상에서는 어떤 리더십이 통할지를 고민해보는 것도 중요하다. 인공지능의 수준이 올라가고 다방면에서 사용될수록 인간이 기계와 경쟁할 수 있는 영역은 점차 좁아 들고, 결국은 기계가 필요 없거나 사용될 수 없는 제한된 일자리를 놓고 인간들끼리 치열한 경쟁을 하게 될 것이다. 일부 직장에서는 인공지능이 사람들의 상관이 될 가능성도 배제할 수 없다. 실 단위 조직의 두 팀에 인간 팀장과 인공지능 팀장이 배치되어 있다고 가정해보자. 방대한 데이터 베이스를 수시로 분석하는 능력과 감정이 개입되지 않는 객관성을 보유한 인공지능 팀장의 판단은 제한된 지식과 경험에 의존하는 인간 팀장의 예상과는 현저한 수준차이를 보일 것이다. 그렇다면 인간 팀장은 기계가 가질 수 없는 특성을 이용해 리더십을 발휘해야 할 텐데, 어떤 장점을 살려야 할까?

우선 대표적으로 공감 능력을 들 수 있다. 타인의 생각이나 감정을 그 사람의 입장에서 느끼고 이해하는 공감 능력은 사람의 표정, 말투의 변화와 같은 미세한 차이도 파악해야 한다. 이는 컴퓨터 프로그램으로 분석하기 어려운 영역이다. 또한 이지성 작가의 표현과 같이 기계는 공감을 통해 기존에 없던 것을 만들어내거나, 이미 있던 것에 혁신을 일으키는 창조적 상상력을 발휘할 수 없다는 점도 인간에게는 유리한 부분이다. 결국 기계의 지배력이 강해지는 사회에서 기계를 능가하는 리더십을 발휘하는 길은, 역설적으로, 지극히 '인간적이 되는 방법' 외에는 없다.

사회가 각박해질수록 조직원들은 정확하고 객관적인 리더보다 감성이 살아있는 '따뜻한' 리더를 더 원하게 될 것이다. 리더의 역할

167

중 중요한 한 축은 부하직원을 키우는 것이다. 그러자면 기다려주고, 실수를 덮어주고, 때로는 양보하고 져주기도 하는 인간미가 필요하다. 수백 년이 흐른 먼 훗날에는 이런 감성적인 부분까지도 기능으로 갖춘 인공지능이 등장할지도 모르겠다. 그러나 아직은 인간적인 면이 조직을 관리하는 데는 더 유리하고 효율적이라는 믿음을 가지고 버티고 싶다.

비록 알파고가 세계 바둑계의 기라성 같은 고수들 코를 납작하게 만들고 우수성을 검증했다 할지라도, 우리 일의 대부분은 완벽한 프로그램이 아닌 사람들을 통해서 이루어진다. 인공지능이 아무리 발달한다고 해도 인간의 예측 불가능한 실수나 이를 만회하는 임기응변까지는 따라하기 어려울 것이다. 세상만사의 복잡성은 바둑판이나 체스판의 가짓수와는 비교가 되지 않을 정도로 크다.

세계적인 헤지펀드 브리지워터 어소시에이츠^{Bridgewater Associates}를 설립한 투자가인 레이 달리오^{Ray Dalio}는 그의 인생경험을 바탕으로 《원칙^{The Principles}》이라는 베스트셀러를 저술하였다. 이 책은 인공지능을 다루지는 않지만 인간 리더가 AI를 앞설 수 있는 방법에 대한 힌트를 준다. 어느 날 달리오의 직원들이 식사를 하는 자리에서 그에게 쪽지를 건네 주었다고 한다. 자신들의 보스인 달리오가 잘하는 것과 못하는 것들을 적어 주었는데, 의외로 못한다고 지적한 항목이 훨씬 많았다는 것이다. 부하직원들은 사장이 똑똑하고 혁신적이며, 열정적이라는 점과 직원들을 아끼는 마음은 인정하면서도, 직원들의 자존감을 떨어뜨리는 그의 단점을 적나라하게 지적했다.

그 중에서도 충격적인 내용은, 직원들이 달리오와 함께 일을 하면 많이 배우기는 하지만 스스로가 왜소해 보이고 자존감이 떨어진다고 한 부분이다. 그 원인은 달리오가 일을 제대로 못하기 때문이 아니고, 감정이 배제된 채 '팩트' 위주의 관리를 하다 보니 인간적인 면이 부족해서 온 결과였다.

레이 달리오는 직원들과의 소통에 해결의 열쇠가 있다고 판단하고, 브리지워터의 미래를 위한 원칙을 수립하기 시작한다. 그리고 서로를 대하는 방식에 관한 합의에서 가장 중요한 세 가지를 꼽았다.

(1) 솔직한 의견을 말하라.

(2) 사람들의 견해 차이를 이해할 경우 기꺼이 자신의 생각을 바꿀 수 있는 사려 깊은 반대 의견을 제시하라.

(3) 견해 차이가 해소되지 않으면 적대감 없이 극복할 수 있도록 합의된 의사 결정 방식을 정하라.[31]

대화를 하다 보면 상대방의 입장을 생각하지 않고 자신의 이야기로 주도해 나가면서 불편한 분위기를 조성하는 사람들이 있다. 사실 이런 사람들이 하는 이야기 자체에는 별 문제가 없다. 오히려 방대한 지식으로 정확한 핵심을 전달하기 때문에 뭐라고 제동을 걸기도 힘들고, 내용 자체는 긍정할 수밖에 없는 경우도 많다. 그러나 왠지 불

169

편해서 같이 있고 싶지 않고, 그러다 보니 꼭 필요한 경우가 아니고는 먼저 연락을 하지 않게 된다.

반면에 팩트 위주로 이야기를 하면서도 주변 사람들을 끌어들이는 리더들이 있다. 이런 유형의 특징은 무작정 자기 주장을 내세우지 않고, 상대방이 받아들일 준비가 될 때까지 기다리는 여유가 있다. 조직을 살리고 조직원을 열정적으로 만들기 위해서는 상대방의 감정에 공감하고 때로는 융통성을 발휘해서 합의를 바탕으로 한 궁극적인 최선을 이루는 것이 필요하다. 비록 물질 사회에서는 인간의 능력이 기계에게 뒤처진다 할지라도, 감성의 세계에서는 더 훌륭한 리더로 위치를 확고히 할 만한 강점들이 분명히 있다.

리더의 머리 | 6 | 익스트림팀을 만드는 리더십 미니멀리즘

어떤 기업이든 공통적으로 추구하는 목표는 성과다. 이와 더불어 인간관계를 중심으로 하는 조직문화 또한 놓칠 수 없는 것이라, 두 목표를 어떻게 조율하는지가 관리의 성패를 좌우한다. 예일대학교 출신의 경영 컨설턴트인 로버트 브루스 쇼Robert Bruce Shaw가 저술한 《익스트림 팀Extreme Teams》에서는 성과와 인간관계라는 두 마리 토끼를 어떻게 쫓아야 하는지에 대해 많은 지면을 할애한다. 그는 익스트림 팀이 되기 위해서는 우선 연봉이나 경력보다 더 원대한 목표를 추구하는 인재를 찾아야 한다고 주장한다. 즉 목표달성과 조직문화 모두에서 최고의 수준이 되도록 노력하는 사람이 필요하다는 것이다.

그러나 안타깝게도 성과와 인간관계 중 어느 하나도 중시하지 않는 팀이 의외로 많다고 저자는 지적한다. 또한 그 두 가지 지표의 양극단을 피하기 위해 균형을 맞추려고 하다가 이도 저도 아닌 애매한 상황에 처하는 위험성에 대해서도 경고한다. 몇 가지 목표 사이에서 균형을 맞추는 일에 획일적으로 적용되는 규칙이 있는 것은 아니다. 성과와 인간관계 역시 모든 시점에 항상 균형을 조율할 수 있는 대상이 아니고, 여건에 따라 주어진 시점에서 둘 중 어느 한 쪽이 강조되어야 한다. 즉 어느 때는 오직 성과만이 중요한 것처럼 행동하고, 어떤 때는 인간관계가 가장 중요한 것처럼 할 필요가 있다는 것이다. 이와 관련해 로버트 브루스 쇼는 다음과 같이 익스트림 팀의 성격을 규명한다.

'익스트림 팀은 성과와 인간관계 둘 다를 최고의 수준까지 추구함으로써 균형의 덫을 피한다. 그런 다음, 양극단을 모두 추구함으로써 발생하는 현실적인 문제들을 조율해 나간다. 이 양극단 사이에서 더 나은 방향으로 나아가려면 때로는 동시에 추진하고, 때로는 한쪽에 더 공을 들였다가 이후 나머지에도 공을 들이는 식으로 진행해야 한다.'[32]

내가 이 책을 접한 시기는 현대모비스에서 전동화사업부를 맡고 몇 달이 지난 2018년 중반기였다. 직장 경력의 대부분을 보낸 연구소 생활에는 익숙했지만, 별도의 회사와 같은 사업부를 이끌어가는 경험이나 노하우가 없어 고민하던 무렵이었다. 모든 리더들이 그렇듯이 나도 성과와 인간관계라는 목표를 어떻게 세우고 달성할 것인가에 대해 많은 생각을 했다. 그러던 중에 위에서 인용한 부분을 읽으며, 두가지 목표 사이에서 지속적인 균형을 맞추려던 시도를 포기하고 성과와 인간관계 중 어느 시기에 어느 곳에 더 무게를 두어야 하는가를 고민하기 시작했다. 그 결과로, 사업부 조직 내에 다른 색깔을 지닌 많은 팀들이 모인 까닭에 우선순위로 택한 것은 성과가 아닌 인간관계, 즉 조직문화였다. 그 중에서도 팀워크를 최우선 순위에 두고 "There is no I in Team."을 강조했다. 'Team이라는 단어 안에 'I'라는 철자가 없다.'는 이 문장은 중의적으로 '팀 안에서는 내가 너무 드러나면 안 된다.'는 의미를 포함한다.

사업부에 소속된 개성 뚜렷한 여러 개의 팀을 아우르기 위해서 우선은 모두가 자신의 목소리를 낮추고 다른 조직의 소리를 듣도록 요구했다. 이런 리더십은 오케스트라에서 지휘자가 단원을 통솔하는 요령과 비슷하다. 다른 악기와의 조화를 이루도록, 때로 내 소리를 죽이고 때로는 나서야 하는 것이 오케스트라이다. 나서고 싶은 악기의 소리를 제어하고 큰 소리로 연주해야 하는 악기를 끄집어 내는 것은 바로 지휘자의 역할이다. 모든 악기 소리를 듣고 조율하는 자리다. 이런 마음을 가지고 조직문화에 '올인'하고자 사업부 내의 리더들과 고민하던 2018년 한 해는 내 리더십을 시험하면서 '조직문화에 승부수를 던진다.'는 신념이 옳은 지 확인할 수 있는 중요한 시기였다.

사업부가 시작된 지 2년이 지나면서 조직문화가 건강하게 형성되고 정착되어 간다는 판단이 들었다. 팀 간의 조화나 협업이 이루어졌고 시너지 효과를 기대할 만한 수준의 팀워크가 형성되었다. 2020년 중반에 BU^{Business Unit}로 명칭이 바뀐 우리 사업부는 그해 말 650여명의 인력이 매출 4.4조원을 달성한다. 1인당 매출이 거의 70억원에 달하는 수치는 사실 제조업에서는 불가능한 실적이다. 그러나 부족한 인원에 비해 매출은 급성장하다 보니 예상치 못했던 부작용이 일어나기 시작했다. 지쳐가는 사람들이 생기기 시작한 것이다.

이런 상태에서 조직문화를 더 강조하자니 과한 업무에 '번아웃^{burnout}'된 직원들에게는 지나친 소리로 들리고, 매출 규모보다 수익에 더 신경 쓰려고 하니 차분히 앉아 전략을 구상할 리소스가 부족했다. 과거의 경험을 토대로 이럴 때는 오히려 리더가 자신의 역할을 최소화하고 반드시 필요한 기능만을 감당하는 것이 좋겠다는 판단이 섰다. 별 필요 없는 지시를 회의마다 내놓는다든가, 크게 중요하지 않은 보고서 내용을 수정하는데 에너지를 쏟게 하는 식의 과부하가 가해지면 조직 전체가 번아웃된다. 뚜렷한 이유 없이 사기가 저하되고 사소한 업무에서도 실수가 생길 뿐 아니라, 조직의 심장인 열정이 식어간다. 반드시 필요한 곳으로 에너지를 집중하게끔 하기 위해 '리더십 미니멀리즘'이 필요한 순간이다.

이처럼 어려운 여건 속에서 급성장하는 상황이 오면 보스와 리더

173

의 행동은 명확히 구별된다. '보스'는 문제의 본질을 파악해 해결책을 제시하기보다 부하직원을 다그친다. "수익성 개선 목표를 설정하고 달성 계획을 수립하세요." 또는 "다른 조직도 다 사람이 부족합니다. 일당백 몰라요?'"라는 말로 안 그래도 저하된 조직의 사기를 더 떨어뜨린다. 반면에 '리더'는 본능적으로 부하직원이 힘에 부친다는 것을 파악하고 해결을 자처한다. 도움을 줄 수 있는 곳에 연락을 해서 조직원들에게 힘을 실어주고, 부하직원들보다 더 바쁘게 뛰어다닌다. 진정한 리더들은 심판이 아닌 선수로 뛴다.

팀워크를 증진시켜야 하는 가장 중요한 시기는 조직이 잘 돌아갈 때가 아니다. 문제는 심각한데 조직원들이 원인을 몰라 우왕좌왕하는 바로 그 순간이 리더십을 발휘할 시점이고 팀워크가 한층 더 성숙해질 수 있는 때이다. HP의 CEO를 지낸 칼리 피오리나는 이와 같은 상황에서 리더의 역할에 대해 다음과 같이 언급한다.

'리더가 할 일은 가치를 더하는 것이지, 직원들을 방해하거나 지배하거나 공을 가로채는 것이 아니다. 일이 잘 돌아갈 때, 직원들은 리더의 도움을 필요로 하지 않는다. 그러므로 직접 가서 그들에게 도움을 줄 부분을 찾아야 한다. 때로 일이 제대로 돌아가지 않으면, 직원들은 문제가 있음을 알지만 원인을 짚어내지 못하고 그 결과 해결책을 제시하지 못한다, 이 원인을 찾아서 접근하는 것이 리더가 할 일이다.[33]

거인의 어깨

가지 많은 나무에 바람 잘 날 없다는 말은 조직사회에도 적용이 되는지, 조직의 수가 많아지면 이에 비례해서 여러가지 문제가 불거진다. 리더들도 예외가 아니다. 수가 많아지면 이상한 사람도 늘어난다. 국내 기업의 고위직 임원들은 젊은 시절부터 계획에 따라 훈련받고 육성되어진 사람들이라기보다 수많은 난관을 뚫고 살아남은 사람들이다. 또한 조직을 관리하는 능력으로 인정받기보다는 각자의 전문 분야에서 탁월한 성과를 올린 사람들이다. 그러다 보니 자기 분야의 업무성과가 좋았던 직원이 직무 수행 능력과 부합하지 않는 고위직으로 승진하게 되면서 결국 능력이 부족한 사람이 되어버리는 웃지 못할 모습을 흔히 볼 수 있다. 잘 알려진 '피터의 원리Peter Principle'이다.

좋은 리더가 되기 위해서는 전문 지식 이외에도 다양한 분야의 '지능'이 요구된다. IQ로 대변되는 지능이 개인의 능력을 판단하는 단일 척도가 된다는 찰스 스피어만Charles Spearman의 이론이 일차원적인 것처럼, 그 분야의 능력이 탁월하면 조직관리도 잘 할 수 있을 것이라는 믿음은 많은 한계에 부딪힌다. 제대로 된 조직관리를 위해서는, 좀 더 시야를 넓혀서 '지능은 어느 한 가지 분야에만 국한된 것이 아니다.'는 관점으로 리더의 재목을 물색할 수 있어야 한다.

사람마다 특별히 발달한 다양한 지능이 있다는 이론은 하버드 대

175

학교의 교육심리학과 교수인 하워드 가드너Howard Gardner의 '다중지능 이론'에 근거를 둔다. 그는 언어지능, 논리수학지능, 음악지능, 신체운동지능, 공간지능, 인간친화지능, 자기성찰지능, 자연친화지능 등 총 8가지의 지능이 있다고 주장하며, 아동들의 잠재력을 다양성 가운데 찾을 수 있도록 제안한다. 이 이론은 아동 교육 분야뿐 아니라 사회의 리더십이나 조직관리에 적용하기에도 무리가 없다. 리더들은 맡은 분야와 관련이 많은 지능 외에도 조직을 이끄는 데 필수적인 인간친화지능이나 자기성찰지능을 갖추어야 하고, 리더가 조직원들을 바라볼 때도 각자가 지닌 특정 분야의 지능이 무엇인지를 파악할 수 있어야 한다.

불행히도 이런 다양성을 인정하고 장려하는 문화는 우리나라의 기업문화나 교육환경과는 거리가 멀다. 이렇다 보니 리더가 조직원을 바라보는 시야도 자신의 관점을 크게 벗어나지 못하고, 이런 리더들로 이루어진 조직은 대부분 관리 방식이 획일적이다. 최근에는 이런 폐단을 극복하려는 노력으로 많은 기업에서 리더십 교육을 실시하여, 기성세대 리더들에게는 '소통'의 의미를, 신세대에게는 과거세대에 대한 '인정'의 중요성을 가르친다. 소위 베이비붐 세대로 불리는 임원급 리더들이나 X세대에 해당하는 중간관리자급 리더들은 전통과 일관성, 효율성을 덕목으로 생각하고 성장한 세대다. 반면에 밀레니엄 세대로 불리는 젊은 층은 다양성과 개성을 중시하는 문화에 더 익숙하다. 당연히 세대별로 발달한 지능에 큰 차이가 있을 수밖에

거인의 어깨

없다. 기업의 인재개발 조직은 다양한 교육 프로그램을 통해 이런 차이를 극복하고, 미래를 책임질 차세대가 기존 사회에 적응하고 준비할 수 있도록 도움을 제공해야 한다.

다양함을 정착시키는 데 교육이 장기적인 처방이라면, 단기적 처방에 해당하는 수단은 인사 운영이다. 적절한 평가를 통해 적합한 인재를 적소에 배치하는 것이다. 상사가 부하직원을 평가하는 전통적 평가방식은 지금도 존재하지만, 이제는 그 반대의 경우도 성립한다. 학생이 교수를 평가하고 부하직원이 상사를 평가하는 시대다. 조직의 윗사람에게만 인정받고 잘 보이면 승진할 수 있었던 과거와 달리 눈치를 봐야하는 사람들도 늘어난 셈이다.

많은 기업의 리더십 평가 중에는 동료와 부하직원들이 평가하는 다면평가가 있다. 이 결과는 승진이나 연봉 조정시에 영향을 주기도 하지만, 그렇지 않더라도 상급자나 인사 조직에서는 상당히 주의 깊게 보는 자료다. 조직원들의 속마음이나 불만이 고스란히 드러나기 때문이다. 부하직원들로부터 인정받지 못하거나 배척을 당하는 리더들은 크게 두 부류가 있다. 한 부류는 실력으로는 인정을 받지만, 인간적이고 감성적인 면에서 부족함을 드러낸다. 대개 배려, 존중, 소통이 부족하다고 평가받는다. 다른 부류는 업무 역량이 부족하다는 지적을 받는 사람들이다. 맡은 분야의 전문성이 부족하다는 지적도 있지만, 결단력이나 추진력이 부족하다는 이야기를 듣는 사람들도 많다. 어느 경우를 보든 전문 지식만이 리더십의 중요한 잣대가 되는

177

시대는 이미 지났다.

리더에게 있어 다중지능 못지않게 중요한 것이 '도덕지능'이다. 하버드 대학교의 로버트 콜스Robert Coles 교수는 '미래사회에서는 IQ가 아닌 MQmoral quotient가 높아야 성공한다.'고 주장하며, 다른 사람에게 모범을 보이고 헌신과 참여를 이끌어내는 능력을 도덕지능이라고 하였다. 콜스 교수의 연구는 아동교육 분야에서 많이 인용되고 초등학교 시기의 도덕성 형성을 강조하지만, 성인들의 인성이나 조직의 리더십을 논할 때도 참고할 만하다.

미국의 교육심리학자인 미셸 보바Michele Borba는 좀 더 구체적으로 도덕지능을 갖추기 위한 7가지 핵심 덕목을 제시[34] 하였는데, 공감능력empathy, 분별력conscience, 자제력self-control, 존중respect, 친절kindness, 관용tolerance, 공정함fairness이 이에 포함된다. 다른 사람의 입장에서 생각하는 공감능력이나 다른 사람을 존중하고 친절, 관용을 베푸는 성품이 감성적인 영역이라면, 옳고 그름을 아는 분별력과 정정당당하게 행동하는 공정함은 지적이며 의지적인 내면의 발현이다. 서로 다른 영역 중 어느 하나가 부족하거나 지나칠 경우 리더십은 올바른 방향으로 발휘되기 어렵고, 조직은 궤도를 이탈한다.

중요한 점은 어느 누구도 이런 도덕지능을 태어날 때부터 가지고 있지 않다는 것이다. 심리학자나 교육학자들이 아이들의 교육 과정에서 이런 부분이 강조되어야 한다고 하는 이유도 이런 성품들이 부모나 교사에 의해 발굴되고 개발될 수 있기 때문이다.

사회 조직도 마찬가지다. 리더를 발굴하고 육성하는 과정은 아동 교육 과정과 크게 다르지 않다. 좀 더 빨리 미래의 리더감을 찾아내서 장점은 키워주고 단점은 개선해주는 작업이 필요하다. 한 명의 리더가 기업을 흥하게도 망하게도 하는 역사를 수도 없이 지켜봐 왔음에도, 우리는 아직도 리더 개개인의 타고난 자질에만 지나치게 의존한다. 그들도 끊임없이 배워야 한다는 단순한 사실을 망각하는 것이다. 조직의 리더에게 문제가 있다면, 그것은 개인의 문제일 뿐만 아니라 조직 전체의 문제임을 인식해야 한다.

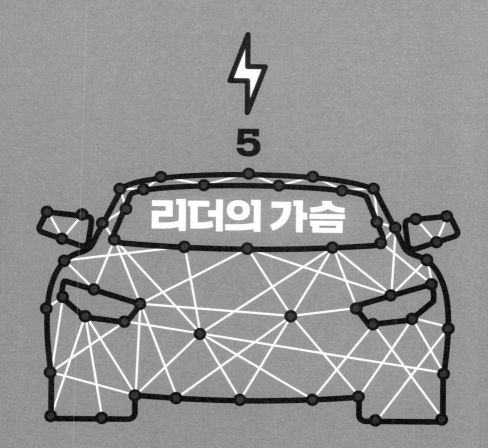

5

리더의 가슴

현대모비스의 전동화 BU가 사업부라는 이름으로 시작할 당시 조직장으로서 양보할 수 없다고 생각한 몇 가지 원칙이 있었다. 이중 가장 중요한 것이 '건강한 조직문화'였고, 이를 위해 실행 원칙으로 삼은 것이 '조직원들 기 살리기'였다. 실제로 700명 가까운 우리 BU 인원들 중에 나에게 큰 소리로 꾸지람을 들어본 사람이 아직 한 명도 없다. 군대 문화에 자주 비유되는 현대자동차 그룹에서는 상상하기 어려운 '채찍 없는 당근' 일변도의 관리 방식이다. 그렇다고 성과가 안 나오는 것도 아니다. 지난 3년간 매출뿐 아니라 손익도 목표치를 훨씬 상회했고, 조직문화를 평가하는 그룹 내 조사에서도 지속적으로 좋은 결과를 보여왔다. 우리 조직을 바라보는 타조직의 시선도 긍정적이다. "전동화 BU는 실무진들이 책임감이 있어서 좋아요," "전동화 BU는 분위기가 밝아요."라는 이야기는 수도 없이 들어왔다.

전동화 BU의 초대 조직장으로서 이런 문화를 형성한 데 내 공로가 없지는 않겠으나, 사실 이런 조직을 만들기 위해서는 내가 '한 일' 보다 '하지 않은 일'이 훨씬 더 많다. 잔소리나 질타 안 하고, 회의 많이 안 하고, 보고서 작성도 길게 하지 않으면서 조직을 효율적으로 만들고자 노력했다. 이렇게 '심플simple'하고 '슬림slim'한 관리 방식을 고집한 것은 '나보다 담당자가 해당 분야에 대해 더 많이 알고 더 많이 고민한다.'는 단순한 믿음 때문이다. 그런 생각에서 우리 BU에서

183

는 담당자의 말에 귀를 기울이는 것과 상대를 존중하는 문화를 중시한다.

구성원들을 존중하고 인격적으로 대하는 조직문화를 생각하도록 이끈 책 중에는 기시미 이치로가 쓴《아들러에게 인간관계를 묻다》가 있다.《미움받을 용기》의 저자로 잘 알려진 그는 오스트리아의 정신의학자 알프레드 아들러Alfred Adler가 창시한 '개인심리학individual psychology' 개념을 일반 독자들에게 보다 친숙하게 전달한 철학자이자 작가이다.

《아들러에게 인간관계를 묻다》에는 '직책의 차이가 인간으로서의 상하를 의미하는 것이 아니다.'[35]라는 대목이 있다. 내 부하직원이 집에서는 사랑받는 자식이요, 존경받는 부모일 수 있다는 생각을 하면 아무리 나이가 어리고 직책이 차이가 나는 부하직원이라도 함부로 대할 수는 없다. 또한 건강한 조직이 되기 위해서 리더는 자신이 항상 옳다는 생각을 걷어낼 수 있어야 한다. 기시미 작가의 말처럼 설령 옳다는 것을 증명할 수 있더라도 주변 사람이 모두 떠나면 의미가 없다.

내 조직관리 철학은 배려와 이해를 바탕으로 하지만 부하직원의 잘못을 꾸짖지 않는 관리 방식이 최선이라고는 생각하지 않는다. 단지 당근이냐 채찍이냐라는 양 극단을 놓고 볼 때 당근을 택한 것이고, 기왕이면 채찍도 당근으로 만들어야 한다는 믿음을 조직관리에 적용하고 있을 뿐이다.

리더십은 리더에 따라 천차만별이고 조직의 특성과 환경에 따라 더 적합한 대안이 있는 것이지, 항상 적용 가능한 정답이 있는 것은 아니다. 자신에게 맞는 관리 방식을 찾아내고 이를 적용하면서 수정 보완한다면 충분하다. 그러나 어떤 경우에든 필요한 원칙이 있는데, 바로 '권징의 목적은 회복이지 버림이 아니다.'라는 것이다. 이 원칙은 세종대왕의 리더십을 분석한 박현모 교수의 책《세종의 적솔력》에서 설명된 것으로, '적솔력迪率力'은 지도자가 한 발 앞서 이끌면서 솔선수범한다는 의미이다. '적솔'이라는 단어를 현대어로 설명하면 소통이라고 저자는 말한다.

역사학자나 일반인 할 것 없이 조선 500년 역사에서 가장 빛나는 리더를 꼽으라면 주저 없이 세종대왕을 꼽는다. 무지한 백성들을 위해 훈민정음을 창제한 것을 비롯해, 정치, 과학, 교육, 경제와 예술에 이르기까지 다방면에서 새로운 문화를 일구어 냈고, 그 기반에는 백성들을 사랑하는 마음이 있었다. 사실 그가 왕으로 통치하던 시기의 조선은 가뭄과 기근, 이로 인한 각종 범죄들로 인해 태평성대와는 거리가 멀었다. 시대를 이어 전달되는 아픈 유산을 근절하기 위해 세종은 다양한 방법을 동원하였고, 그의 파격적인 행보는 사람을 등용하는 데서부터 시작된다. 맹인에게 음악가가 되는 기회를 주자는 박연의 상소를 받아들이고, 노비 출신인 장영실에게는 관직을 주어 15세기 조선 최고의 기술자가 되게 하는 문을 열어준다.

《세종실록世宗實錄》의 제위 26년 윤7월 25일 기록에는 '성심적솔誠

185

心迪率'이라는 단어가 등장한다. 우리 말로 풀면 '위에 있는 사람이 성심으로 인도하고 솔선수범하여 이끌지 않는다면 어찌 백성들이 자기 일에 힘써 노력하겠는가?'라는 의미다. 이 문구에서 박현모 교수의 책 제목《세종의 적솔력》이 유래되었다고 하는데, 세종대왕의 리더십은 지도자가 앞장서서 끌어가고 인재를 등용해서 일을 맡기며 그 업적을 인정해주는 것이었다. 세종실록 제위 15년 9월 16일 기록에는 대왕이 장영실에 대해 언급한 대목이 나온다.

> "영실의 사람됨이 비단 공교한 솜씨만 있는 것이 아니라 성질이 똑똑하기가 보통보다 뛰어나서, 매일 강무할 때에는 나의 곁에 두고 내시를 대신하여 명령을 전하기도 하였다. 그러나 어찌 이것을 공이라 하겠는가. 이제 자격궁루를 만들었는데 비록 나의 가르침을 받아서 하였지마는 만약 이 사람이 아니었다면 결코 만들어내지 못했을 것이다."[36]

자신의 아이디어를 부하를 통해 현실화시키면서도 부하의 공을 인정해 주는 리더의 모습이다. 역사학자들에 의하면 한글 창제도 세종대왕 본인의 작품이고 집현전 학자들은 한글이 모두 만들어진 뒤에 널리 알리고 펴서 누구나 쉽게 쓸 수 있도록 도운 정도라고 한다. 그럼에도 그는 위대한 발명의 공을 자신에게만 돌리지 않았다. 한글을 만드는 과정에서 세종대왕이 보여준 또 하나의 리더십은 중국에 대한 사대주의에 젖어 우리 글을 만드는 일을 거부하는 수많은 사람들의 반대를 물리친 데서도 드러난다. 특히 당대의 명망 있는 학자이 자 문관인 최만리는 '중화中華'를 위반한다는 명목으로 한글 창제를 반대하는 상소문까지 올렸지만, 세종은 자신의 뜻을 굽히지 않는다. 이처럼 리더는 때로 온화하고 때로는 강단 있게 조직을 관리하고 사람들을 살펴야 한다. 그런 '적솔력'의 근간이 조직원들에 대한 '사랑' 이라는 사실에는 이견을 달기 어렵다.

리더의 가슴 | 2 | 리더의 기쁨과 슬픔

규모와 상관없이 조직을 이끌어가는 위치는 부담스럽다. 수많은 안건에 대해 최종 결정을 하고 책임을 져야하는 자리인데다, 때로 리더 한 사람의 결정이 조직 전체의 운명을 좌우할 수도 있기 때문이다. 리더는 조직원들을 관리하고 코칭 하는 역할도 소화해야 할 뿐 아니라 맡은 분야의 업무까지 상세히 파악해야 한다. 이렇듯 공부하는 학생, 혹은 선생님과 부모의 역할까지 담당해야 하는 만큼 몸이 여러 개면 좋겠다는 생각을 늘 하게 된다.

과거에 미국에서 직장 생활을 하던 시기에 들었던 말이 있다. 'The hardest thing you can get at work is your boss's attention.(직장에서 가장 취하기 어려운 것이 상사의 주의집중이다.)' 상사가 바쁘다 보니 부하 직원들은 보고할 시간을 찾느라 허둥대고, 시간에 쫓겨

187

들은 보고는 기억에 잘 남지도 않는다. 한편 대단해 보이면서도, 또 한편으로는 왜 저렇게 바쁠까 하는 궁금증이 가시지 않는 자리가 조직장의 자리다.

그러나 바쁜 이면에는 무거운 어깨를 기댈 데 없다는 외로움이 자리한다. 도움받기 어려운 수많은 문제나, 내가 아니면 해결하기 어려운 상황들은 언제 어디서든 존재하고, 그런 이슈들을 어떻게 해결하는가에 따라 리더의 능력이 평가되고 보직이 결정된다. 고과 시즌이 되면 부하직원들의 승진이나 평가를 걱정하지만, 사실은 자신도 그 대상이 되는 조직장의 갈등은 직접 겪지 않고는 이해하기 힘들다. 이런 리더들에게 가장 효과가 있는 회복제는 CEO의 격려보다 오히려 부하직원의 따뜻한 말 한마디나 문자 한 통이다. 나 역시 그런 경험이 있다. 직장생활이 힘들어 회의를 느끼며 퇴직까지 생각하던 위기에서 나를 지탱시켜 준 것은 팀원의 진심 어린 문자 한 통이었다.

해외 인재 채용으로 현대자동차 그룹에 입사한 2004년 이후 이듬해인 2005년에 부장으로 진급을 하고 수소자동차 분야에서 적지 않은 성과를 내는데 기여했기에, 부장 4년차가 되던 2008년 연말 무렵부터는 임원 승진에 대한 소문이 돌기 시작했다. 기업의 별이라고 하는 임원에 대한 욕심은 당연히 있었고, 수소전기차가 회사에서 추진하는 미래 프로젝트 중 하나였기에 기대도 많았다. 그러나 특진은 고사하고 일반적인 승진 연한인 부장 5년이 끝난 2009년을 넘겨 2010년, 2011년 말에도 좋은 소식은 전해지지 않았다. 또다시 임원 승진에 탈락한 후, 모든 것을 접고 다시 미국으로 돌아가야 하는가를 심각하게 고민하던 2012년 1월 중순이었다. 영어로 된 이력서를 업데이트 하면서 상실감을 달래고 있던 어느 날, 송신자 번호가 010-000-0000인 문자가 도착했다. 당시 우리 회사에서는 컴퓨터로 문자를 보낼 때 자신의 번호를 밝히지 않고 보내는 방법이 있었다. 그 짧은 문자 몇 줄 내용은 다음과 같았다.

> **"팀장님, 익명의 팀원입니다. 늘 덕이 되시는 모습에 감사합니다. 황당해하시지 않을까 고민하다가 용기 내 보냅니다. 팀장님께서 더 큰 선한 영향력이 있는 일을 하시게 되기를 기원합니다. 늦었지만 새해 복 많이 받으시고, 사랑합니다!"**

이 내용을 몇 번씩 읽으며, 사람들이 보이지 않는 장소로 자리를 옮겨 얼마나 눈물을 훔쳤는지 모른다. 이후에도 힘이 들 때마다 그 문자를 다시 읽으면서 견뎠던 기억이 10년 가까이 지난 지금도 생생하다. 위로의 말, 사랑의 표현은 윗사람이 아래 사람에게만 할 수 있는 것이 아니다. 지나가는 말투로 '팀장님 오늘 티셔츠가 멋있어요.', '부장님 지난번 발표 정말 좋았어요.'라는 한마디를 건네 보라. 당장 그 자리에서는 '뭘 그런 소릴…'하면서 멋쩍게 웃는 상관일지라도 그 일은 두고두고 기억한다. 그뿐 아니라 친구들을 만날 때마다 자랑거리로 떠벌리고 다닐 것이다. 우리는 모두 인정받고 사랑받기 원하는 사람들이다.

지금도 간혹 예상 밖의 전화나 문자, 혹은 선물을 받을 때가 있다. 아침에 출근을 하니 책상에 책 한권과 손편지가 있어 감동한 기억이 있고, 밤 늦게 전화를 받아 인생 상담을 해주기도 했다. 어느 날은 늦은 시간에 한 직원으로부터 전화를 받았는데, 소속은 달랐지만 오래 전 중요한 프로젝트를 함께 했던 사람이었다. 내 부하직원은 아니었던 터라, 오랜만에 그것도 밤 늦게 전화가 오니 사뭇 당황하며 전화를 받았는데, 의외로 명랑한 목소리였다. 전화기를 타고 들려오는 내용은 정말 상상하지 못했던 것이었다.

"저 승진했는데, 전무님 축하받고 싶어서 전화했어요. 딱 두 분한테만 전화드리는 겁니다."

이런 전화를 받으면 나는 행복하다. 기쁜 순간을 나누려는 몇 명 중에 내가 있었다는 것이 뿌듯하고, 이렇게 뜬금없이 전화를 해도 기분 좋게 받아서 축하해 줄 거라고 믿어준 것도 고맙다. 때로 몇 년을 못 만나 안부조차 묻지 못한 후배나 부하직원이 카톡으로 생일축하 메세지와 함께 스타벅스 커피 선물권을 보내주기라도 하면 그 날은 세상 모두를 가진 것 같은 기분이 들기도 한다.

국내에서 직장생활을 해온 17년동안 내가 직접 담당했던 조직의 인원은 어림잡아도 2,000명 가까이 된다. 과거의 부하 직원들이 보고싶거나 생각나면 가끔씩 연락을 하지만, 내가 생각하는 것만큼 그들이 나에게 연락을 자주 하지는 않는다. 한 때는 이런 것 때문에 내 리더십에 문제가 있었나 좌절하기도 하고, 아꼈던 부하 직원에게서 연락이 없으면 속으로 괘씸해하기도 했다. 이런 생각이 결정적으로 바뀌게 된 계기가 바로 '아버지같은 리더십'을 강조한 존 러스킨의 책《나중에 온 이 사람에게도Unto this last》였다.

'생명의 경제학'이라는 부제가 붙은 이 책에서 저자는 머리뿐 아니라 '가슴'을 생각하는 경제학을 주장하면서 리더십에 대한 철학도 강조한다. 고용주는 '아버지와 같은 사랑과 관심'으로 아랫사람을 돌볼 의무가 있다고 한 그의 주장은 200년이 흐른 지금도 섬기는 리더십, 감성 리더십으로 이름을 바꾸어 실천되는 현재 진행형이다. '기업의 목적은 이윤 추구가 아니고 가장 좋은 제품을 가장 싼 가격에 가장 필요한 사람에게 공급하는 것'이라는 경제학 관점도 요즘처럼 각박한 시대 환경에서 오히려 기업 생존과 발전의 돌파구 역할을 할 수 있지 않을까 싶다. 결국 기업이나 경제의 중심은 자본이 아니라 사람이고, 그런 인간 중심의 관점은 다양한 규모의 조직관리와 리더십에도 똑같이 적용될 수 있기 때문이다.

가정에서도 부모가 자식을 먼저 챙기는 것이 일반적이고, 자식이 바빠서 연락을 못 하면 부모가 하면 된다. 그들도 나름 바쁠 텐데 굳이 연락 안 한다고 불평을 하느니 내가 먼저 기분 좋게 연락하면 된다는 당연한 생각이 책을 읽으면서 들었다. 그 후로는 내가 먼저 연락을 하기 시작했는데, 그럴 때마다 듣는 소리는 비슷하다. "아, 전무님. 안 그래도 제가 연락하려고 하던 참입니다." 뻔한 거짓말인 줄 알지만 그랬냐고 웃으며 대답을 하고나서 한마디 덧붙인다. "이렇게 윗사람이 먼저 연락하는 걸 사자성어로 뭐라고 하는지 알아? 이게 바로 '내리사랑'이란 거다".

받아서 좋은 게 있고 주어서 좋은 것이 있지만, 사랑은 받아도 좋고 주어도 좋다. 그러나 주는 사람이 없으면 받을 사람도 없다. 그래서 리더는 먼저 사랑을 주는 사람이어야 한다. 주는 만큼 받으면 더 행복하겠으나, 받지 못해도 행복하다. 사랑의 속성이 그렇다.

리더의 가슴 | 3 | 리더, 열정을 경영하는 사람

요즘은 면접에서 이런 대답을 듣기 힘들지만 십여 년 전까지만 해도 입사 면접을 할 때 '저를 뽑아 주시면 분골쇄신하는 심정으로 최선을 다하겠습니다.' 혹은 '목숨을 바친다는 각오로 일하겠습니다.'라고 말하는 사람들이 있었다. 워라밸을 중요시하는 요즘 세대가 들으면 기겁을 할 발언들이다. 과유불급過猶不及이라는 말처럼 열정도 지나치면 문제를 일으킨다.

1960년대 경제개발 계획 이후 농업에서 공업으로 국가 기반산업이 변모하는 과정에서 우리 부모와 선배 세대들은 말 그대로 온 몸을 바쳐 일을 했다. '월화수목금금금'은 당연한 말이었고, 밤을 새면서 연구에 몰두하고 작업을 하면서 선진국들을 따라잡아 오늘날 세계 10위 수준의 경제대국을 이루어 냈다.

그러나 2021년 현재에는 그렇게 일할 사람도 없고 일할 여건도 아니다. 주어진 업무를 완수하겠다는 열정이 과해 규칙을 어긴다거나 타조직에 피해를 준다면 어디서든 환영받지 못한다. 며칠씩 밤을 새서 일을 완수한다고 해도 그로 인한 후유증으로 다음 업무에 지장이 생긴다면 조직 차원에서는 오히려 손실이다. 이런 관점에서 보면 열정만큼 '요령'도 중요한데, 사실 일은 열심히 하는 것보다 잘 하는 것이 중요하다.

2019년에 출간된 《아웃퍼포머》의 저자 모튼 한센^{Morten Hansen}은 '똑똑하게 일하라.'고 강조하면서, 이와 더불어 '열정을 잘 간수하라.'고 주문한다. 그는 일에 열정과 목적의식을 불어넣으면 직무 만족도는 올라가고 체감하는 '번아웃'은 줄어들지만, 일과 생활의 균형은 오히려 악화될 수 있다고 경고한다. 열정을 '간수'하라는 말은 일에 대한 열정이 여가 시간까지 스며들지 않도록 하라는 것으로, 워라밸을 유지하면서도 열정적으로 일할 수 있음을 실례를 들어 설명한다. 그는 주당 노동시간이 50~55시간을 넘어가면 성과가 더 나아지지 않는다는 사실을 지적하면서, 일도 잘 하고 삶도 균형 있게 유지하는 방법은 얼마든지 있음을 강조한다.

베이비붐 세대의 마지막 1963년생인 나는 워라밸 관점에서 구세대 치고는 나쁘지 않지만, 젊은 세대들처럼 일과 생활을 완전하게 분리하지는 못한다. 집에 도착해서는 가급적 회사일을 손 대지 않고 주말에 가족들과 시간을 보낸다는 측면에서는 잘 유지하는 것 같아도, 일이 머리에서 완전히 떠나 있지를 못한다. 직장에서 일을 하는 동안에도 한 가지씩 정리를 하고 다음 업무로 넘어가지 못하고 한 번에 여러가지를 펼쳐 놓고 고민하기가 일쑤다. 일에 대한 열정과 관리 사이에서 균형을 잘 못 맞추는 것이다.

나는 일을 꽤 즐기는 편이다. 쉬운 일은 빨리 해결되니 좋고, 어려운 일은 도전 정신을 자극하니 또 할 만하다고 믿는다. 그러다 보니 끊임없이 일을 찾고, 부탁받는 일은 거절도 못한다. 일을 하지 않는 시간에도 책을 읽거나 다른 뭔가를 해서 시간을 낭비하지 말아야 한다는 강박관념마저 있다. 그런데 이런 습관이 건강에는 좋을 리가 없다. 결국 맡은 일이 많아지면서 혈압이 올라가고 스트레스로 인한 이명이 생겼다. 건강관리를 해야겠다고 마음먹고 한의원을 찾아갔을 때의 이야기다. 의사선생님께 "저는 스트레스를 잘 받지 않는 편이라 괜찮을 줄 알았는데 여기저기 이상이 오네요."라고 했더니 그분 말씀이 재미있다. "정신적으로는 견디셔도, 몸은 그걸 압니다."

이렇게 몸을 아끼지 않고 무리하는 것은 비단 나 혼자만의 이야기가 아니다. 하지만 우리나라 사람들의 특성이자 강점이었던 '무한 열정'을 이제 더 이상 무기로 사용하기 어려운 시대이다. 똑똑하게, 그리고 오래 일할 수 있는 방법을 찾는 것이 개인이나 조직에 도움이

거인의 어깨

된다. 이런 환경을 조성하기 위해 리더는 자신의 역할을 충실히 해야 하고, 특히 열정이라는 듣기 좋은 단어 뒤의 참모습을 보려는 노력을 게을리하지 않아야 한다. 원칙을 준수하는지 살펴야 하고, 열정의 결과가 공익을 위한 것인지도 고려해야 한다. 또한 조직원들에게 너무 열정을 강요한 나머지 단기간에 번아웃 되지 않는지도 지켜봐야 한다.

모튼 한센은 5년 간 직장인 5천명을 대상으로 연구 조사한 그의 책 《아웃퍼포머》에서 일을 줄이고 집요하게 매달리는 것이 성과를 높이는 방법이라고 하였으나, 반면에 몰입도가 지나치면 일과 생활의 균형이 무너진다는 사실도 지적한다. 즉, 일을 할 때는 몰입하더라도 시간 관리를 철저히 해서 생활과의 균형을 이루는 것이 성과를 이루면서도 지치지 않는 방법이라는 이야기다.

일과 삶의 균형은 리더의 조직 관리에도 적용이 가능하다. 적절한 타이밍에 준비된 사람에게 업무를 부여하고, 업무가 성공적으로 완수되었을 때 상응하는 보상을 해준다. 조직원 개개인이 원하는 업무의 스타일이 다르고, 같은 사람이라도 여러가지 요인으로 인해 업무에 몰입할 수 있는 시기와 그렇지 못한 시기가 있다. 성공적인 리더가 되려면 그런 미묘한 차이 마저도 감지하는 세심한 관찰자가 되어, 언제 전력투구를 하고 언제 쉬엄쉬엄 가게 할지를 파악할 수 있어야 한다. 이렇게 관리되는 조직이라야 구성원들의 역량이 '멀티플라잉' 되고 사람들이 열정을 유지하면서도 지치지 않는다.

열정을 전파하면서 비전으로 조직을 이끌어가는 리더들의 공통점은 공감능력이 있다는 것이다. 《디시전 메이킹》에서 저자 이형규 교수가 주장한 것처럼 공감이 설득보다 먼저여야 하고 먼저 마음을 여는 자가 주도권을 갖는다. 이처럼 열정이 조직의 성과로 이어지기 위해서는 진정성이 동반된 교감이 먼저 담보되어야 한다. 그리고 리더의 열정은 공감대를 타고 자연스레 '전파'되어야 한다. 열정을 이루어 내는 성과의 크기는 리더의 그릇이나 비전의 크기 이상을 넘어가지 못한다. 그런 면에서 리더는 조직을 관리하는 위치임과 동시에 열정을 경영하는 사람이다.

리더의 가슴 | 4 | 최고의 기술을 만들어 낸 도전정신

내가 매우 좋아하는 바이올린 곡 중 하나인 사라사테Pablo de Sarasate의 지고이네르바이젠Zigeunerweisen을 감상하던 어느 날이었다. 유튜브 동영상 중에서 같은 곡을 첼로로 연주한 것이 눈에 띄었고 나는 그날 처음으로 지고이네르바이젠이 첼로로도 아름답게 연주될 수 있다는 사실을 알았다. 높은 음역에서 매력적인 곡의 특성을 첼로로 무난하게 살려낸 데다, 피치카토 주법까지도 완벽하게 소화해내는 솜씨에 감탄하며 눈을 감고 연주를 즐겼다. 내가 정말 놀랐던 것은 첼로 연주를 듣고 난 후였다. 이 곡의 유명 연주자를 찾아보려고 검색을 했더니, 바이올린 곡으로만 알고 있었던 이 곡을 첼로, 콘트라베이스와 같은 현악기뿐 아니라 플루트, 클라리넷에 트럼펫이나 트롬본, 심지어는 바순, 튜바로도 연주한 영상들이 가득했다. 마치 모든 악기 연주자들이 자신의 기량을 발휘하고 측정하는 잣대로 삼는 것만 같았다.

첼로를 제외한 다른 악기로는 원곡의 맛을 살리기에 어딘지 부족하다는 생각이 들었지만, 다양한 악기로 명곡을 연주하는 '도전자'들을 보면서 우리 조직을 이런 모습으로 만들고 싶다는 생각이 들었다. 바이올린을 위한 작품으로만 오랫동안 인식되었던 이 곡에 도전장을 내민 다른 악기 연주자들처럼, 미래 사업을 책임지는 전동화 BU도 전통적인 사고방식을 따르기보다 다소 '반항아'적인 태도가 필요하겠다는 생각이었다. 차량 전동화는 미래의 자동차 기술 중에서도 그 중심에 위치한다. 수많은 완성차 업체와 부품 업체들이 경합을 벌이면서, 기술적 우위를 차지하고 가격을 낮추려는 시도가 끊임없이 이루어진다. 이런 블루오션을 개척하기 위해서 반드시 필요한 것이 도전정신이다. 다양한 도전이 쌓이다 보면 언젠가는 우리도 다른 사람들이 미처 생각하지 못한 분야에서 선두로 나설 날이 있으리라는 믿음이 생겼다. 그만큼 첼로로 연주된 지고이네르바이젠은 신선한 충격이었고 마음에 격랑을 일으키는 도전이었다.

직장 생활을 시작하면서부터 내 업무는 줄곧 대체 에너지나 친환경차 개발과 관련된 것들이었다. 연료전지를 이용한 수소전기차

197

개발에 이어 하이브리드와 전기차, 여기에 부품을 개발하는 업무 까지를 맡으면서 겪은 다양한 에피소드들이 있지만, 가장 기억에 남는 것은 직원들의 열정이 이루어 낸 놀라운 결과들이다. 그중 하나는 도요타와 세계 최고를 놓고 벌이던 수소전기차 개발 경쟁과 관련된 일이다.

사실 수소자동차는 1966년 GM이 최초의 차량을 선보이면서 미국 주도로 시작되었다. 미국은 이미 1960년대 초에 NASA 주도로 달 탐험 계획인 아폴로^{Apollo}와 제미니^{Gemini} 프로젝트를 진행하면서 수소 연료전지에 관심을 갖기 시작했고 이 기술을 자동차에도 접목시켰다. GM은 한 때 연구개발비의 1/3을 수소차 개발에 쏟는다고 할 만큼 적극적이었으나, 2010년경 이후 특별한 성과를 보이고 있지 못하다. 미국에 이어 독일에서는 다임러가 주축이 되어 연료전지를 이용한 수소자동차를 개발했고, 경쟁사인 BMW는 연료전지 대신 수소를 엔진에 직접 분사하는 수소엔진 방식으로 대응을 하기도 했다. 그러나 독일의 이런 개발 상황도 최근 몇 년간은 소강상태로 접어들어 특별한 주목을 받지는 못하고 있다.

이런 분주한 상황 속에서 2013년 최초의 양산형 수소자동차 출시를 전후로 대망의 2세대 양산형 차량 개발이 시작되었다. 이 무렵에 매스컴 인터뷰를 하면서 내가 자주 사용했던 말이 있다. "경쟁사는 상상도 하지 못할 기술들을 적용해서 차기 차종을 개발하고 있습니다." 이 말은 사실이었고, 현대자동차 연료전지개발실원들은 이 약속을 지키기 위해 고군분투했다. 우리보다 몇 배나 많은 인원과 최고의 생산설비를 갖춘 경쟁사를 상대로 더 앞선 기술, 더 완성도 높은 차를 만들겠다는 계획은 리더 혼자만의 결심으로는 불가능하다. 직원들의 열정이 그 무엇보다도 필요하다. 후일 넥쏘로 명명된 2018년형 수소전기차 개발은 이렇게 진행되었고 수년 후 그 결과는 최고의 기술로 인정받았다.

현대모비스에서도 유사한 경험이 있었다. 전동화 사업부를 맡고 수개월 후, 사장님으로부터 같은 날 두 가지 지시를 받았다. 한 가지는 '인휠 모터'라는 모터 분야의 신기술을 이용해서 4륜구동 시험차를 만들어 시승을 할 수 있도록 해달라는 것이고, 또 하나는 현대자동차그룹의 자랑거리인 수소연료전지를 이용해서 충주 공장에 발전시설을 만들어보라는 것이었다.

두 가지 모두 재미있고 필요한 업무였지만 한 가지 문제가 있었다. 시험차를 10일만에, 발전소는 두 달 반 만에 완수하라는 지시였다. 전문가의 입장에서 볼 때 말이 안 되는 기간이었다. 아무리 단순한 변화가 있더라도 차량의 하드웨어를 바꾸고 그에 따른 소프트웨어를 개선하려면 적어도 한 두 달은 필요하다. 그리고 수소연료전지로 발전기를 꾸미는 것은 우리 조직이 한 번도 해본 적이 없을뿐더러 인력 자체가 부족했기 때문에 계획을 세우는 단계부터 시험가동까지 적어도 6개월은 잡는 것이 정상이었다.

그래도 윗분이 하라고 하시니 마지못해 최선을 다해보겠다고 하

199

고 담당 팀장들에게 소식을 전했다. "안 되는 것에 대한 책임은 내가 질 테니 일단 최선을 다해보세요." 열흘이 지나고 두 달 반이 지났을 때, 나는 내가 우리 조직원들을 너무 과소평가했다는 사실을 깨닫게 되었다. 시험차는 정말로 열흘만에 만들어 시승을 했고, 수소발전기로 충주 전동화 공장의 전원을 공급하는 프로젝트를 두 달 반 만에 성공시켰다. 도대체 이해가 안 가서 팀장들에게 물어보았더니, 사장님의 지시사항을 전달한 바로 다음 날 태스크포스팀TFT을 조직했고 주말도 없이 밤 근무를 했다고 한다. 심지어 새벽 3시에 연구원이 전화를 해서, 아이디어가 떠올랐는데 어쩌면 좋은지를 묻는 일도 있었다고 한다.

중간에 경과를 묻지도 않고 다그치지도 않았지만, 일 자체를 즐기면서 성과를 내는 부하직원들을 보며 얼마나 고마웠는지 모른다. 당시의 기억들을 떠올리면 지금도 가슴이 뭉클하다. 적절한 동기 부여와 조직원의 열정, 여기에 리더의 인내가 더해지면 놀라운 결과를 가져온다는 사실을 배운 귀한 경험이었다. 한 때 광고업계에 신선한 충격이었던 아디다스의 카피 'Impossible is Nothing.'처럼, 열정과 도전정신이 넘치는 조직에서는 불가능이란 없다.

　　조직에서의 업무 진행은 최종적으로 조직장의 승인 하에 이루어진다. 서명sign을 한다는 의미는 '허락'이 아니고 '책임'이며, 서명을 하는 것은 중요한 서류에 인감도장을 찍는 각오로 해야 한다. 보고를 받기 전과는 달리 이제 그 일이 더 이상 부하직원의 일이 아니고 내가 책임지고 완수해야 하는 일로 변했기 때문이다. 이런 자각이 없으면 두고두고 남 탓만 하는 리더가 된다. 그러나 이렇게 어렵게 결정을 한다고 일이 끝나는 것이 아니라 사실 지금부터가 시작이다. 구체적인 계획을 수립해야 하고 이제 본격적인 경쟁이 시작된다. 모든 역량을 쏟아 부어 맡은 일을 완수해야 하는 단계에 접어든 것이다.

　　이 때부터는 조직의 열정이 많은 것을 좌우한다. 열정은 계획이 구체화되는데 반드시 필요한 요소이고 극도의 몰입을 요구하기도 한다. 그러나 의욕만 있으면 무조건 할 수 있다는 낙관적인 마인드와 열정을 혼동해서는 안 된다. 지지 않겠다는 투지는 중요하지만 지나친 낙관론은 오히려 위기 불감증을 가져와 상황을 더 위태롭게 만들기도 한다. 물론 목표와 비전을 높게 세우고 할 수 있다는 자세로 최선의 노력을 다한다는 의미에서는 낙관주의와 열정 사이에 교집합이 성립한다.

　　우리가 잘 아는 바와 같이, 열두 척의 배로 130여 척의 왜선을 물리친 이순신 장군의 승리의 근본은 '지피지기 백전불태^{知彼知己 百戰不}

201

殆’이다. 적에 비해 1/10밖에 되지 않는 전선으로 작전을 짜야 한다는 현실을 직시했기에 이를 극복하기 위한 전략과 전술이 나온 것이다. 배가 몇 척이 있는지 확인도 하지 않은 채 ‘어디서 50여척은 구해올 수 있지 않을까’라는 근거 없는 낙관론을 편다고 가정해보자. 절대로 이길 수가 없다.

그러나 불행히도 기업의 많은 전략들이 현위치를 정확히 판단하지 못한 상태에서 수립되고 진행된다. 리더가 ‘무조건 된다고 하는 사람’만을 중용할 때 이런 현상은 더욱 심해지는데, 모든 사람들이 이상 징후가 있다는 사실을 알고 있어도 입을 열지 않고 있다가, 결국 그 프로젝트에 심각한 문제가 생기고 나서야 지나친 낙관론이 사고의 불씨였다는 사실을 고백한다.

교세라의 창업자이자 도산한 일본항공을 3년만에 성공적으로 정상화시킨 것으로 유명한 이나모리 가즈오는 저서《불타는 투혼》에서 일본항공의 회장 취임사를 소개하며 열정의 또다른 이름인 ‘투혼’에 대해 강하게 역설한다. 새로운 계획의 성공은 오직 불요불굴不撓不屈의 정신에 있음을 강조한 그는 독한 마음으로 과거의 영광을 재건할 것을 주문한다.

그러나 정작 그가 가장 먼저 시도한 의식 개혁은 비전이나 향후 계획을 설명한 것이 아니다. 대신 경영진과 직원들을 소집해 ‘일본항공이 도산했다는 사실을 솔직하게 받아들여야 한다.’고 설득하였다. 회생절차를 밟고 있음에도 통상의 운항을 계속했기 때문에 임직원들이 도산했다는 사실을 좀처럼 실감하지 못하고 있다는 판단 때문이었다. 그 이후에서야 리더로서의 자세와 경영을 하는 데 필요한 사고방식들과 관련하여 자신의 철학을 설명한다. 열정은 직원들의 마음에 불을 지펴 최고의 역량을 끌어내는 힘이지만, 사실을 근거로 하지 않고 열정을 강요하게 되면 허상이 드러날 때 부작용이 크다.

리더의 또다른 중요한 역할은 열정의 불씨가 꺼지지 않게 유지하는 것이다. 마치 모닥불을 뗄 때 잘 타지 않는 나뭇가지에 불을 붙이기 위해 지푸라기나 종이를 이용해 불씨를 유지하는 것처럼 열정도 초반에는 조심스럽게 다뤄야 한다. 그 후에는 직원들 스스로가 열정으로 서서히 달아올라 불이 퍼지도록 해주는 것이 중요하다. 그렇게 불붙은 열정이라야 오래 타고, 혹시라도 꺼질 위기가 닥치면 스스로 해결책을 찾는다.

책의 제목에 '투혼'이라는 전투적인 단어를 사용한 가즈오 회장이지만 그의 경영철학이 '가미가제식' 사생결단이 아니라는 점은 흥미롭다. 무력과 권모술수로 나라를 다스리는 '패도覇道'보다 인과 덕을 중시하는 '왕도王道'를 강조한 그는 열정과 욕망을 구별하여 욕망에 근거한 경영은 반드시 파산한다고 경고하였다. 또한 경영자에게 가장 중요한 것은 '세상을 위해, 사람을 위해'라는 고귀한 정신을 기반으로 불타는 투혼을 유감없이 발휘하는 것이라는 교훈을 남긴다. 그는 이익을 얻는 데에서도 올바른 길을 귀중하게 여겨야 한다고 하면서 다음과 같이 이야기한다.

"그 올바른 길을 기반으로 하는 것은 다른 사람을 이해하는 '이타심', 인간으로서의 '인(仁)'과 '의(義)', 곧 '덕(德)'입니다. 직원들에 대한 사랑, 고객에 대한 봉사 그리고 사회에 대한 공헌이 없으면, 영속적인 번영을 이루는 경영은 할 수 없습니다."[37]

이 책을 처음 접한 시기는 2014년 가을쯤이었다. 내 성향이 격정적이거나 다혈질이 아니다 보니 일반적 의미의 '투혼'과는 거리가 먼 편이라, 어떻게 하면 그런 부분을 배울 수 있을까 고민하며 골랐던 책이었는데, 저자의 가르침은 다소 의외였다. 투혼도 투혼 나름이고, 인간의 '도'와 '덕'이 기본이 되지 않으면 올바른 경영 원칙이 아니라고 지적하는 가즈오 회장의 사고방식에 놀랐고, 그의 마음을 읽어내려고 고심했던 기억이 아직도 생생하다.

이율배반적으로 보이는 강함(투혼)과 부드러움(인, 의, 덕)을 어떻게 구별하고 어떻게 조화시켜야 하는지에 대한 세부지침 까지를 저자는 길지 않은 책에 모두 담아내지 않았다. 내가 스스로 풀어야 하는 과제였고, 나에게 필요한 열정의 모습은 어떤 것이며 조직 구성원들에게 어떻게 열정을 불어넣는가에 대한 답을 찾는 일은 지난 몇 년간 버거운 짐이었다.

잭 웰치가 이야기한 것처럼 나 스스로가 '에너지'를 가지고 있어야 하고 주변 사람들을 '에너자이즈'시킬 수 있어야 하는데, 과연 내가 그런 기질이 있는 사람인지를 묻고 또 물으면서 여러 해를 지내왔다. 아직도 이런저런 시도를 해보며 좀 더 나은 답을 찾기 위해 노력하는 단계지만, 여러 해를 통해 그래도 확실하다고 깨달은 사실들이 몇 가지 있다.

하나는 '열정과 소란스러움은 다르다.'는 것이다. 열정은 적절한 온도로 지속적으로 유지될 때 비로소 결과를 만들어낸다. 한 순간의 지나친 뜨거움은 기대감을 상승시킬 수 있을지는 몰라도, 열이 식은 후에는 오히려 후유증이 더 크다. 또 하나는 '다른 사람들을 열정적으로 만드는 가장 효과적인 무기는 진정성'이라는 사실이다. 일본항공의 재활에서 보았듯이, 열정의 불은 정확한 사실판단 이후에 지펴져야 한다. 여기에 리더의 진정성이 더해질 때 조직은 하나의 목표를 향해 움직이기 시작한다.

리더의 가슴 | 6 | 변하려는 노력이 만드는 세대간 소통

1970년대 중후반에 학생들 사이에서 급격히 유행하기 시작했던 단어가 있다. 점잖은 표현은 아니지만, 이제는 국어사전에도 등장하는 단어 '쪽팔리다'가 그것이다. '얼굴이 팔린다', '창피하다'는 의미를 가진 이 단어를 당시 기성세대는 대부분 이해하지 못했고, 학생들 중에서도 소수가 쓰던 표현이었다. 이런 은어나 비어는 주로 젊은 층 사이에서 유행하기 시작해서 기성세대로 번지는 경우가 많은데, 이제 10대, 20대 자녀 세명을 둔 나도 아이들이 사용하는 말들 중 전혀 이해하지 못하는 것들이 많다. 얼마전 다이어리를 뒤적이다가 2013년에 쓴 메모를 발견했다. 그 무렵에 나한테 새로운 단어는 '멘붕', '대박'과 '진심레알' 등이었는지, 그런 단어 몇 개를 적어 놓고는 그 뒤에 '쪽팔리지 않으려면 아이들과의 소통이 필요하다.'는 감회까지 적어 놓았다.

줄임말뿐 아니라 초성으로만 단어를 쓰는 경우도 부쩍 늘어나고 있다. 이런 현상들은 특히 90년대생들 사이에서 보편적이다. 임홍택 작가가 쓴 《90년생이 온다》에서는 밀레니엄 세대의 특징으로 '간단하거나, 재미있거나, 정직한 것'을 좋아한다고 설명한다. 언어의 줄임말로는 게임용어, 초성형, 합성어, 오타형 등을 꼽았는데, 기성세대는 봐도 의미를 모르는 단어들이 허다하다. 이런 상황에서 신구 세대간의 소통이 절실한 요즘이다. 시간을 과거로 돌릴 수 없는 마당에 젊은이들의 문화를 기성세대에 맞도록 수정할 수는 없다. 젊은 세대의 문화를 이해하고 생각을 읽으려면 기득권자인 기성세대가 먼저 귀를 기울이는 게 바람직하다. 그런 가운데 공감대가 형성되고 비로소 젊은 세대들도 마음 문을 연다. '우리 상무님은 잘 통해', '우리 팀장님은 우리 생각을 이해해.' 라는 긍정적 평가를 받으려면 노력과 시간 투자가 필요하다.

'옛날에는 사람들이 자신의 수양을 위해서 공부를 했는데, 요즘 공부하는 사람들은 남에게 인정받기 위해서 한다.'는 유명 인사의 말이 있다. 20세기 후반이나 21세기 초 대한민국의 기성세대가 한 말 같지만, 사실은 2,500년 전 공자님 말씀이다. 심지어 15,000년 전 알타미라 동굴의 벽화에도 '요즘 젊은 것들'의 버릇없음을 나무라는 내용이 있고, 기원전 1,700년 수메르 점토판에도 비슷한 내용이 있다고 한다. 그만큼 젊은 세대에 대한 불안과 불만은 동서고금을 막론하고 존재한다.

그러나 30대, 40대의 젊은 세대가 국가 수반에 오르는 것이 드물지 않은 세상이다. 프랑스의 마크롱Emmanuel Macron 대통령은 1977년생으로 만 44세, 오스트리아의 국가수반인 제바스티안 쿠르츠Sebastian Kurz 총리는 1986년생으로 만 35세이다. 과차장급 직원이 나라를 이끄는 셈이다. 이렇게 세상이 바뀌고 있는데 아직도 기성세대의 색안경을 끼고 젊은 세대를 바라본다면 개혁은 기대하기 힘들다. 그들은 이미 현시대의 주인공이다. 프랑스 작가 생텍쥐페리의 《어린 왕자》에는 이런 대화가 나온다.

"어른들은 모두 처음에는 어린이였어. 그러나 그것을 기억하는 어른은 별로 없어."[38]

젊은 세대의 장점은 진취적이라는 것이다. 기성 세대와는 보는 눈이나 생각하는 방향이 다르다. 우리는 지키려는 성향이 강한 반면, 그들은 새로운 것을 추구한다. 그리고 안 가본 길을 가는데 겁이 없다.

제4차 산업혁명을 논하는 요즘에는 지키려는 노력보다 변하려는 시도가 더 필요하다. 도전하다 보면 실패할 수도 있고 때로 좌절을 맛보겠지만, 변하지 않으면 제자리 걸음도 하기 어렵다. 남들이 개발한 것들을 따라가기만 해서는 발전을 기대할 수 없는 시점이다.

이제는 직원들의 다수가 80년대생이고, 내 자식 세대인 90년대생들과도 한솥밥을 먹는다. 그들의 일반적인 성향을 파악하는 것도 중요하다고 생각되어 구입한 책이 《82년생 김지영》과 《90년생이 온다》이다. 《82년생 김지영》은 80년대생 전체를 대변하기 보다는 직장생활을 하는 여성의 목소리를 잔잔하게 들려주는 르포 스타일의 소설이다. 여성 근로자로서 받는 불이익과 피고용인으로 녹녹치 않은 현실을 이겨내야 하는 아픔이 서려 있다. 책을 읽고 난 후 주변을 둘러보니 연구소와는 달리 본사에는 여직원들이 많은 것이 눈에 띄었다. 다수의 여성 직원이 근무하는 환경에 적응하고 그들을 육성하려는 마음에 이번에는 《최고가 되는 여성리더십 5단계》라는 책을 사서 읽기 시작했다. 이처럼 사람을 관리하는 리더 역할을 하려면 공부할 것들이 많다. 시대가 변하고 세대가 바뀌는 가운데 통찰력을 잃지 않고, 조직 구성원들과 생각을 공유하면서 그들에게 공감하기 위해서는 정말 바쁘게 살아야 한다.

많은 리더들이 '나 때는 말이야.'를 훈장처럼 가슴에 달고 살지만, 과거에 의존해서 조직을 이끌다 보면 뒤쳐지게 마련이다. 지혜로운 리더는 이런 정체의 순간에 자신을 되돌아보고 부족한 부분을 보완

거인의 어깨

하려고 한다. 그러나 의외로 많은 리더들이 자신이 만든 '사고의 골방'에서 나오지 못한다. 그러다 보니 존재감을 유지하기 위해 사소한 것에 잔소리를 하게 되고, 정작 봐야 하는 큰 그림은 등한시한다. 권위를 내세우려다 더 중요한 요소인 소통과 교감을 놓치는 것이다.

우리는 대학에서 전공 공부를 하는데도 4, 5년이라는 긴 시간 동안 공을 들인다. 하물며 가장 어렵다는 '사람 다루는 일'을 주업으로 하는 리더들이 과거 경험에만 의존할 수는 없다. '나 때는 말이야'가 아니라 '지금은 말이야'로 대화를 시작할 수 있을 정도로 현재 동향에 밝아야 한다. 경영, 경제학뿐 아니라 리더십이나 심리학 서적들도 틈틈이 읽어봐야 하고, 급변하는 현실을 파악하기 위해서 신문이나 정기 간행물도 놓지 않아 한다. 그런 과정 가운데 지식과 경험이 융합되어 조직 관리를 위한 가치관이나 철학이 형성되며, 이를 수정, 보완해가는 것이 리더십을 성장시키는 과정이다.

리더의 가슴 | 7 | '세계 1등 연비' 아이오닉을 만든 자율성

사안이 민감해 여러 차례 회의를 해도 좀처럼 의견이 모아지지 않는 경우가 있다. 조금도 더 미룰 만한 여유가 없을 정도까지 갈 때도 자주 있는데, 이럴 때 내가 취하는 방법 중 하나가 '사다리 타기'이다. 이상하게 생각되겠으나 실패할 확률이 의외로 낮다. 17년이 넘게 리더십을 유지하는 동안 실제로 사다리를 타서 결정을 한 안건은 다섯 손가락으로 꼽을 정도밖에 되지 않지만, 이를 배수진으로 사전에 조율한 경우는 상당히 많았다.

현대자동차 환경차시험개발실을 맡고 있을 당시였다. 하이브리드 자동차에는 구동 모터에 에너지를 공급하는 400볼트 정도의 고전압 배터리가 있고 일반 내연기관차에 들어가는 것과 같은 12볼트의 저전압 배터리가 있다. 경쟁사와는 달리 우리는 고전압배터리와 같은 리튬 배터리를 저전압 용으로도 사용하는 기술을 보유하고 있었다. 핵심은 고전압 배터리를 이용해 저전압 배터리를 정기적으로 충전하는 로직이었는데, 우리 실에는 이 업무를 담당할 수 있는 팀이 3개나 있었다. 바꿔 말하면, 어느 한 팀이 하지 않아도 다른 두 팀이 더 있다는 이야기다.

양산 일정은 다가오는데 선뜻 하겠다고 나서는 팀이 없었다. 다들 이미 맡은 업무만 해도 숨이 턱밑까지 올라오는 터라 상대적으로 덜 중요한 이 일을 맡기 꺼려했던 것이다. 반면에 내 입장에서는 이처럼 회색 지대에 있는 업무에서 자원자가 나타나 주기를 바랐다. 이렇게 민감한 문제에서 팀장들 간에 협조가 이루어진다면 더 강한 조직 문화를 갖출 수 있겠다는 생각이 들었기 때문이다. 처음 논의 후 2, 3주가 흐르자 팀장들이 슬슬 내 눈치를 보기 시작했고, 결국 실주간업무회의에서 이제 실장 직권으로 결정을 해주면 좋겠다는 이야기가 나왔다.

거인의 어깨

이 때 내가 꺼낸 카드가 '사다리'였다. 아직도 팀장들이 논의해서 자원해주기를 기다리지만, 한 주 정도만 더 기다리고 공평하게 사다리를 타겠다는 것이 내 입장이었고, 모두들 수긍했다. 한 주 후 주간 업무가 끝날 무렵에 한 팀장이 나섰다. "실장님, 배터리 충전 건은 저희 팀이 맡겠습니다. 더 이상 늦어지면 안 될 것 같아 저희가 하기로 했습니다." 결국 사다리를 탈 일도 없이 문제는 해결되었고, 나는 그 업무를 맡은 팀에 신입사원을 한 명 더 배정해 주었다.

재미있는 일은 그 이후에 일어났다. 늦은 오후 사무실 문 앞에서 다른 팀장 한 명이 할 얘기가 있다는 것이었다. "믿으실 지 모르겠지만 오늘까지 결정이 안되면 저희가 하려고 했습니다."는 것이 그의 고백이었다. 순간 기다림이 보상받는 것 같아 소소한 감동이 일었다. 실제로 그 후에 변화가 생겼다. 어느 팀이 해도 상관없는 업무가 생기면 팀장들이 협의하여 담당팀을 정하기 시작했다. A팀이 하는게 더 합당하더라도 그 팀에 업무가 몰리는 시기에는 B팀이 먼저 맡아주고, 때로는 자발적으로 TFT를 구성해서 업무를 추진했다.

이렇게 다져진 팀워크와 동료의식은 놀라운 힘을 발휘한다. 간섭하거나 질책하지 않아도 자율적으로 움직이는 조직이 된다. '사다리타기'는 결과적으로는 250명 조직의 문화가 바뀌는 계기가 되었지만, 사실 내가 한 일은 없다. 사다리라는 '무기'를 보여주고 기다려 준 것이 전부다. 그러나 그 효과는 예상을 넘어 여러가지 이정표를 세웠다.

현대자동차 환경차개발센터는 그 해에 나온 '아이오닉'으로 하이

211

브리드와 전기차 부문에서 세계 최고의 연비를 달성했다. 화려한 타이틀 뒤에는 밤낮을 가리지 않고 수고한 연구원들의 노력이 쌓여 있다. 내가 맡고 있던 시험개발실 사람들의 수고는 그 중에서도 각별했는데, 맡은 임무가 몸으로 뛰어야 하는 차량 시험이다보니 어쩔 도리가 없었다.

같은 연구개발이라도 설계와 시험은 성격이 판이하게 다르다. 어느 것 하나 쉬운 일은 없지만, 시험개발은 양산이 임박해오면 극심한 스트레스를 받는다. 설계에 비해 프로세스상 업무가 후반에 진행되다 보니 시간 여유가 없고, 표준화나 공용화가 가능한 설계와는 달리 모든 차종의 실험을 각각 수행해야 하기 때문이다. 부족한 연구인력이 국내와 국외 출장을 수시로 다니며 혹서와 혹한기 평가를 하고, 1%의 연비나 0.1초의 가속 성능이라도 높이고자 마지막 순간까지 고삐를 풀지 못하는 업무이다.

그런 수고 끝에 달성한 '세계 1등'이 2016년 아이오닉의 연비였다. 그리고 그 배후에는 스스로 일을 찾고 자율적으로 움직여준 팀장들의 리더십과 무리한 요구를 불평 없이 따라와준 팀원들의 팔로워십이 있었다. 독일의 작가 괴테는 '눈물 젖은 빵을 먹어보지 않고 성공한 자는 일찍이 없었다.'고 했다. 우리의 성과도 예외는 아니었다.

능동적이면서 자율적인 문화를 정착시키기 위해서도 다양한 시도를 했다. 우선 리더들의 역량강화를 위해 책읽기를 권했고, 회의 시간에도 틈틈이 내가 읽고 메모한 내용들을 조직관리나 리더십과 연

거인의 어깨

계해서 설명했다. 이전에 맡았던 조직에서도 독서의 중요성을 강조하기는 했으나, 이제는 '강요'하는 수준으로 리더들을 유도했다. 다행히 잘 따라와주었고, 조직문화도 빠르게 변하기 시작했다. 나 나름대로도 직원들과의 회식, 운동 등을 주선해 침묵하는 다수의 음성을 듣기 위해 노력했고, 간담회에서 제안하는 안건들은 가능한 한 반영하려고 했다. 가장 큰 목표는 '소통하는 문화, 열린 조직'이었다.

몇 개월이 지나면서 두드러지는 변화가 보이기 시작했다. 우선은 실장인 나한테까지 오는 보고 건수가 줄어들었다. 팀장과 그 하부 조직인 파트의 리더들에게 권한을 많이 이양하고 나니, 굳이 사소한 안건까지 보고가 올라오지 않았다.

그러던 어느 날 탕비실에 들러 커피를 타오면서 본 광경이었다. 사무실 공간은 파티션으로 각 연구원들의 자리가 분리되어 있었는데, 앉아있는 상태에서는 서로 얼굴이 잘 보이지 않는다. 그런데 한 파트장이 자기 조직의 파티션을 모두 없애고 컴퓨터 위치를 재배치하여 네 명이 대각선으로 서로 바라볼 수 있게 한 것이었다. 서로 소통하려면 얼굴을 보고 일을 해야 할 것 같아서 그랬다고 했다. 이렇게 시도한 것도 기분이 좋았지만, 정말 뿌듯했던 이유는 이런 변화를 시도하면서 나에게 보고를 하지 않고 파트장이 스스로 결정하고 시행한 사실이다. 소통을 하겠다는 생각에 방법을 찾아낸 것이 좋았고, 자율적으로 시행한 것도 잘한 일이지만, 실장에게 보고하지 않고 추진해도 이해하겠지 라는 믿음을 가져준 것은 내가 진심으로 원하던 일이다.

조직원들이 리더와 공감대가 생기면 이렇게 일을 알아서 한다. 때로 독자적으로 일을 하다가 사고를 내기도 하지만, 리더는 그런 일을 수습하고 처리해 주라고 있는 사람이다. 시도하지 않고는 발전이 있을 수 없다. 스스로 결정하고 행동해서 결과가 나온 것을 보고 성장할 수 있다면, 그들이 높은 직급에 올라갈 때는 더 큰 비전을 본다. 상상을 통한 비전이 아니고 경험에 의한 합리적 비전이다.

거인의 어깨

임원급 리더가 조직 변화에 기여하는 방법

현대모비스 연구소로 다시 돌아와 맡은 직책은 친환경설계실장이었다. 현대자동차에서 만드는 친환경차에 들어가는 주요 부품 중 상당수는 모비스에서 개발과 생산을 담당하는데, 그 연구 개발 책임을 맡은 것이었다. 완성차와는 달리 부품을 다루는 기업에서는 모든 업무가 수요자의 입장에서 진행된다. 완성차에 필요한 부품을 적기에 개발, 생산해야 하고 품질도 보증할 수 있어야 기업으로서 경쟁력을 유지할 수 있다.

얼마 전까지 내가 일하던 조직을 고객으로 상대하는 일은 생각보다 쉽지 않았다. 까다로운 완성차 업체의 요구를 만족시키는 일도 어려웠지만, 현대자동차와 현대모비스라는 두 회사의 서로 다른 입장을 모두 이해하다 보니 오히려 중립적이면서 객관적인 입장을 유지하기가 어려웠다. 가령 어떤 부품을 개발한다고 하면, 완성차 입장에서는 저렴한 가격에 품질을 보장하는 제품을 요구한다. 반면 부품 회사에서는 품질을 높이기 위해서는 당연히 그에 상응하는 가격 상승이 수반된다. 중간 접점이 협의 가운데 적절하게 결정되면 좋겠으나, 각자의 입장이 다른 만큼 최종적인 가격 결정까지는 상당한 신경전이 벌어진다. 그룹 내의 계열사끼리라고 해도 예외는 아니다.

당시 모비스에서의 내 역할은 R&D 업무였기에 영업 활동까지 포함하지는 않았지만, 영업 조직이 수주 활동을 원만하게 벌이기 위해서는 연구개발의 역할이 중요하다. 제품을 설계하는 단계가 연구소에서 이루어지기 때문이다. 그리고 제품의 품질 역시 설계와 평가를 거치면서 결정이 되는 만큼, 연구소라고 해서 무한한 상상력을 동원해 제품을 개발하거나, 고품질을 보장하기 위해 값비싼 소재나 부품을 사용하는 호사를 누리지는 못한다. 완성차 업체에서 차량을 다루던 역할에서 이제 공급자의 역할을 맡다 보니, 과거보다 챙길 일이 많았고, 보다 더 섬세한 부분까지 파악하고 있어야 했다.

그 시기에 찾아온 가장 큰 변화가 있다면, 바로 현대자동차 그룹을 위해서 일하는 수많은 협력업체의 고충을 이해하기 시작했다는 사실이다. 가격경쟁력과 기술경쟁력을 모두 확보해야 살아남을 수 있는 글로벌 환경이 조성되면서, 그들이 설 자리가 점점 좁아지고 있었다. 특히 친환경차의 경우 값비싼 부품들이 차량 가격의 상승 요인이라는 점이 지적되면서, 모비스 같은 대기업조차도 1,000원의

거인의 어깨

원가를 줄이기 위해 고군분투 해야만 살아남을 수 있는 시장 분위기가 형성되었다. 쉽지 않은 시점에 부품사로 옮겨간 것이었다.

조직원들이 권한은 적은데, 책임은 클 때

연구소에서 받은 첫 인상은 '어둡다'는 것이었다. 우수한 인재들이 모인 집단임에도 어딘지 사기가 떨어져 있고, 적극적이지 못하다는 느낌을 받았다. 시간을 두고 관찰을 해보니, 아무래도 부품을 공급해야 하는 입장이라 수요자인 고객사로부터 받는 스트레스가 적지 않은 것 같았다. 2017년 당시만 해도, 우리가 생산하는 많은 친환경차 부품의 설계를 모비스가 전적으로 맡고 있지는 않았다. 아직도 대부분의 부품은 (과거 내가 속해 있었던) 현대자동차 남양연구소의 환경차개발센터가 설계를 하고, 조금씩 설계권을 이양 받는 중이었다.

모비스 연구원들 입장에서는 연구개발이라는 엔지니어 본연의 업무 권한이 제한되어 있다 보니 열정을 쏟아야 할 이유가 부족했던 것이다. 반면에 많은 부품의 생산을 모비스가 책임지고 있어서 제품의 품질에 하자가 있을 때는 연구소가 나 몰라라 할 수도 없는 입장이었다. 권한은 크지 않은데 책임은 많이 져야하는 상황, 다시 말하면 조직의 사기를 저하시키는 근본적인 요소를 갖고 있었다.

그렇다고 내가 나서서 갑자기 양사간의 업무 R&R$^{role and responsibility}$을 재조정할 수는 없는 노릇이었다. 다행히 설계권의 이양은 점진적으로 이루어지고 있던 참이라, 우선 급한 대로 내가 맡은 조직의 사기를 진작시키는 것이 중요하다는 판단이 들었다. 10~20명 정도의 인원으로 구성된 파트급 '워킹그룹'별로 간담회를 시작했다. 그들의 목소리를 들으며 내부의 분위기를 파악하려고 했고, 내 경험담을 이야기하면서 조금씩 자신감을 주려고도 했다. 내 실패담이나 성공담이 모두 미래 계획을 수립하는데 도움이 되는 과거 경험이었다. 조직을 관리하면서 겪었던 실수들은 다시 되풀이하지 않도록 주의했고, 성공한 개발 경험의 원인도 분석을 해 적용하려고 했다. 이미 우리 연구원들은 내가 어떤 일을 했는지 알고 있었기에, 내가 거둔 성과에 좀 더 살을 입혀서 '할 수 있다'는 정신을 심어주려고 노력했다.

워킹그룹 조직과의 간담회는 대개 두 차례씩 진행했다. 두 번의 모임을 통해 우리 조직의 주인공은 조직장이 아니라 직원들이라는 인식을 심어주는 것이 중요했다. 내 소개와 더불어 내가 생각하는 조직문화, 리더십에 대해 이야기를 한 후 참석자 전원이 돌아가며 자신에 대한 소개를 하는 방식으로 진행했다. 자기 소개는 미래의 목표, 인생의 비전과 같이 형이상학적인 소재에서부터 가족 자랑, 취미나 특기처럼 일상의 소소한 것에 이르기까지 제한이 없었다. 수년 동안 옆자리에서 근무하면서도 서로에 대해 모르는 것이 많았다는 사실을 깨달으면서 소통의 중요성을 인식하는 그룹도 있었고, 과거에 내 동료가 왜 그렇게 행동했을까 궁금해하다가 개인의 속사정을 듣고 대화의 문이 열리는 사람들도 있었다.

거인의 어깨

그리고 모든 모임에서 내 소개를 하면서 빠뜨리지 않은 자랑거리가 있었다. 나를 내세우려는 목적이 아니라, 내 조직원들에게 자신감을 심어주려는 의도였다. 과거에 세계 최초의 양산형 수소전기차를 개발할 때도 세계 1등이라는 타이틀을 달아봤고, 아이오닉으로 세계 최고 연비를 달성해 본 경험을 들어 이렇게 자극을 주었다.

"전 맡은 분야는 모두 세계 1등을 달성해 보았습니다. 국내 1등은 의미가 없지요, 여러분들도 세계 1등을 목표로 일을 해주십시오, 자신 없는 사람들은 다른 조직으로 옮겨 가셔도 좋습니다."

리더들이 변하자 목소리가 들리기 시작했다

신임 실장의 '자랑 섞은 강요'에 내심 반발한 사람들도 없지는 않았겠으나, 반응은 의외로 좋았다. 모두들 해보자는 의지를 보였고, 내 진심을 받아주는 눈치였다. 여기에 불필요한 회의를 줄이고, 보고서를 간략하게 만드는 분위기의 변화를 보면서 우리 실은 조금씩 살아나기 시작했다. 실장이 잔소리를 하거나 야단을 치지 않다 보니 팀장들도 부하직원을 대하는 태도가 달라졌다. 틈틈이 조직문화에 대해 강조하고, 매주 주간업무보고 시간마다 리더십에 관한 책 글귀나 내가 생각한 내용들을 읽어주며 리더들의 변화를 유도했다.

외부 업무와 관련해서는 그동안 쌓아온 대인관계를 이용해서 우리 실 사람들이 편하게 일할 수 있도록 돕는 방법을 찾아야 했다. 품질 문제를 수습하느라 관련 조직의 임원들에게 아쉬운 소리를 해야 하는 것은 물론이고, 고객사인 현대자동차로부터 들어오는 요구에도 대응해야 했다. 150명 조직에 임원이라고는 나 한 사람 밖에 없다 보니, 안팎으로 해야 할 일이 너무나도 많았다.

그래도 고진감래苦盡甘來라는 말처럼, 몇달을 고생하면서 열매들이 보이기 시작했다. 우선 연구소가 밝아지고, 여기저기서 자유롭게 모여 토의를 하는 모습들이 눈에 띄기 시작했다. 팀장, 그룹장과 같은 리더들이 부하직원들을 나무라는 일이 확연하게 줄어들고, 내 자리에 보고하러 오는 사람들도 나를 그다지 어렵게 느끼지 않는다는 생각이 들었다. 하지만 이 모든 것이 내 착각일 수도 있었다. 인내하면서 좀 더 지켜봐야 하는 시간이었다.

연말이 다가오면서 외부로부터 '친환경설계실이 달라졌어요.'라는 소리가 들리고 좋은 소문이 퍼져 나갔다. 연초 까지만 해도 현대모비스 연구소에서 기피하던 조직 중 하나였던 우리 실이 이제는 그 오명을 벗고 있다는 이야기도 들렸다. 조직문화를 평가하는 지표들도 좋아지기 시작했다. 그러나 내게는 그런 외부 평가보다 더 중요한 것이 있었다. 다름 아닌 우리 실 직원들이 하는 말과 행동이었다. 말 가운데서 묻어나오는 자신감, 긍정적인 생각, 리더들에 대한 신뢰 등 불과 10개월 전만 해도 상당히 불안해했던 많은 부분들을 해소할 만한 피드백들이 여기저기서 들려왔다. 이렇게 2

거인의 어깨

년 정도만 더 개선하면 정말 좋은 조직이 될 수 있겠다는 생각이 들었다.

이렇게 정신없이 지내던 2017년 11월 어느 날이었다. 사장님의 호출이 있었다. 모비스 내에서 조만간 책임형 독립사업부 제도를 시작할 계획이고 그 첫 시도로 '전동화사업부'를 시작한다는 설명이었다. 새 조직은 내가 맡고 있던 연구소 친환경설계실에 본사의 기획, 인사 조직, 충주에 있는 생산 공장과 품질 조직까지 망라하는, 그야말로 하나의 기업이었다. 그 첫 번째 사업부장을 내가 맡으면 좋겠다는 제안이었다. 예상하지 못한 시기에 또다른 도전이 나를 부르고 있었다.

현대모비스 창사 이래 최초의 독립 사업부제가 도입되다

2018년 1월, 현대모비스 전동화사업부의 초대 사업부장에 임명된 내게는 여러 가지 숙제들이 생겼다. 그룹 전체에서도 처음 시도하는 제도인 만큼 향후 타 조직들을 사업부화 할 때 모델이 될 수밖에 없는 위치이다 보니, 우선 성공 사례가 절실했다. 전동화 사업부는 잠재력은 있으나 여러모로 부족한 점이 많은 조직이었다. 환경차에 들어가는 주요 부품을 담당하다 보니 미래의 발전 가능성은 있었지만, 확보된 자체 기술이나 인원이 충분치 않았기에 신규 제품과 신기술 개발로 인한 초기 투자가 상당히 많았다. 연구소 근무 시에는 수억 원의 개발비를 쓰는 것으로도 마음을 졸여야 했는데, 사업부의 공장 투자는 토지 매입, 건축, 설비 구입 등 천억 원단위의 지출이 다반사다. 반면에 외형 매출이 커지는 데 비해 수익성은 좋지 않은 상황이었다.

나 스스로의 문제점도 많았다. 우선 내가 연구소 이외의 업무에 대해서 잘 알지 못한다는 것이었다. 사업부라는 다양한 조직의 집합군을 맡고나서, 본사 팀들이나 공장 조직이 얼마나 다른 지를 알게 되는 데는 오랜 시간이 걸리지 않았다. 과거에는 연구소 바깥의 조직문화가 어떻든 내가 크게 상관할 바가 아니었으나, 이제 한 지붕 아래 여러 가족이 모여 살게 된 마당에 상호 조율을 하고 R&R을 정하는 것은 시급하고도 중요한 문제였다. 결국 내가 의지하기로 한 것은 '사람의 마음은 다 비슷할 것이다.'는 '가정'이었다. 이는 과거 현대자동차 연구소 시절에 수소전기차 업무를 떠나 여타 친환경차 개발을 맡았을 때부터 이미 겪어본 바였다.

그러나 연구소에서 연구소로 이동을 했던 그 당시와는 달리, 이번 사업부 조직은 절반이 연구소 밖의 사람들, 즉 업무에 대한 시각 자체가 다른 사람들이라는 사실이 문제였다. 그래도 달리 방법이 없었다. 칭찬받으면 기분 좋고, 기분 좋으면 열심히 일하고 싶고, 하다 보면 성과가 나오고, 그런 소문이 나면 인재가 몰리는 선순환의 꿈을 꾸면서 큰 그림을 그리기 시작했다. 우선 나를 도와 사업부를 이끌고 비전을 구체화할 사람들이 필요했다. 당장 산을 오르는데 도움을 줄 '셰르파'가 절실했고, 내가 그린 그림을 완수할 후계자들도 찾아야 했다. 여기서 방향을 잘 못 잡으면 회사 전체의 사업부화 계획에 큰 차질을 빚을 상황이었다.

조직의 방향을 위해 꼭 필요했던 일

사람들을 물색함과 동시에 시도한 것은 비전과 철학의 문서화였다. 오랜 기간의 경험을 통해 깨달은 것 중 하나가, 문화가 정착되려면 어떤 형태로든 문서화되고 문장화 되어야 한다는 것이었다. 리더가 자리를 떠나고 난 후 모두가 공감했던 철학마저도 자리 잡지 못하는 양상을 자주 보았기에, 그런 부작용을 막기 위해서는 비전이나 액션 플랜을 문서화해서 남길 필요가 있다는 판단이 들었다. 부족하거나 시대에 맞지 않는 항목들이 있다면, 후배들이 수정하고 보완하면 될 일이다. 하지만 기록마저 없이 구전되어 오는 과거의 조직 문화에 의존해서는 지속적인 개선이 힘들다고 생각했다. 그래서 처음 시도한 작업이 철학과 가치관을 문장화하고, 사업부의 로고를 만들고, 매년 새로운 표어를 만들어 공유하는 것이었다.

가치관을 정하는 부분은 아무래도 내 생각이 많이 반영되었는데, 우리 사업부의 궁극적인 미션에 해당하는 Division Identity는 'Prime e-Mobility: Serve People, Save Energy'로 정했다. 전동화 사업부의 업무영역이 하이브리드, 전기차, 수소자동차와 같은 친환경자동차에 필요한 핵심부품과 시스템을 공급하는 것이다 보니 자동차를 통해 편의를 제공한다는 의미에서 'Serve People'을 넣었고, 환경차의 필요성이 연비 향상을 통한 화석연료 소비 감축인

만큼 'Save Energy'도 적절했다.

2018년 첫 해의 표어는 '고수가 되자.'로 만들었는데, 이는 서울대학교 이정동 교수의 책 《축적의 길》을 읽으며 우리 기업에 고수들이 많이 필요하다는 내용에 공감한 영향이 컸다. 그리고 조직문화를 구축하기 위한 행동지침과 같은 문장으로는 'Work for fun, work for common good. Become the global champ!'를 만들었다. 즐겁게 일하고 개인보다는 사업부의 유익을 먼저 생각해서 글로벌 챔피언이 되자는 의미이다.

사업부 로고는 상품을 걸고 직원들의 아이디어를 구했다. 외부에 의뢰할 생각도 해보았으나, 첫 삽을 뜨는 기초 작업은 가급적 사업부 내부에서 하기를 원했기에 어느 정도 수준만 되면 채택할 생각이었다. 다양한 디자인이 제안되고 그 중 두 작품이 결선에 올랐다. 최종적으로 채택된 연구소 연구원의 도안은 자동차 내부에 플러그 모양을 한 '스마일 face'가 들어간 것이었다. 전체 색상도 친환경차를 상징하는 파란색과 녹색으로 디자인해서 누가 봐도 전하고자 하는 이미지를 연상할 수 있는 우수한 작품이었다.

이와 더불어 세부 항목을 몇 가지 정했다. 우선 사업부 'Creed(강령)'로 세 가지 내용을 만들었다. '자기분야 최고전문가', '존중과 배려', '전체의 이익을 위한 협력'이 그것이다. 최고전문가는 고수가 되자는 당해의 표어와 맥락을 같이 하는 것이고, 존중과 배려, 전체의 이익을 위한 협력은 사업부 조직문화의 최우선 과제로 밀고 나갈 내용이었다.

두 번째 세부 항목은 이름을 붙여 'LALA 프로젝트'와 "LMR1.3.5. 프로젝트라고 불렀다. LALA는 'Listen, Ask, Listen Again'의 약어이다. 리더들의 행동 강령에 해당하는 이 프로젝트는 리더의 역할이 말을 많이 하는 것이 아니고 듣는 데서 출발해야 한다는 점을 강조했다. LMR 1.3.5는 Life(생활), Meeting(회의), Report(보고)의 원칙을 정한 항목이다. Life의 1.3.5는 하루 1시간 자기계발, 매일 서로 다른 3명과 식사, 매일 5명과 대화를 권유하는 것이고, Meeting의 1.3.5는 회의는 1시간 이내, 회의 공지는 3일전, 피드백은 5일 이내를 의미한다. 마지막 Report의 세가지 지침은 1회에 가능한 한 많은 사람에게 보고하고, 보고서는 3장 이내로, 보고는 5분 이내로 하자는 취지를 담았다.

이런 운동을 시작한지 3년이 넘게 흘렀지만, 사실 처음이나 지금이나 원하는 만큼 모든 것이 잘 지켜지고 있지는 않다. 많이 듣자고 했으나 아무래도 조직의 리더는 할 말이 많을 수밖에 없고, 내가 주관하는 회의도 1시간을 넘기는 것이 다반사다. 그러나 이런 공동 목표가 있는 것과 없는 것은 큰 차이가 있다. 좋은 의미에서의 부담감은 점진적인 개선을 기대할 수 있기 때문이다. 신입사원을 대상으로 하는 간담회 자리에서도 이런 내용들을 소개하고, 각 실이나 팀 단위에서도 간간이 우리 사업부의 비전과 목표를 공유하면서 점차 하나의 문화로 자리잡게 되었다. 어린 시절 교실 앞 벽에 걸려 있던 액자 속 교훈이 수십 년이 흐른 뒤에도 우리 삶에 영향을 주는 것을 떠올리며 이렇게 문서화된 'movement'는 효과가 있다고 믿는다.

조직문화와 함께 많은 것이 변했다

3년이 흐르면서 크고 작은 변화를 겪었지만, 전동화사업부는 전동화 BU라는 이름으로 존속하고 있고 매출도 크게 증가했다. 자율적인 조직, 소통하는 조직을 만들고자 하는 노력은 현재형으로 진행 중이어서, 30명 남짓한 팀장급 이상의 리더들에게는 수시로 조직문화의 중요성에 대해 강조한다. 간혹 신입사원들을 사내 채팅망으로 불러 대화를 나누기도 하는데, 처음에는 어색해하던 사람들도 지금은 그러려니 한다. 항상 열려 있는 내 사무실에는 시도 때도 없이 보고를 할 사람들이 들어오고, 회의 테이블 위에 있는 다양한 종류의 과자들을 남김없이 초토화시키고 가기도 한다. 자주 들으려고 하고 어떤 의견이 나와도 감정적으로 지적하거나 핀잔을 주는 일이 없다 보니 하고 싶은 이야기를 다들 하는 편인데, 이런 문화 역시 3년전 사업부의 미래를 계획할 때 그렸던 그림이다.

이런 조직문화의 변화는 우선 사람을 바꾼다. 얼굴 표정이 달라지고, 대화가 자연스러워진다. 윗사람을 의식하느라 할 말을 못하는 일도 줄어들고, 어려운 일이 생기면 상관에게 찾아가 상의를 한다. 꾸지람을 들을 것이라는 생각이 있다면 불가능한 현상들이다. 사업부에 속해 있는 여러 실과 팀 단위의 조직에서도 팀워크를 강조하는 사업부의 분위기를 좇아 문제가 생기면 머리를 맞대고 해결하려는 모습이 점점 많아지기 시작했다. 상호 협조가 반드시 필요한 상황에서 이런 긍정적인 조직문화의 변화는 내부 인원의 자부심을 향상시켰고, 외부에서 우리를 바라보는 시각도 많이 달라졌다.

이런 변화는 실적과도 이어졌다. 2018년 1.8조 2019년 2.8조에 이어 코로나 사태로 경영 환경이 좋지 않던 2020년에도 4.4조의 사업부 매출을 기록했고 2021년 매출은 6조원 이상을 예상한다. 손익 측면에서도 연초에 수립한 계획을 매년 상당한 폭으로 초과 달성했다. 좋은 조직문화를 유산으로 남기려는 노력이 단기간 내에 조직의 분위기를 바꾸고, 실적 개선까지 이어지는 선례를 남기게 된 것이다.

하지만 지난 몇 년 동안의 경험을 통해 확신하는 것은, 내가 혼자 해결하려 했다면 못 했을 수많은 일들을 우리 조직이 해냈다는 사실이다. 리더와 조직 간의 신뢰, 조직원들 간의 믿음은 그 파워가 생각보다 훨씬 크고 강하다. 구성원 각자가 전문가로서의 시각으로 문제를 해결하겠다는 각오를 가지고 덤비면, 위에서 이래라저래라 잔소리를 하는 것과는 비교가 안 될 정도로 시너지 효과가 나온다.

이런 상호 신뢰의 조직문화는 정착되기까지 수많은 시행착오와 갈등을 유발하기도 하지만, 일단 정착이 되면 흔들리지 않는다. 비록 지금도 수많은 문제점을 안고 있고 이런저런 사고를 일으키지만, 내가 진단하는 2021년 현재의 전동화 BU는 유연하면서도 강하다. 많지 않은 인원이 다양한 프로젝트를 진행하느라 힘들어 하면서도,

모두들 사명감을 갖고 업무에 임하며 팀워크를 무엇보다 중요시한다. 우리 BU원들이 생각하는 미션 중에는 우리의 조직문화를 전사, 전 그룹에 전파하는 것도 포함되어 있다. 이를 위해서는 맡겨진 일들을 차질 없이 수행해야 할 뿐 아니라, 다른 조직으로부터의 평가가 긍정적이어야 한다는 사실도 잘 알고 있다.

이제 서서히 은퇴를 준비해야 하는 시기에 바라는 개인적인 기대가 있다면, 무엇보다도 훗날 후배들에게 좋은 기억으로 남는 선배이고 싶다. 현대자동차의 수소자동차와 전기차를 세계적인 수준에 올려놓은 선배도 좋고, 현대모비스의 초대 전동화BU장으로 기반을 닦아 놓은 선배도 좋지만, '그 선배 덕분에 일할 맛이 났었지.'라는 소리를 듣는 사람으로 남으면 더 바랄 것이 없겠다. 업적은 기억하지 못해도 후배들을 향한 내 신뢰와 사랑은 기억해주면 좋겠다. 능력이 부족해서 기대한 만큼의 성과는 못 올렸다고 혹평할지라도, 회사를 위해 애쓰던 사람이라는 평가를 해주면 너무도 행복할 것 같다. 그리고 후배들이 누리는 여러가지 혜택 속에 나뿐만이 아니라 수많은 선배들의 정성과 땀이 서려 있음을 기억해주면 좋겠다.

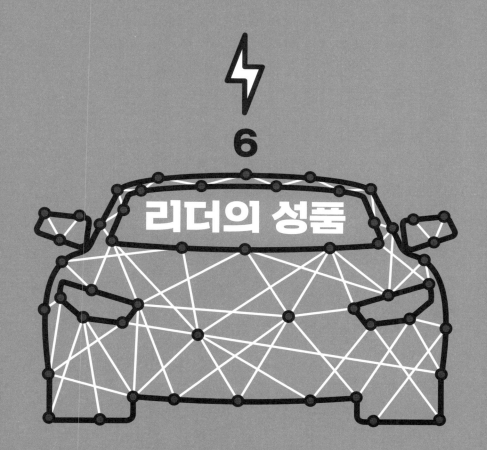

6

리더의 성품

2014년 10월 어느 날, 현대자동차 본사 대회의실에서는 최고경영층이 모인 가운데 차기 수소전기차를 어떻게 개발할지에 대해 논의하는 회의가 열렸다. 2018년 초를 목표로 시스템 개발에 착수한 지는 2년여가 지났지만 아직까지 확정되지 않은 몇 가지를 결정해야 하는 중요한 자리였다. 가장 이견이 많았던 부분은 차기 수소전기차 모델을 위해 전용 차체를 개발할 것인가 아니면 이전과 같이 이미 존재하는 차체를 이용해 파워트레인만 교체할 것인가 하는 부분이었다.

수소전기차 개발을 총괄하고는 있었으나 당시 연구소 소속이었던 나는 엔지니어로서의 입장이 더 강해 신규 차체를 개발하기 원했고, 재경부문을 비롯한 몇몇 조직은 엄청난 개발비가 드는 데 비해 양산규모나 수익성이 보장되지 않는 만큼 반대의 입장을 취했었다.

서로 다른 의견에 대해 꽤 긴 시간동안 갑론을박이 오갔다. 양쪽 주장이 모두 회사에 기여하고자 하는 뜻이 있었기에 어떤 쪽으로 결정이 나더라도 강하게 반발할 상황도 아니었다. 결국 결정을 해야 하는 순간이 다가왔다. 7년 가까이 지난 일이지만, 마음 졸이며 결정권자의 입을 주시하던 내 모습과 주변의 긴장된 모습을 나는 아직도 생생하게 기억한다. 상황은 이렇게 정리되었다.

231

"많은 의견 모두 잘 들었습니다. 모두 타당한 의견들입니다만, 우리 회사의 수소전기차는 세계를 선도하는 기술이고 30년 후에도 리더십을 유지해야 하는 분야라고 생각됩니다. 그런 의미에서 투자를 하더라도 새로운 전용 차체로 진행하는 것이 옳다고 생각합니다. 그렇게 추진하시지요."

최고경영자의 결정으로 인해 회사는 상당한 투자를 감행해야 했지만, 그로부터 3년여가 흐른 2018년 3월에 현대자동차는 세계에서 가장 앞선 기술의 수소전기차를 시장에 내어놓는다. 수익성을 고려하는 상식적인 판단으로는 아마 그런 결정이 나오지 않았을 것이다. 그날의 회의는 과감한 결정 후에 필요에 따라 지속적으로 수정해 나가는 것이 완벽한 타이밍을 찾는 것보다 중요하다는 이론이 실천된 자리였다. 또한 그 자리에서 내가 행복했던 이유는 '우리가 세계 트렌드를 살펴서 쫓아가는 것이 아니고, 트렌드를 만들고 있구나.'라는 감동 때문이었다.

영국에서 가장 빠르게 자수성가한 인물로 평가받는 부동산 기업가 롭 무어Rob Moore는 저서 《결단》에서 전 세계의 백만장자 500여명을 분석하여, 결단에 대한 가치 있는 의견들을 기술했다. 그는 결단을 내리기에 완벽한 타이밍은 없다고 하면서 필요한 지식의 75%를 수집한 후에는 당장 시작하라고 조언한다. 결정하기 전에 너무 많은 고민을 하거나 결정한 후에 잘못된 것이 아닌가 걱정을 하기보다, 과감한 결정을 한 후에 문제가 생기면 천천히 수정을 하는 것이 중요하다는 것이다. 또한 사소한 것에 너무 집착하지 말고 큰 그림을 그려야 하며 '마이크로 매니징micromanaging'을 하지 않도록 조언하는데, 직원들 스스로가 결정하고 시행해보는 기회를 주어야 한다는 저자의 주장에 많은 공감이 갔다.

그는 '고민하지 말고 실행하는 것', '말을 앞세우지 말고 시작하는 것'이 자수성가한 사람들의 성공비결이라고 주장한다. 《결단》의 원 제목은 《Start Now Get Perfect Later》이다. 제목이 시사하듯이, 일단 시작한 후 문제가 생길 때 수정하며 완벽해지려는 자세는 리더가 갖추어야 하는 중요한 자질이다.

《결단》보다 8년 앞선 2011년에 국내에서 출간된 책 가운데 유사한 주제를 담고 있는 《디시전 메이킹》이 있다. 저자는 투자기관의 CEO로서 3년만에 자산을 1조 6천억이나 불리며 투자시장의 마이다스 손으로 불렸던 이형규 전 전라북도 행정부시장이다. 그는 공직생활로 시작한 커리어를 투자자에서 행정가, 교수로 확장시키면서 '디시전 메이킹'에 관한 스스로의 고민과 해답을 기술하였는데, '몰입 – 소통 – 통찰 – 결단'의 과정을 큰 원칙으로 제시한다.

이형규 교수가 주장하는 내용을 요약하면 '최고의 선택보다 최선의 선택'을 하라는 것이다. 그는 완벽한 선택이 불가능하다는 전제를 하면서, 주어진 여건에서 스스로와 대화하는 과정인 몰입을 통해 문제를 인식하고 목표를 설정한 후, 주변의 의견을 수용하는 소통으로

233

문제를 구체화하도록 권한다. 그 후 결단에 앞서 문제를 다시 한번 점검하여 고정관념이나 섣부른 예측과 같은 함정에 빠지지 않도록 통찰하는 것이 필요하다고 설명한다. 명심해야 하는 사항은, 책의 저자가 주장하는 바와 같이, 통찰은 새로운 것을 만들어내는 창조가 아니라 이미 있던 것들을 다른 관점으로 살피는 작업이라는 사실이다.

결단이라는 최종 과정에서 올바른 선택을 하기 위해서는 통찰의 과정에서 많은 경험과 지식이 동반된 '발견'의 프로세스가 이루어져야 한다. 통찰력은 리더의 전유물이 아니지만 리더가 반드시 갖추어야 하는 조건이다. 산업동향의 변화가 코로나라는 의외의 변수와 맞물려 불확실성이 최고조에 이른 요즘의 여건에서는 미래에 대한 리더의 통찰력이 조직의 생존을 결정한다고 해도 과언이 아니다. 통찰에 앞선 단계인 몰입이 고집을 뜻하지 않고 소통이 타협을 의미하는 것이 아니 듯이, 통찰은 과거 시제의 기록만을 살피는 데서 끝나서는 안 된다. 과거를 어떻게 미래와 접목할 것인지, 또 아무도 가보지 않은 길을 어떻게 개척할지를 모색해보는 것이 통찰의 과정이다. 통찰의 힘은 과거의 경험을 미래라는 미지의 시간대에 발전이나 개선으로 재탄생 시키는 데 있다. 과거는 미래를 설계하기 위한 가장 중요한 자산이지만, 머무르거나 도취할 대상은 아니라는 사실 또한 잊지 말아야 한다.

이형규 교수는 디시전 메이킹의 마지막 단계인 결단을 '판단의 정리 단계이자 행동의 시작'으로 정의한다. 깊이를 더하는 몰입의 단

234

계와 넓이를 넓히는 소통의 과정을 지나 길이와 넓이를 최대한 확장하는 작업을 통찰로 보았고, 확장된 무한의 가능성에서 한 점을 찍고 실행하는 것이 결단이라고 설명하였다. 이와 함께 결단의 큰 걸림돌로 '두려움'을 꼽았다. 실패에 대한 두려움, 시간에 대한 두려움, 가능성이나 타인의 시선에 대한 두려움 등이 결단을 방해하는 요소라는 것이다. 이런 두려움은 리더만이 느끼는 것이 아니고 조직 전체를 짓누르는 중압감이 있다. 리더는 결단의 순간만큼은 현재 시점에서 무엇이 최선인지에 집중해야 하며, 완벽한 결정에 대한 부담감을 덜어내야 한다. 20세기를 대표하는 천재 과학자 알버트 아인슈타인^{Albert Einstein} 박사도 이런 말을 했다.

> **"우리가 문제를 일으킬 때 가지고 있었던 사고방식으로는 그 문제를 해결할 수 없다.** We cannot solve our problems with the same thinking we used when we created them."

리더의 성품 | 2 | 인정하는 조직문화를 만드는 자존감 높은 리더

미국의 심리학자 버지니아 사티어^{Virginia Satir}는 대인관계에서 자신과 타인의 상황 중 무엇을 중시하고 존중하는가에 따라 의사소통 유형을 다섯 가지로 구분했다. 이는 회유형, 비난형, 초^超이성형, 산만

235

형, 일치형으로, 이 가운데 가장 바람직한 리더의 유형은 일치형이다. 표현하는 말과 그 말의 속 뜻이 일치하고, 유연하고 탄력적인 대화를 통해 여러 상황을 종합적으로 균형있게 판단하고 관리하는 유형이다.

이런 사람들은 갈등 상황에서도 여유롭고 지혜롭게 관계를 유지하며 조율에도 능하다. 그러나 아쉽게도 주변에서 이런 리더들을 보기는 쉽지 않다. 많은 사람들이 대화에 공격적이고 남을 탓하고 비판하는데 능한 '비난형'이거나, 상황을 회피하는 성향을 가지고 현실과 동떨어진 대화를 일삼는 '산만형'이다. 이런 유형의 사람들이 조직의 리더로 자리잡으면 조직 전체의 사기가 떨어지는 문제가 일어날 뿐 아니라, 방향성을 잃고 우왕좌왕하거나 사일로silo 현상이 심해져 외부와 단절되는 현상이 발생하기도 한다.

이런 '문제 리더'가 이끄는 조직들로 이루어진 기업이 있다고 가정해보자. 회의에 올라오는 안건마다 내 책임은 없고 다른 조직의 잘못만 지적하거나, 합리적인 결론을 도출해서 빨리 프로젝트를 진행해야 하는 시점인데 뜬구름 잡는 소리만 계속된다. 결국 안건과 의제는 많은데도 정작 합의 사항이 논의되지 않고, 책임지는 사람은 없는 기현상이 발생한다. 프로젝트가 끝나는 시점까지 문제가 노출되지 않는 회의가 지속되다가, 더 이상 시기를 지연할 수 없는 시점, 가령 제품 출시일이 가까워지면 우왕좌왕한다. 아무도 잘못한 사람이 없고, 모든 것이 다 잘 진행되는 듯이 보였으나 정작 결과가 엉망인 것이다.

사티어 심리학 연구로 잘 알려진 김영애 박사의 저서《사티어의 빙산의사소통》에 따르면 의사 소통에 문제가 있는 사람들은 과거의 안 좋은 경험이나 이로 인한 낮은 자존감이 성격에 크게 작용한 경우다. 문제는 이런 점들이 빙산의 드러나지 않는 거대한 부분처럼 평소에는 잘 보이지 않는다는 것이다. 물 위에 보이는 빙산의 작은 부분인 행동 아래 숨겨진 감정, 지각, 기대, 열망 등으로 형성된 부정적인 과거 경험이 있다고 해보자. 이로부터 만들어진 내면의 상처는 뇌에서 고통을 느끼는 영역을 더욱 활성화시켜서, 삶의 긍정적인 부분들을 경험하고 마음껏 누릴 수 있는 여유를 제한한다.

이런 면들이 성격으로 고착된 사람은 어려운 상황을 맞닥뜨릴 때마다 이를 돌파하는 출구를 자신이 아닌 타인이나 주변 환경에서 찾는다고 한다. 전형적인 '비난형'이 될 가능성이 많은 것이다. 이런 사람이 리더가 되면 자신이 속한 조직에서 존재감을 드러내기 위해 주위 사람들에게 무언의 압박을 가한다. 김영애 박사는 저서에서 가족 관계를 예로 들며 자존감이 낮은 부모에 대해 다음과 같이 언급한다.

'자존감이 낮은 부모는 자신이 자녀보다 훨씬 힘이 있고 잘났으며 언제나 옳다는 것을 미묘하게 강요한다.'[39]

이와는 반대로 자신의 부족한 점을 어떤 형태로든 극복한 사람은 오히려 타인에 대한 이해의 폭이 넓고 긍정적인 사고를 지니게 된다는 이론도 있다. 정신과 전문의인 윤홍균 교수가 쓴《자존감 수업》에서 저자는 '상처는 모두 과거형'이라고 표현한다. 즉, 노력을 통해 회복이 가능하다는 것이다. 이는 과거에 집착하는 '트라우마'를 부정하고 '자기 자신이 싫어서 어떻게든 변하고 싶은 사람은 지금 성격을 바꾸면 된다.'[40]고 주장하는 아들러의 심리학과 맥을 같이 한다.

윤 교수의 책에서는 '자존감은 감정적으로 자신을 사랑하는 마음이다.'라고 정의한다. 자존감을 끌어올리는 실천 방안 중에는 '스스로 선택하고 결정하기'가 포함되는데, 세상에 '옳은 결정'이란 없다는 사실을 전제로 하여 결정이 가져오는 결과에 대한 부담을 덜어준다. 그렇다면 조직 내에서 건강한 자존감을 가진 사람이 리더십을 발휘하면 어떤 일이 일어날까?

우선 자존감 있는 리더가 관리하는 조직에서는 조직원들의 기를 꺾기보다 인정해주는 문화가 지배한다. 스스로에 대한 자존감이 높은 사람들은 타인에 대해서도 관대하다. 그리고 결정을 하는데 주저하거나 두려워하지 않는다. 또한 문제가 발생했을 경우, 남을 비판하기보다 자신을 먼저 돌아본다. '타인과 과거는 바꿀 수 없다.'는 사실을 인지하고 있기 때문이다.

그렇다고 실수에 대한 다른 사람의 비판에 지나치게 집착하지도 않는다. '남의 감정은 남의 것이고 그 사람의 일일 뿐이다.'라는 사실을 아는 성숙함이 있기 때문이다. 이처럼 리더 한 사람의 자존감이 조직 전체에 미치는 영향은 상당히 크다. 만약 자존감이 낮은 사람에게 리더십이 주어지면, 발휘되는 것은 책임감이 아니고 권력이 된다.

그런 사람을 리더로 추천하지 않는 이유는, 극복하지 못한 열등 감은 언젠가 어떤 형태로든 드러나고 조직에 부정적인 영향을 미치기 때문이다. 사실 열등감 자체가 치명적이지는 않다. 사람들은 누구나 상대적 열등감을 가지고 있다. 문제는 해결되지 못한 열등감이다. 이런 부분을 어떻게 극복했는가, 그리고 더 중요하게는 리더의 위치에 서기 전에 극복했느냐는 따져보아야 한다. 극복되지 못한 열등감은 많은 경우 사고思考의 편향성, 즉 선입견을 유발한다. 객관적이거나 보편적인 관점으로 상황을 관찰하기보다 스스로의 기준을 만족시키는지가 더 중요한 잣대가 된다. 심할 경우에는 자신의 열등감을 리더라는 직책을 이용해 보상받을 수 있는가에 집착한다.

기업에서 실제 업무능력과 고학력자 간에 밀접한 관련성을 찾기는 어렵다. 내 주변만 보더라도, 학벌과는 무관하게 맡은 업무에 자신감과 열정을 가진 사람들이 성과가 좋고, 눈치보지 않고 우직하면서 때로 직설적인 사람들이 더 신뢰가 간다. 훌륭한 성과를 낸 사람들의 공통점은 좋은 학벌이나 배경이 아니고 자신감과 긍정적인 마인드이다. 자신감은 일에 도전하는 계기를 만들고, 긍정적인 마인드는 실패했을 때 다시 일어설 수 있도록 하는 역할을 한다. 이런 성품을 가진 사람이 배려심을 갖추면 좋은 리더로 거듭난다.

자기 자신에 대해 가지고 있는 긍정적인 관점을 부하 직원들에게서도 보려는 노력이 더해지면 사람을 보는 시각이 넓어진다. 결국 자신에 대한 믿음을 유지하고 조직원을 포용하게 될 때 조직은 발전적으로 변한다. 리더의 자존감이 조직원들에게 전파되면 조직 전체의 자존감이 상승하고, 그 자존감은 조직원들을 정예군과 같이 강하게 만드는 가장 확실한 요인이 된다.

리더의 성품 │ 3 │ 훌륭한 리더들의 유머

조선시대 500년을 통틀어 대표적인 청백리로 알려진 고불 맹사성孟思誠은 황희, 상진, 이원익 등과 더불어 역사가 인정하는 소수의 진정한 '정승' 중 한사람이다. 사실 맹사성의 벼슬길은 그다지 탄탄대로가 아니었다. 조선 개국 이후 13년 동안 1번의 좌천, 4번의 파직, 2번의 유배를 경험했고, 1408년(태종 8년)에는 사형선고를 받고 형장의 이슬로 사라질 뻔했다가 죽음의 문턱에서 겨우 살아남기도 했다.

그는 한평생 동안 받은 봉급 중 생활비만을 남기고 대부분을 헐벗고 굶주리는 가난한 백성들을 위해 나누어 줄만큼 청빈한 삶을 살았다고 전해진다. 살던 집도 남에게 빌린 집이고, 심지어 우의정으로 재직하고 있던 당시에 거주하던 집은 비 오는 날이면 물이 새서 모든 세간이 젖을 정도였다. 국사를 논의하기 위해 방문한 병조판서가 그 집을 보고 돌아가서 자기 집에 사랑채 짓던 일을 그만두도록 한 일이 조선시대 사서史書《연려실기술燃藜室記述》에 기록되어 있기도 하다. 지방을 내려갈 때면 지방관에게 알리지도 않고 조용히 다녀오던 그는 옷차림이 허름하여 여러 차례 무시를 당하면서도 이를 유머로 넘기는 풍류가 있던 인물이었다.

맹사성에 관한 유명한 일화 중 하나인 '공당문답公堂問答'은 그가 용인의 여원(여관)에서 과거를 보러 한양에 올라가는 영남 사람과 주고받은 문답을 말하는데, 두 사람의 말 끝 글자가 '공'과 '당'이라서 붙여진 이름이다. 한자로 된 대화 기록[41]을 조금 각색하여 우리 말로 번역해본다.

> **맹사성:** 어째 서울에 올라가는 공? (何以上京公)
> **영남사람:** 녹사 뽑는 시험보러 간당. (錄事取才上去堂)
> **맹사성:** 내가 한자리 마련해주면 어떤공? (我爲公差除公)
> **영남사람:** 실없는 소리당. (嚇不堂)

이런 대화를 나누고 헤어진 두 사람은 과거 시험장에서 다시 만나게 되었다. 맹사성이 그를 알아보고 묻는다.

> **맹사성:** 어쩐 일인공? (何如公)
> **영남사람:** 죽어 마땅하옵니당. (死去之堂)

241

이 영남 사람은 하급관리인 녹사로 임명되어 의정부 일을 보게 되며, 훗날 맹사성의 신임과 추천에 힘입어 여러 차례 지방의 수령으로 임명되어 유능한 관리라는 칭송을 받게 되었다고 한다. 한 나라의 재상이던 맹사성의 유머는 마음의 여유와 상대에 대한 배려에서 비롯된 것으로 볼 수 있는데, 동서고금을 막론하고 유머는 사람을 살리는 힘이 있다. 작은 일에도 화를 참지 못하고 질타를 하는 상사와 부하직원의 약점조차도 유머로 감싸줄 수 있는 상사를 바라보는 조직원들의 시선은 극명하게 차이가 난다. 상하 간에도 유머가 어색하지 않은 조직은 그만큼 여유가 있고, 불필요한 긴장감을 제거함으로써 업무라는 본질에 한결 접근이 수월해진다.

정치가이자 작가이기도 한 밥 돌Bob Dole 전 미국 상원의원은 지난 2000년에 《위대한 대통령의 위트Great Presidential Wit》라는 책을 통해 미국 역대 대통령들의 유머 성적을 발표한 적이 있다. '대통령은 통치력과 함께 유머감각이 요구되며, 가장 성공했던 대통령들은 그 두가지를 겸비했다.'[42]고 밝힌 그가 꼽은 최고의 대통령들은 에이브러햄 링컨Abraham Lincoln, 로널드 레이건Ronald Reagan, 프랭클린 루즈벨트Franklin Roosevelt와 시어도어 루즈벨트Theodore Roosevelt였다.

이 책에서 작가는 유머와 위트가 가장 부족한 8명의 전직 대통령을 '농담거리'에, 11명은 조금 낫기는 하지만 하위 그룹인 '고집불통'이라는 범주에 포함하였는데, 이들 19명중 7명은 미국 대통령의 리더십을 오랫동안 연구한 기자 출신 작가 네이선 밀러Nathan Miller의 책

《Star-Spangled Men: America's Ten Worst Presidents》에서도 무능한 대통령으로 선정된 바 있다. 유머와 리더의 능력 간에 어느 정도의 상관관계가 있다는 재미있는 통계다.

이중에서도 많은 사람들에 의해 최고의 유머 감각을 가진 것으로 평가되는 사람은 링컨 대통령이다. 그는 많은 예화를 가진 인물이지만, 그의 유머가 갖는 특징은 겸손과 긍정적 심리다. 링컨이 하원의원에 출마했을 때 있었던 일이다. 합동 유세에 나선 라이벌 후보가 링컨은 신앙심이 없는 사람이라고 비난하며, 청중들에게 "여러분들 중 천당에 가고 싶은 사람들은 손들어 보세요."라고 외쳤다. 많은 사람들이 손을 들었지만, 정작 링컨은 손을 들지 않고 가만히 있었다. 그러자 그 후보는 "링컨, 그러면 당신은 지옥으로 가고 싶다는 말이오?" 라고 소리쳤는데, 이에 대해 링컨은 "아닙니다. 나는 지금 천당도 지옥도 아닌 국회의사당으로 가고 싶습니다."라고 대답했다고 한다.

그의 정적 중에 대표적인 사람으로 스티븐 더글러스^{Stephen Douglas} 상원의원이 있었다. 두 사람은 같은 일리노이 주에서 정치활동을 했을 뿐 아니라 링컨의 부인인 메리 토드^{Mary Todd}는 젊은 시절 더글러스 상원의원과 교제한 사이이기도 하다. 정치 경력에서는 항상 한발 앞서 나가던 더글러스는 키가 작은데 비해 링컨은 190cm가 넘고 깡마른 체격이라, 이를 빗대어 주변에서 링컨에게 짓궂은 질문을 하기도 했다. "사람의 다리 길이는 어느 정도가 적당하다고 생각합니까?"라는 질문에 대한 링컨의 대답은 그의 유머 감각을 단편적으로 보여준다 "그야 허리와 발목을 이어줄 만한 길이면 되지요."

리더의 유머는 조직에서 윤활제같은 역할을 한다. 특히 위기에 닥친 상황이라든가 중요한 결정을 앞둔 순간에는 긴장을 풀어주는 데 유머나 농담처럼 효과 있는 방법이 없다. 레이건 대통령은 1981년 불의의 저격을 당한 후 수술을 위해 병원에 입원했을 때 의료진들에게 "오늘 하루는 여러분들이 모두 공화당원이면 좋겠습니다."라고 농담을 건넸다. 이 재치 있는 말 한마디로 그의 지지율은 83%까지 급등했다고 한다.

한 나라의 리더십에서도 유머가 중요한 항목이라면 우리가 매일 접하는 조직에서 그 효과는 더 분명하게 드러날 것이다. 위에서 소개한 사례만큼은 아니더라도 모든 사람들이 불안 가운데 갈팡질팡 못하고 있는 상황에서 '촌철살인寸鐵殺人'의 한마디 유머를 던질 수 있는 사람이라면 리더로서 갖추어야 하는 조건 중 중요한 한 가지는 가지고 있는 셈이다.

리더의 성품 | 4 | 죽은 바다가 주는 교훈, 언리더십

중동의 화약고라고 하는 아라비아 반도의 북서부 웨스트뱅크 지역에는 바다라고 불릴 정도의 큰 호수가 두 군데 있다. 신약성경에서 예수님이 제자들을 만난 장소인 갈릴리 호수, 그리고 염도가 너무 높아 생물이 살지 못한다고 하는 죽음의 바다, 사해死海다.

갈릴리 호수는 해저 214m에 위치해 지구상에서 가장 낮은 곳에 있는 민물호수로, 면적 166km²는 윤중로 내부 여의도 면적인 2.9km²(87.7만 평)의 57배나 된다. 갈릴리와 사해는 요단강으로 연결이 되어있는데, 남쪽에 위치한 사해는 북쪽 갈릴리 호수에서 요단강을 통해 흘러 들어오는 담수를 받아낸다. 해수면보다 무려 430m 낮은 내륙에 위치해 있는 호수가 분명함에도, 사해는 염분이 34%로 다른 바다의 열 배나 된다. 사람 몸이 뜨는 것은 물론이고, 염분 외에도 마그네슘, 칼륨, 칼슘 등의 광물이 많아 미생물 외에는 살기 어려울 정도의 환경이라고 한다.

갈릴리 호수로부터 하루에 500만톤의 물이 유입되는 데도 불구하고 사해가 이런 환경이 된 이유는, 물이 들어오기는 하지만 밖으로 나가지는 않는 특이한 지형을 가지고 있기 때문이다. 연중 25~40도의 고온이 지속되는 탓에 물은 계속 증발되는데 대양으로 물을 내보내지 않으니, 염도는 올라가고 강물과 함께 섞여 들어온 광물들이 축적된다. 이렇게 물이 들어오기만 하고 나가지 않기 때문에 사해는 종종 '가질 줄만 알고 베풀 줄은 모르는 사람'에 비유된다.

리더의 위치에 올라가면 상당히 많은 인풋input이 들어온다. 주요 정보는 정제된 요약본이 쉬지 않고 올라오고, 타 조직과 연계되는 안건들도 수시로 보고가 된다. 업무의 영역이 해외까지를 포함한다면, 유가油價와 환율에 대한 정보까지 입수된다. 전세계를 시장으로 하는 자동차 업종의 경우, 지역별로 선호하는 차량의 크기나 색상, 옵션 등이 다르기 때문에 이를 파악하는 것은 기본이고, 각국 정부의 친환경차 정책이나 보조금 현황 등도 알고 있어야 한다. 여기에 더해 경쟁사들이 어떻게 움직이는지 – 가령 기술 개발 방향이나 기업 간 M&A 진행은 어떤지 – 등등 챙겨야 할 일이 상상 외로 많다.

현실적으로 이렇게 많은 정보를 조직장이 모두 기억하고 업무에 반영하기는 쉽지 않다. 반면에 모든 정보를 손에 쥐고 있기 때문에 조직을 관리하는 데 도구로 사용하기에는 더없이 좋다. 만약 영업팀이 와서 부품 단가가 비싼데 그 이유가 너무 높은 설계 원가라는 불만을 제기한다고 가정해보자. 설계 원가 관리자인 연구소 책임자를 불러 질책하며 당장 설계를 재검토해서 원가를 낮추라고 할 수 있는 정보를 확보하는 셈이다. 하지만 이렇게 수많은 정보를 혼자 쥐고 이를 관리의 도구로만 삼는다면, 마치 사해가 말 그대로 죽음의 바다가 되듯이, 리더십도 정체되어 여러가지 문제가 생긴다. 하부 조직 간에 협력보다 마찰이 일어나고, 보고를 자주 하는 사람의 말에만 귀를 기울이다 보면 객관성을 잃게 된다.

이런 문제를 해결하기 위해서는 가능한 한 정보의 공유 채널을 확대하고 다양화해야 한다. 또한 어느 한 부서의 보고를 듣기 전에 반드시 다른 관련 부서와 협의하고 오도록 유도하는 것이 좋다. 필요하다면 보고를 받는 중에라도 타 부서의 책임자를 불러 확인하도록 한다. '밀실정치'가 일어나지 않도록 대화 창구를 열어 두라는 것이다. 그리고 리더가 받는 다양한 정보는 해당 조직에 빠르게 전달해서 검토하게 하는 것이 효율적이다.

리더는 수많은 고급 정보를 자신만의 '자산'으로 생각하거나 위에서 언급했듯이 관리의 도구로 사용하려 해서는 안 된다. 사해와 같이 담수를 공급받고도 흘려보낼 방법이 없는 상태로 조직을 만들면, 결국 그 물에서는 아무것도 살 수 없다. 인풋은 끊임없이 들어오는데 적절한 아웃풋이 배출되지 않는다면, 그런 시스템은 처음부터 의미가 없었거나, 너무 과열되어 고장이 난 것이다. 리더도 조직의 관점에서는 중요한 기능을 가진 하나의 '시스템'이다. 적절한 기능성을 유지하려면 정보라는 이름의 인풋을 혼자 껴안지 않고 많이 나누어 다양한 피드백을 받는 것이 좋다. 이런 과정을 통해 결정을 할 때 조직 기능의 선순환이 이루어진다.

본부장급 임원이 되면 물리적으로는 오히려 시간 여유가 있다. 이 시간동안 나는 다양한 뉴스나 이메일, 혹은 보고 자료를 검토하면서 조직을 위한 전략을 구상한다. 이런 과정을 거쳐 내린 나름대로의 결론을 가지고 실장이나 팀장들과 논의하는 자리는 항상 즐겁다. 내 결론을 말하기 전에 안건을 던져 놓고 각자의 의견을 듣는 시간을 통해 나와 우리 조직이 어느 정도로 생각이 일치하는가를 측정해보는 것도 재미있고, 각자 다른 의견이 합의점을 찾아서 점차 하나의 결론으로 도출되어가는 모습을 지켜보는 것도 흥미롭다.

전동화 BU는 위계질서가 강한 조직이 아니다. 무조건적인 복종

247

이나 충성심과는 거리가 멀어도 한참 멀다. 회의시에 최종 결론은 책임자인 내가 내리는 경우가 많지만, 회의 중에는 나도 하나의 의견을 내놓는 구성원에 불과하다. 이런 생각은 리더의 '내려놓음'이 조직에 미치는 긍정적인 영향을 고민하던 6~7년전부터 다져진 것인데, 최근 들어 비슷한 철학을 가진 저자의 책을 우연히 보게 되었다. 리더십 전문가이자 최고경영진 상담가로 알려진 닐스 플레깅Niels Pflaeging은 그의 책《언리더십》에서 리더가 사용할 수 있는 '권력'에 대해 흥미로운 명제를 던진다.

'리더십은 권력을 행사하는 것이라기보다 오히려 자발적인 자기무력화에 더 가깝다.'[43]

그의 주장에 따르면 리더십은 권력이 아니며, 열린 자세로 자신을 개방하고 원칙에 대해 다른 직원들과 대화하는 것이다. 그는 현대적 의미의 '경영'을 부정하고 모든 사람에게 일정 부분의 리더십이 주어져야 한다고 말한다. 다소 급진적인 생각이지만, '사람들은 자기 자신을 위한 결정을 할 때만 무거운 짐이라는 부담을 느끼지 않는다.'는 주장은 설득력이 있다. 그가 생각하는 리더십은 직원들이 기업에서 의미를 발견하고 접속할 수 있는 환경을 제공하는 일이다. 그로 인해 각자가 맡은 일에 대해 책임감을 느끼고 성과를 도출하는 것이 중요하다는 설명이다.

거인의 어깨

또한 리더의 역할은 권력을 휘두르는 것이 아니라 사태의 본질을 꿰뚫는 것이라고 이야기한다. 결국 사해와 같이 생명체가 살 수 없는 바다가 되지 않으려면, 조직을 이끄는 리더는 베풀고 공유하며 내려놓을 줄 알아야 한다. 리더십의 정점이 언리더십이라는 사실은 아이러니컬하지만 의미심장하다.

리더의 성품 |5| 사람과 협력, 그리고 리더십이 중심에 있어야 하는 이유

2020년 9월, 서울 신라호텔에서는 매일경제와 MBN이 주최하는 21차 세계 지식 포럼21st World Knowledge Forum이 열렸다. 반기문 전 UN 사무총장의 축사에 이어 첫 연사로 등장한 사람은 테레사 메이Theresa May, 지금도 해외 뉴스에 심심치 않게 등장하는 영국의 전 총리였다. 독일 공공 국제방송사의 영어 채널인 DW News의 시니어 앵커 테리 마틴Terry Martin과의 대화 형식으로 진행된 순서는 예상대로 브렉시트Brexit를 주제로 시작되었다.

메이 전 수상은 브렉시트에 반대하는 전임 총리인 데이비드 캐머런David Cameron의 사퇴 후 혼란한 정국을 수습할 76대 총리의 임무를 맡았었다. 자신도 전임 총리처럼 영국의 유럽연합EU 잔류를 원했으나, 이를 국민투표에 붙여 탈퇴가 결정되면서 EU에 2년의 협상 시한을 통보한다. 이후 6차례 협상 테이블을 열고 합의에 도달하였지만, 국내에서 야당은 물론 여당인 보수당에서도 반발이 심했다. 이어 2019년에 그가 내놓은 탈퇴협정 법안이 하원에서 세 차례나 부결되자 결국 그해 7월에 공식 사임한다. 이처럼 임기 3년이 내내 브렉시트와의 싸움이었던 메이 전 총리는, 앞으로의 향방을 묻는 사회자의 질문에 브렉시트가 빠른 시일 내에 완료될 것이라고 이야기한다. 또한 EU를 떠나지만 유럽의 일부로서 영국의 역할은 지속되어야 하고, 이와 더불어 유럽 이외 국가들과의 연대도 강화되어야 한다는 포괄적인 입장을 밝혔다.

우리가 메이 전 총리를 생각할 때는 브렉시트 외에 다른 이슈들이 잘 떠오르지 않지만, 그가 마가렛 대처^{Margaret Thatcher} 이후 두번째로 영국의 여성 총리에 오른 이유는 그만큼 능력을 인정받았기 때문이다. 1997년 하원에 진출하면서 본격적인 정치생활을 시작한 그는 2002년에 여성으로서는 처음으로 보수당 의장에 지명되었고, 노동당 정부의 내각에서도 다양한 경험을 쌓는다. 이어서 2010년에 집권한 보수당의 내무 장관을 맡아 6년 동안 그 직을 수행하면서 50년 내 최장수 내무부 장관이라는 기록을 수립한다. 보수주의자이면서도 개혁가이자, 자유주의적 현대화주의자, 유럽 중도파 등 복합적인 면모를 가지고 있는 메이 전 총리는 이념보다는 현실적 접근으로 상황을 풀어나가는 정치인으로 평가받는다.

브렉시트에 관한 대화가 이어지던 중 사회자 테리 마틴은 "Let'

s talk about leadership."이라고 화제를 전환하며, 국가 리더로서 당시의 어려운 상황을 어떻게 해결했는가에 대한 질문을 던진다. 메이 전 총리는 브렉시트 찬반 투표 당시 48%의 반대층이 있었기 때문에 갈라진 민심을 한 데로 모으는 것이 어려웠다고 말한다. 이어서 사용한 표현이 "We had to try to bring people together."였는데, 이중 'bring together'라는 표현은 직설적으로는 '같이 데리고 간다'이지만, 자연스럽게 번역하면 '화해'이다. 과거로 다시 돌아간다면 어떻게 했겠느냐는 사회자의 질문에는 반대하는 사람들에게 좀 더 관심을 가졌어야 했다고 하면서, 갈등과 분열을 최소화하는 방법으로 'compromise(타협)'를 제시한다. 외교 문제에서도 어느 한 쪽이 100% 만족할 수는 없듯이 다른 의견이 존재하는 것은 당연한 것이고, 타협을 통해 이를 봉합하고 치유하는 것이 리더로서 가장 어려운 일이었다는 것이다.

메이 전 총리에 이어 두번째 연사로 나선 사람은 전 스탠포드 대학교의 총장이자 현재 구글의 모기업인 알파벳의 회장직을 맡고 있는 존 헤네시John Henessy 박사였다. 그가 지은 책《어른은 어떻게 성장하는가》에 큰 감동을 받았던 기억이 있어, 그의 말에 귀를 기울여보았다. 이번 순서에서 사회를 본 사람은 스탠포드 대학교 출신인 서울대학교 차상균 교수였는데, 코로나 사태를 이겨내기 위해 경영진의 리더십이 중요하다고 언급하며 헤네시 회장의 의견을 물었다. 그는 현재와 같이 큰 변화를 겪는 시기에는 실패를 두려워하지 않는 용기가 필요하고 복잡한 문제 해결을 위해 다양한 분야 간에 협력이 필요함을 역설했다. 또한 16년이라는 긴 세월동안 총장으로 재직하며 발전시킨 스탠포드 대학교의 다양한 프로그램에 대해 설명하면서는 프로그램 간의 협업을 위해 총장과 학장들이 나서서 변화를 이끌었다고 덧붙였다.

이와 더불어 헤네시 회장이 강조한 또 하나의 덕목은 '인내'였다. 인공지능의 이론이 개발된 이후 알파고가 만들어지기까지 수많은 시도를 지켜보며 50년이라는 긴 세월이 흘렀 듯이, 코로나를 극복하기 위한 백신이나 치료제가 개발되기까지도 많은 실패를 보아야 할 수 있음을 상기시켰다. 그는 또한 인재를 키우는 것이 얼마나 중요하면서도 긴 시간을 요하는지를 설명하며, 70년동안 이어진 스탠포드와 휴렛 패커드^{HP} 간의 산학 협력관계를 예로 든다. 대학교 총장 출신답게 그가 마지막으로 내놓은 위기 해결 방법은 역시 인재 육성이었다. 다양한 배경을 가진 리더십 배양이 필요한만큼 젊은이에게 투자하려 한다고 설명하면서, 더 나은 미래를 위해서는 젊은 세대를 키워야 한다는 말로 대담을 정리했다.

테레사 메이 전 총리나 존 헤네시 회장은 정치적 관점과 교육적 관점을 대변하는 각자의 논리를 폈으나, 흥미롭게도 이 가운데 공통점이 존재한다. 바로 '사람'과 '협력', 그리고 '리더십'이 중심에 있다는 사실이다. 메이 전 총리가 다른 의견을 가진 그룹 간에 타협과 조율이 필요하다고 할 때나, 헤네시 회장이 협력과 인내를 강조할 때도 대상은 사람, 방법은 협력이었고 주제는 리더십이었다. 이들과는 비교할 수 없을 정도로 미미한 경험이지만, 내가 기업의 다양한 조직을 이끌어오면서 깨닫고 느낀 점들도 여기서 크게 벗어나지 않는다. 사람을 중시하는 조직문화, 사람을 키우는 리더가 있는 조직은 미래의 불확실성에 대비할 수 있고, 시간이 흐르면 강해진다는 사실을 오랜 기간동안 체험해왔다. 현재의 리더들이 키워내는 인재들에 의해 미래가 결정된다면, 지금 리더의 위치에 서있는 사람들의 가장 중요한 역할은 바로 '사람을 남기는 것'이다.

리더의 성품 | 6 | 연습하는 프로, 준비하는 리더

우리나라 40대 이상의 중년 남성들이 가장 하고 싶어하는 운동 중 하나가 골프다. 총 거리 6,000미터 이상을 다니면서 지름 4.2cm, 무게 45g의 공을 지름 108mm의 홀에 18번 넣는 이 기묘한 스포츠는 여러가지 이유에서 중독성이 있다. 우선 움직이지 않는 공을 치는데 잘 안 맞아서 애간장을 태운다. 빠른 속도로 날라오는 탁구공이나 야구공은 받아 치는 사람이 멀쩡히 서있는 공을 클럽의 정확한 위치에 맞추지 못하는 이상한 운동이 골프다.

다른 운동은 맨몸이나 기구 하나로 하는데 비해 골프는 14개의 클럽을 들고 다니며 상황에 따라 골라서 공을 친다. 200미터 이상을

253

보내는데 사용하는 드라이버로부터 잘 다듬어진 '그린' 위의 홀 안에 공을 넣기 위한 퍼터에 이르기까지 거리마다, 잔디 상태마다 이용하는 클럽이 다르다. 그리고 자연에서 하는 운동이다 보니 샷을 한 공이 떨어지는 위치를 예측하기 어려울 뿐 아니라, 공이 놓인 장소의 경사, 풀 길이 등이 매번 다르기 때문에 모든 조건이 연습장과는 상당히 차이가 있다. 같은 골프장에서 플레이를 하면서 어제와 오늘의 점수차가 크게 나는 것도 골프의 특징이다. 이런 이유로 골프가 인생의 축소판이라고 하는 말에 많은 골퍼들은 공감한다.

골프가 안될 때 미국 사람들은 분석을 하고, 일본 사람들은 연습을 하며, 우리나라 사람들은 클럽을 바꾼다는 농담이 있다. 필드의 마지막 18번 홀을 갈 때쯤이면 다음 주에는 반드시 연습장을 찾겠다고 다짐을 하지만, 막상 평일이 되면 직장 일에 정신이 없어 또 한 주가 지나간다. 골프가 잘 안되는 이유가 수백 가지라고 해도 결론은 연습 부족이다.

프로 선수들은 하루에 수백 개씩 공 치는 연습을 한다. 주말 골퍼들이 한번 라운딩을 할 때 공을 치는 회수를 100번이라고 하고 일주일에 연습을 두 차례씩 한다고 하면 한주에 300번 정도 스윙을 한다. 1년 52주를 계산하면 15,000여번이다. 적은 숫자는 아니지만, 프로 선수들이 몇 주면 끝낼 연습량을 소화하는데 아마추어는 1년이 걸린다는 계산이다.

우리나라 선수로서 PGA에서 8차례나 우승한 프로 골퍼 최경주

선수는 비제이 싱^{Vijay Singh}과 함께 엄청난 연습벌레로 알려져 있는데, 하루에 천개 이상 공을 쳤다고 한다. 더 이상 팔을 들 힘이 없어질 때까지 연습을 하면 손에 힘을 주려고 해도 안 되는 상황이 오고 그럴 때 제대로 된 스윙이 나온다고 할 정도로 그는 지독하게 연습을 했다.

골프를 리더십과 비교하기는 어려운 점이 없지 않으나, 훌륭한 골퍼나 리더가 되기 위해서는 피나는 노력이 있어야 한다는 공통점이 있다. 많은 아마추어들은 최경주나 타이거 우즈같은 고수가 되기를 원하면서도 연습량은 얼마되지 않는다. 이와 마찬가지로 많은 리더들이 사람과 조직을 관리하는 어려운 일을 그동안의 경험과 얄팍한 지식으로 해결할 수 있다고 착각한다. 그리고 생각대로 잘 되지 않으면 아마추어 골퍼가 클럽 탓을 하듯이 남 탓을 한다.

세계 일류 골퍼들은 정상에 오른 뒤에도 스윙 교정을 받고 코치를 바꾸면서까지 결점을 없애려고 노력한다. 좋은 리더가 되기 위해서도 이처럼 많은 노력이 필요하다. 스스로의 단점을 파악해 고치고, 훌륭한 선배가 있으면 모방하고, 다양한 학습 방법을 통해 배워야 한다. 아무리 두뇌가 뛰어난 사람이라 할지라도 경험이 주는 교훈, 특히 실패의 교훈을 내공으로 쌓지 않으면 위기의 순간을 헤쳐 나오는 리더십을 발휘하기 어렵다. 리더십은 고통스러운 인내와 끝없는 연습을 양분 삼아 성장한다.

완도라는 섬에서 자라 역도선수가 되려다 우연한 기회에 골프채를 잡고 결국에는 세계 무대를 놀라게 한 '탱크' 최경주 선수 같은 인물이 되려면 하루 수백 번의 스윙이 쌓이고, 컷오프 탈락이라는 실패를 수도 없이 이겨내는 경험이 쌓여야 한다. 미국의 경제학자이자 노벨경제학상 수상자인 밀턴 프리드만^{Milton Friedman}이 자주 사용했던 표현처럼 '공짜 점심은 없다.^{There is no such thing as a free lunch.}'

조직의 리더들은 그 세계에서 아마추어들이 아니다. 기업의 임원들은 골프로 치면 프로 세계에서도 상위 랭커에 해당한다. 역할과 영향력이 큰 만큼, 그들이 업무상 처리하는 안건들은 결정이 이루어지기까지 긴 시간의 고민을 요구한다. 그 이후의 많은 것에 오랫동안 영향을 끼치기 때문이다. 프로 골퍼들이 끊임없이 연습을 해야 하듯이 리더들 역시 평소에 많은 준비 작업을 해야 한다. 업무 동향을 수시로 파악해서 트렌드를 읽어야 하고, 많은 자료를 분석해서 지식을 다지고, 주변의 의견을 경청해 객관성을 유지해야 한다. 그렇게 준비가 된 사람들은 결정의 순간이 와도 당황하지 않는다.

반면에 아마추어와 같은 리더들은 많은 결정을 운에 맡기는 수밖에 없다. 운이 좋으면 제대로 된 방향으로 공을 보내겠지만, 그럴 확률은 그다지 크지 않다. 리더는 과거를 바탕으로 미래를 설계하는 능력을 가지고 있어야 한다. 과거를 이해하기 위해서는 자료분석 등의 과정이 필요하지만, 반면에 미래를 설계하기 위해서는 과거에 매몰되어서도 안 된다. 과거를 참고하여 현재를 관리할 줄 아는 사람이 미래를 계획한다. 조직을 관리하려면 또한 과거에 대해서도 솔직해

거인의 어깨

야 한다. 다음 경기를 위해 자신의 지난 경기를 철저히 분석하고 성찰하는 운동 선수에게 기회가 생기는 법이다. 승부는 한 순간에 나는 듯 보여도, 이기는 조직은 항상 오랜 기간 고민하고 준비한 쪽이다.

호아킴 데 포사다Joachim de Posada와 엘렌 싱어Ellen Singer의《마시멜로 이야기》에는 젊은 나이에 거부가 된 조나단과 그의 운전기사 찰리가 등장한다. 조나단은 어린 시절에 당시 대학원생이었던 아버지의 실험에 참가해 15분동안 마시멜로를 먹지 않고 참아 하나를 더 받았던 기억을 간직하고 있다. 그 후 더 큰 미래의 만족과 보상을 위하여 당장의 욕구 충족을 미루는 습관을 키워 큰 성공을 이룬다. 기사의 입장에서 상사인 조나단을 모시며 이런 지혜를 습득하게 된 찰리는 과거에 즐기던 외식, 포커게임, 데이트 등으로 소비하던 비용을 줄이면서 저축을 하고 인생의 목표를 수립한다. 게다가 보물처럼 아끼던 야구 카드마저 팔아 미래를 위해 대비한다. 조나단으로부터 마시멜로 이야기를 들은 날로부터 8개월 후, 찰리는 스물 여덟의 나이에 대학에 합격하게 되고, 그동안 저축한 15,000달러를 가지고 새 출발을 한다.

《마시멜로 이야기》가 우리에게 전하는 메시지는 명확하다. 먼저 오늘을 낭비하지 말고 내일을 위해 인내하며 준비하라는 것이다. 그리고 막연하게 꿈만 꾸지 말고 오늘 할 일을 명확하고 구체적으로 따져보라는 것이다. 성공은 준비하는 노력에 비례한다. 미국의 16대 대통령 에이브러햄 링컨은 목수였던 자신의 경험을 통해 준비의 중요성에 대해 이렇게 말한 바 있다.

"나에게 나무 벨 8시간. 이 주어지면 그중 6시간은 도끼 날을 가는데 쓰겠다. If I had 8 hours to chop down a tree, I would spend 6 hours sharpening my axe.**"**

리더의 성품 | 7 | 계속 성장하는 리더는 겸손하다

아주 오래전 읽은 이야기지만, 지금까지도 내 대인 관계에 영향을 주는 일화가 있다. 옛날 어느 동네에 고기를 파는 사람이 있었다고 한다. 이 가게에 오는 손님 중에 양반이 두 사람 있었는데, 그중 한 명인 이 진사가 보니 다른 손님인 박 진사에게는 같은 값에 고기를 항상 더 많이 주는 것이었다. 그래서 고기 가게 주인에게 따졌다. "야이 놈아, 너는 왜 나한테는 요만큼만 주고 저기 박진사에게는 더 많이 주는 게냐?" 가게 주인이 하는 말이 이랬다. "나으리, 저 박진사님께는 김서방이 고기를 드린 거고 나으리께는 김가놈이 드린 거니 고기 양이 다른게지요." 세상 이치가 이렇다. 자신에 대해 배려를 해주면 어떤 방법으로든 갚고자 하는 것이 정상적인 사고방식을 가진 사람들의 심리다. 팀장을 똑바로 쳐다보기도 힘든 신입사원에게 가서 건네는 한마디의 따뜻한 말, 지나가면서 어깨를 한번 툭 쳐주면서 던지는 "화이팅!"을 부하직원들은 두고두고 기억한다. 그리고 권력이

258

나 권위를 드러낼 수 있는 사람이 그렇게 하지 않는 배려를 우리는 '겸손'이라 부른다.

　1999년 개봉한 '매트릭스Matrix'는 사람들의 상상을 초월하는 소재와 영상미로 지금까지도 화제가 되는 영화다. 이 영화를 통해 스타가 된 배우는 키아누 리브스Keanu Reeves이지만, 주인공들을 자세히 살펴보면 또 한 명의 탁월한 리더를 발견할 수 있다. 영화에서 가상 세계와 현실세계를 넘나들며 적들과 싸우는 인류 최후 저항군의 리더로, 배우 로렌스 피시번Laurence Fishburne이 역할을 맡은 '모피우스Morpheus'이다. 그는 모든 사람으로부터 지지를 받는 사령관이었으나 자신이 이 전쟁을 승리로 이끌어갈 수 없음을 잘 알고 있다. 그의 목표는 구세주와도 같은 '그The One'를 찾는 것.

　결국 유능한 컴퓨터 프로그래머이자 해커인 네오Neo를 찾아내 그를 훈련시켜서 기계에 대항하게 한다. 여기에 오러클Oracle의 예언과 조언을 적절히 이용하면서 'The One'을 만들어가는 모피어스의 리더십은, 완벽함이 아니라 부족함이 출발점이다. 이처럼 리더가 자신의 부족함을 인정하고 후계자를 찾아 키우는 작업은 치열한 전쟁에서도 승리의 불씨가 된다. 그리스 신화에 등장하는 모피우스는 '꿈의 신'이며 또한 '소식'을 상징한다. 그가 보여준 리더십은 암담하기만 했던 저항군에게 꿈과 소식을 전하는 것이었다.

　《좋은 기업을 넘어 위대한 기업으로》에서 짐 콜린스Jim Collins는 다섯 단계의 리더십을 언급한다. 1단계는 매우 능력 있는 개인, 2단계는 공헌하는 팀원을 말하고 이어서 유능한 관리자와 유능한 리더의 단계를 거쳐 가장 높은 5단계인 경영자의 위치에 오른다. 흥미로운 사실은 재능, 지식, 협업, 효율적 업무관리와 같은 항목들은 3단계까지의 리더십에서 주로 언급이 되고, 5단계 리더십에서 필요한 자질은 '겸손'과 '일에 대한 강렬한 의지'라고 하는 부분이다.

이런 최고 단계의 리더들은 업무에 관한한 광적으로 일을 추구할 정도의 의욕을 갖고 있지만, 자신을 위하기보다 조직과 후계자를 위한 주춧돌을 놓는 역할에 더 신경을 쓴다. 야망이 있지만 그 열정을 자기 자신이 아니라 회사를 위해서 바친다는 이들은, 의욕적인 성품과는 다르게 의외로 나서기를 좋아하지 않고 말수가 적다는 특징이 있다고 한다. 바로 겸손의 모습이다.

2019년에 발행되어 국내외 많은 독자들에게 큰 깨우침을 준 책 《어른은 어떻게 성장하는가》는 미국 스탠포드 대학교 총장을 지낸 존 헤네시 알파벳 회장의 저서로, 우리말 제목보다는 영어 제목인 《Leading Matters》가 훨씬 가슴에 와 닿는 책이다. 이 책에서 저자는 리더가 갖추어야 하는 자질 10가지를 제시하는데, 여기서 첫 번째 덕목으로 꼽은 것이 다름 아닌 겸손humility이다. 뒤를 이어 진정성authenticity, 봉사service, 공감empathy 등을 언급하면서도, 저자는 10가지라는 적지 않은 항목 가운데 카리스마나 결단력과 같이 우리가 흔히 떠올리는 리더의 자격을 논하지 않는다.

그가 주장하는 리더십은 배려와 협력, 책임을 동반하며 결국 이런 전통을 후배들에게 유산으로 남기는 것에 무게를 둔다. 첫 번째 덕목에 대해 저자는 겸손이 실수를 예방하고 우리의 약점을 보완하는 역할을 한다고 설명한다. 또한 겸손이 자기 발전에 얼마나 중요한지도 이해하기 쉽게 이야기한다. 그의 책 가운데 두 대목을 소개한다.

'일을 하면서 배울 수 있는 능력을 어떻게 알아볼 수 있을까? 얼마나 겸손한지를 평가하면 가능하다고 생각한다. 스스로에게 아직 배울 것이 많다고 생각하고, 어떤 분야에서 다른 사람들이 자신보다 뛰어나다는 것을 받아들이며, 다수의 생각이 거의 항상 한사람의 생각보다 더 정확하다는 사실을 인정하면 겸손해질 수밖에 없고, 그로 인해 자신의 일을 더 잘할 수 있는 방법을 배우는 데 매진할 수밖에 없다.'[44]

'오만은 자신의 강점만 보면서 자신의 약점과 남들의 강점은 무시하게 만들어 결국 큰 실수를 저지르게 한다. 반면 겸손은 우리의 약점이 어디에 있는지 보여줌으로써 보완할 수 있게 도와준다. 겸손이야말로 우리가 자신감을 얻을 수 있는 수단이다.'[45]

그의 영향을 받은 세르게이 브린Sergey Brin과 래리 페이지Larry Page가 세운 회사라서 그런지 구글의 철학도 헤네시 총장의 생각과 많이 닮아 있다. 2016년, 현대자동차 임원 교육의 일환으로 구글 본사를 방문한 일이 있었다. 건물 밖에서부터 안드로이드 모형을 비롯한 다양한 캐릭터들이 우리를 맞더니, 내부 환경은 아이들 방 같이 장난스럽고 자유로웠다. 직원들 책상은 높낮이가 조절되는 것이어서 각자 원하는 방식으로 업무를 보고 있었고, 건물 기둥에는 장난감 농구대나 다트판이 제 멋대로 붙어있었다. 말 그대로 전문가들의 놀이터라는 인상을 받았다. 구글의 메인 카페테리아인 '찰리스 카페'에서는 매주 한 번씩 경영층이 나와 직원들과 직접 대화를 한다. 창업자들을 직접 만나 토론을 하는 자리가 직원들에게 도전정신과 애사심을 갖게 한다는 이야기를 들으며 리더가 격의 없이 소통하는 것이 결코 낮아지는 것이 아니라는 사실을 거듭 확인했다.

에이미 에드먼슨 교수의 책 《두려움 없는 조직》에서 언급된 것 같이 구글은 실패를 장려하는 문화를 가지고 있다. 어떤 의견을 제기해도 벌을 받거나 보복을 당하지 않을 거라는 믿음이 조직원들간에 있다. 리더가 적극적인 질문으로 구성원을 독려하는 문화 또한 짧은 시간 내에 세계 최고의 기업을 이룬 토대이다. 위계 질서가 강하고 상명하달 식의 조직문화가 아직도 팽배한 우리 기업들이 어떻게 직원의 심리적 안정감을 뿌리내릴 수 있게 하는가는 각 기업뿐 아니라 대한민국 경제 전반의 성패를 좌우할 문제이다.

7

리더의 유산

　개개인의 성격이 다르듯이 리더십도 사람에 따라 다양하다. 자상하고 세심하게 살피는 리더십이 있는가 하면, 무뚝뚝해서 말로 표현은 못하지만 나름대로의 방식으로 부하직원들에게 가까이 다가가는 리더도 있다. 야단을 치면서도 부하직원을 챙기는 사람이 있는 반면에, 항상 좋은 소리를 하지만 무심한 리더도 있을 것이다. 그러나 중요한 것은 겉모습이 아니고 내면이다. 마음은 밖으로 표현되기 마련이고, 진심은 언젠가는 전달된다.

　리더의 마음이 겉으로 드러나는 형태는 다를 수 있으나, 그 모양이 어떻든 본질은 관심이고 사랑이어야 한다. 사랑의 힘이 베푸는 것으로 발휘되듯이, 리더는 자신이 드러나고 인정받기보다 부하직원을 키우고 그들이 나설 수 있도록 도와줘야 한다. 그런 조직은 생명력이 있어서, 꾸준히 성장하고 발전하며 재능 있는 사람들이 모인다. 좋은 리더의 영향을 받은 사람들 중에서 그 발자취를 따라가는 후배들이 나오면 조직문화의 명맥이 이어지고, 이런 분위기에서 성장한 인재들이 유산으로 남는다.

　일본 작가 오가와 요코가 쓴《박사가 사랑한 수식》이라는 책이 있다. 교통사고로 1975년 이후의 기억력을 잃은 수학 교수인 '박사'는 80분 이전의 것은 기억하지 못하는 환자다. 그를 돌보기 위해 파출부가 고용되는데, 이 사람은 책의 또다른 주인공이자 관찰자이다. 이 파

265

출부에게는 열 살짜리 아들이 있다. 그의 머리 윗부분이 수학의 루트 기호($\sqrt{\ }$)처럼 평평하다고 해서 박사는 그에게 '루트'라는 별명을 지어 준다. 그러나 불행히도 80분이라는 짧은 기억력만 지니고 있기에, 박사는 다음날 다시 찾아오는 엄마와 그를 따라 박사를 만나러 오는 루트를 기억하지 못한다.

박사는 모든 일을 수학으로 해석하며, 그가 가장 사랑하는 것은 1과 자기 자신 이외의 다른 수로는 약분되지 않는 '소수'이다. 반면에 그가 가장 싫어하는 것은 인파였다. 박사는 사람을 사귀는 방법도 모르고 관심도 없지만 유독 루트에 대한 애정만은 각별하다. 바깥에 나가는 것을 극도로 싫어하는 그가, 두 바늘 정도 꿰매야 하는 상처를 입은 루트를 업고 안절부절 못하며 병원으로 달려가는 모습은 그런 사랑을 단적으로 보여준다. 그는 루트를 소수만큼 아꼈다.

아주 짧은 기억에 의존하여 지탱되는 관계임에도, 세상과 수십년 간 단절해 온 한 사람이 사랑을 통해 한 아이와 엄마의 인생을 서서히 바꾸어 놓는다. 박사는 아이와 엄마에게 매일 숫자의 매력에 대해 이야기해준다. 그런 가르침은 루트에 대한 박사의 사랑과 그 사랑을 이해하고 받아들이는 루트의 순수한 마음이 있기에 가능했다. 주인공들은 서로의 한계를 인정하는 범위에서 따뜻한 관계를 유지한다. 짧은 기억력을 보유한 박사와 미혼모의 아들로 태어나 아버지의 사랑을 모르는 루트 간의 수학을 통한 교감은 시간이 지나 아름다운 결말을 맺는다. 루트는 성장하여 수학 선생님이 된다.

이 책에서는 다양한 숫자의 매력이나 공식이 설명되는데, 그 중 하나가 인도의 이름없는 수학자가 발견했다는 숫자 '0'에 대한 이야기다. 우리가 이해하듯이 0이 없이는 수학이 존재하기 어렵다. 0은 단독으로 지닌 가치는 없지만 존재마저 없는 것은 아니다. 308은 100이 3개, 10이 0개, 1이 8개인데, 0이라는 숫자 없이 그 크기를 표현할 방법은 없다. 0이 없다면 숫자는 38이 되어버린다. 비록 자체의 값은 '무無'이지만 0은 다른 숫자와 조합하여 10의 100제곱과 같이 상상할 수 없을 만큼의 큰 수를 만들 수 있고, 0.0000000000000001과 같이 측정하기 어려운 작은 수도 만들어 낸다.

조금 상상을 동원하면, 0은 '사랑의 숫자'이기도 하다. 테니스는 한 세트에서 6경기를 먼저 이기는 사람이 그 세트를 가져가는데, 각 경기의 점수를 특이하게 계산한다. 다른 종목처럼 승점이 1점이나 2점씩 올라가는 것이 아니라, 한번 이기면 15:0, 그다음은 30:0, 40:0이 되고 한 번 더 승점을 더하면 그 경기를 이긴다. 그런데 이때 숫자 0을 부르는 호칭이 'zero'가 아니고 'love'이다. 그 어원은 달걀을 뜻하는 프랑스어 '뢰프loeuf'에서 왔다고 하지만, 영어로는 사랑을 뜻하는 love라고 쓴다. 어쩌면 0은 사랑을 하기로 작정하고 태어난 숫자인지도 모른다.

노자老子는 중국 초나라 사람으로 도가道家의 시조다. 현실을 초월하고 해탈할 것을 가르치는 장자莊子 사상에 비해 노자는 냉혹한 현실을 헤쳐 나가는 지혜를 가르친다. 그러나 그 지혜는 의외로 담백하고 유연해서, 복잡한 사상보다도 오히려 더 명확하게 깊은 생각의 장場으로 유도한다. 우선 노자가 강조하는 성품은 겸손과 조심성이다. 소극적인 자세로서가 아니라, 그런 성품이 나라를 다스리는 데 필요하기에 리더가 노력해서 갖추어야 하는 것임을 강조한다. 노자는 말한다.

> **'스스로 드러내지 않기에 빛나고, 스스로 옳다 하지 않기에 두드러지며, 스스로 얻으려 하지 않기에 공을 이루고, 스스로 내세우지 않기에 지도자가 된다.'**[46]

훌륭한 재능이나 업적이 있더라도 드러내지 않는 것을 리더가 갖추어야 할 최소한의 조건으로 꼽은 노자는 지도자를 몇 단계로 나눈 바 있다. 그가 가장 높게 평가한 수준은 '부하가 봤을 때 존재는 인식하지만 특별히 훌륭하다거나 대단하다는 의식을 하지 않을 정도로 자연스러워야 한다.'는 것이다. 마치 '0'의 존재와 같이, 드러나지 않더라도 없어서는 안 되는 것이 바로 리더가 추구해야 하는 위상이다.

《박사가 사랑한 수식》은 부담이 없으면서도 감동을 느끼며 읽을 수 있는 소설이지만, 그 안에는 의외로 리더의 자격에 대해 고민할 만한 많은 내용들이 보석처럼 숨겨져 있다. 우선 자신의 병을 알고 스스로는 미래에 희망이 없음을 인정하면서도 한 아이를 끔찍이 아끼는 박사의 사랑이 무엇보다도 깊은 인상을 준다. 또한 자체로는 값이 없으면서도 그 가치는 절대 무시할 수 없는 '0'의 존재가 지니는 의미도 되새겨볼만하다. 소수점을 기준으로 어느 위치에 서있는가에 따라 무한히 큰 수를 만들기도 하고 작은 수를 만들기도 하는 0은 스스로를 과시하지는 않지만, 함께 하는 다른 숫자에 의해 중요성이 달라진다. 겸손하면서도 사랑을 가득 담은 숫자 0이 우리에게 주는 교훈은, 리더야말로 스스로가 아닌 조직원들에 의해 드러나고 조직원들의 성과로 인정받아야 한다는 것이 아닐까?

리더의 유산 |2| 조직문화에 반드시 필요한 실패라는 유산

리더가 남기는 유산이 반드시 성공적이거나 완료형일 필요는 없다. 씨를 뿌리는 일부터 물과 비료를 주어 키우고 마지막으로 열매를 맺는 일까지 다 하고 싶은 것이 사람의 욕심이지만, 원대하게 꾸는 꿈의 결과가 단시간에 쉽게 도출되기는 어렵다. 실패의 아이콘으로 가장 많이 등장하는 사람 중 한 명인 토머스 에디슨의 예를 들어보자.

그는 전구를 발명하기까지 수천번의 실패를 거듭했지만 그것을 실패라 여기지 않고, 안되는 방법을 또 하나 찾은 것으로 여겼다고 한다. 67세의 나이에 수십년 동안의 연구 결과인 실험실이 불탈 때에도 아들에게 "네 엄마를 데리고 와라. 이런 불구경을 하기 힘들지 않니?"라고 여유를 부릴 정도로 긍정적인 사고방식을 가지고 있던 사람이 에디슨이다. 나폴레옹이 "내 사전에 불가능이란 없다."고 했듯이, 에디슨도 실패를 단순히 인정하기보다 다음 단계로 가는 과정으로 여겼기에 지금까지 세계가 인정하는 업적을 남길 수 있었다.

에디슨과 '커런트 워Current war'를 벌인 것으로 유명한 니콜라 테슬라Nikola Tesla의 이름을 따서 만든 전기차 회사 테슬라의 창업자 일론 머스크Elon Musk도 실패를 많이 해본 사람이다. 그는 남아프리카 공화국 출신으로 어린 시절을 그곳에서 보낸 후 어머니의 모국인 캐나다를 거쳐 결국 자신의 꿈을 이루기 위해 미국으로 이주하였다. 동생들과 함께 '집2Zip2'라는 회사를 창업하여 큰 돈을 벌고, 전자상거래 수단인 '페이팔Paypal'의 공동 창업자로도 성공을 거두지만, 이후 벌이는 사업인 로켓 개발과 전기차 사업에서 연거푸 커다란 패배의 쓴 맛을 본다.

화성 탐사를 목적으로 민간 로켓을 개발하는 '스페이스 X 프로젝트'는 여러 차례 발사 실패로 큰 위기에 이르고, 로드스터Roadster라는 전기차 개발은 양산 시점을 2년 이상 연기하면서 소비자로부터 외면 당한다. 테슬라는 결국 매달 1,000억원의 적자를 기록하며 존립이 불투명한 상태에 이르렀다. 여기에 진공을 이용해서 기차를 음속으로 이동시키는 '하이퍼루프Hyperloop'나 태양광 사업도 신통치 않아 아이언 맨의 신화가 끝나는 것이 아닌가 하는 루머들이 돌기 시작했다.

머스크는 이런 와중에도 신념을 잃지 않고 자신의 꿈을 키우며 사업을 이끌어서 결국 2020년 5월, 민간 유인 우주선의 성공적인 발사로 세계를 놀라게 했다. 기존 로켓 발사에 비해 1/10 정도의 비용으로 발사하는 방법을 찾고, 발사한 추진 로켓을 다시 회수해서 사용하는 경제적인 비즈니스 모델까지 성공시킨다. 전기차 사업에서도 고급형을 먼저 시판하고 경제형을 판매한다는 전략이 맞아 들어가 테슬라라는 이름으로 판매한 첫 차종 Model S 이후 X에 이어 저가형인 Model 3가 선풍적인 인기를 끌며, 결국 2020년에 회사의 재정 상태를 흑자로 전환시킨다. 이에 따라 2019년말 300달러이던 주가는 2020년 8월에 2,000달러를 넘어가고, 5대1의 액면 분할을 한 이후에도 다시 900달러에 달하는 기염을 토한다.

일론 머스크가 유명 TV 프로그램 '60 Minutes'에 출연하여 인터뷰하는 장면을 본 적이 있다. 세 번이나 연속적으로 거액이 투자되는 로켓 발사를 실패했는데 그만두어야겠다는 생각을 한 적이 없냐는 질문에 그는 단호히 아니라고 대답한다. 진행자가 다시 "왜죠?"라고 묻자 그는 이렇게 대답한다 "저는 절대로 포기하지 않습니다. 제가 죽거나 병으로 완전히 무기력해지지 않는 한 말이죠."

이런 그의 투지에 세계는 열광한다. 꿈을 꾸고 이루어가는 천재의 모습과 실패를 겁내지 않는 도전 정신을 높이 사기 때문이다. 그리고 그는 지켜보는 사람들의 기대에 응답한다. 이런 파격이 우리 대한민국에서 일어나지 않는 이유는 과연 무엇일까? 사람이나 교육, 혹은 신생사업에 투자할 자본 부족이 이유가 될 수도 있다. 그러나 우리에게 절대적으로 부족한 점을 하나만 고르라면 실패에 대한 관용성이 없다는 것이다. 실패를 두려워하지 말라고 하지만, 정작 실패한 사람들이 용인받지 못하는 모습을 너무 많이 봐왔고 어떤 대접을 받는지 모두가 안다.

미국의 영화배우 덴젤 워싱턴Denzel Washington이 2011년 아이비리그 명문 중 하나인 펜실베니아 대학교 졸업식 축사를 할 당시의 이야기다. 그는 자신의 커리어에서 겪은 실패 사례들을 이야기하면서 그 중 하나로 30년 전 뮤지컬 배우를 꿈꾸던 당시를 회고한다. 너무나도 뮤지컬을 하고 싶었는데 정작 자신의 약점은 노래를 잘 하지 못하는 것이었다고 한다. 오디션에 참가했으나 노래 실력이 탁월한 지원자에게 그 자리는 돌아갔고, 그 후에도 여러 번을 도전하고 실패한다. 그는 끊임없는 실패 가운데서도 한가지 원칙을 지켰다고 한다. "I didn't quit. I didn't fall back.(저는 멈추지 않았고, 뒤로 넘어지지 않았습니다.)" 실패해서 넘어져도 뒤로 넘어지지 않고 '앞으로 넘어지라Fall forward.'는 그의 조언은 좌절하지 말고 다시 도전하며, 밝은 미래를 향해 쉬지 않고 전진해 가라는 의미다.

앞으로 수많은 실패를 겪게 될 자존심 강한 명문대 졸업생들에게 그는 좌절을 두려워하지 말라고 하며 "Do you have guts to fail?(여러분은 실패할 배짱이 있습니까?)"이라고 묻는다. 그리고 자신의 최근 동향을 언급한다. 다시 뮤지컬에 도전했고 결국 배역을 따냈는데, 공

거인의 어깨

연을 하게 된 극장이 30년 전 오디션에서 탈락한 브로드웨이의 바로 그 극장이라는 것이다. 연설 중간에 그는 인생에서 어디로 가고 있는지를 알아내는 가장 좋은 방법이 실패라고 말한다. 지금은 헐리우드의 대배우지만, 한때 수없이 도전했던 뮤지컬에서 쓴 맛을 보았던 청년이 결국은 꿈을 이루어 내는 모습은 감동적이고 호소력이 있었다. "Fall forward!"라는 말을 다시 한 번 강조하며 마친 길지 않은 연설에는 인생 선배의 지혜와 사랑이 녹아져 있었다.

물론 우리 가운데 실패가 성공으로 가는 길목이라는 사실을 모르는 사람은 없다. 불행히도 그런 진리를 현실에서 수용하고 미래를 열어가는 리더와 조직문화가 찾기 힘들 뿐이다. 열심히 하려고 하다가 생긴 문제라면 징계가 아니고 상을 주어야 한다. 경영학의 구루인 톰 피터스Tom Peters는 '멋진 실패에 상을 주고 평범한 성공에 벌을 주라.'는 말을 했다. 미국 대학농구에서 88연승이라는 전설적인 기록과 함께 40여년의 감독 생활에서 승률 80.4%를 기록한 UCLA의 존 우든 John Wooden 감독도 이런 말을 했다.

"실수하지 않았다면 아무것도 하지 않은 것이다 If you're not making mistakes, then you're not doing anything. **"** [47]

집안에 내려오는 전통이나 가풍이 있듯이 조직도 계승되는 문화가 있다. 나는 서울에서 태어나고 자랐지만, 내 친가는 대대로 경상북도 예천을 중심으로 인근의 영주나 안동 근처에 거주했다. 직계 조상 중에 성리학을 국내로 들여온 '안향安珦'이라는 분이 계시다 보니 할아버지가 생존해 계실 때만 해도 제사에 대한 규칙이 무척 까다로웠다. 한 해에 두 번씩 일가친척들이 모여 지내는 제사에는 위로 5대 조상 까지를 모셨고, 시골에 성묘를 가면 다섯 군데에 떨어져 있는 일곱 분 산소에 들르느라 이틀이 걸렸다. 아버지께서 살아 계실 때까지만 해도 비록 간소화되기는 했지만 제사가 명맥을 이어왔는데, 장손인 내가 교회를 다니면서 합의점을 찾아 지금은 명절 때나 성묘를 갈 때 예배도 같이 드린다. 수백 년을 이어온 전통이 바뀌기는 했지만, 조상에 대한 추모나 내 기억에 생생히 살아 계신 할아버지, 아버지에 대한 감사의 마음이 사라진 것은 아니다. 다만 방법이 달라졌을 뿐이다.

우리나라는 전통을 중시하고 변화에 거부감을 보이는 성향이 강하다. 그 중에서도 면면히 내려오는 전통 중 하나가 '장유유서長幼有序'이다. 처음 만나는 자리에서도 나이나 직급을 따지고, 그에 따라 암암리에 서열이 결정된다. 그러다 보니 조직이라는 틀 내에서 이미 정해져 있는 서열에 따라 형성되는 관계는 절대적이다. 조직문화를 주도하는 윗사람이 아직도 5대 조상까지 제사를 지내야 한다는 마인드를 가지고 있다면 젊은 세대가 주축인 조직이 원만하게 굴러갈 리가 없다. 핵심이 되는 문화는 유산으로 계승하되, 수정할 점은 서둘러 개선하는 게 낫다. 지킬 것은 지키고 버릴 것은 버리는 것이 생각보다 어렵지만, 리더는 조직의 지속성을 위해 이를 잘 구별해야 한다. 이 중 남겨야 하는 유산으로 절대로 빠져서는 안 되는 요소들이 있다. 무엇보다도 이해와 배려는 반드시 지켜져야 한다.

리더가 부모와 같은 역할을 해야 한다는 생각을 할 때 자주 떠올리는 장면이 있다. 우리 집은 무뚝뚝하지만 성미 급한 경상도 출신의 아버지 아래 아들만 셋이 있었으니, 부모 자식 간에 다정한 대화나 교류가 많았을 리가 없다. 젊은 시절의 아버지는 해외 출장과 이런저런 모임으로 항상 바쁜 분이었고, 은퇴 후 노년의 아버지는 할 일이 없으시니 한편으로 위축되고 또 별 일 아닌 것에도 잔소리를 하셨다. 그런데 지금 생각해도 신기한 것은, 출장을 가실 때는 바쁜 일정 중에도 항상 어머니와 자식들 선물을 사 오셨고, 아들만 셋을 키우면서 단 한 번도 매를 대거나 손찌검을 하신 적이 없다.

아버지는 말로 표현은 안 하셨지만 커가는 자식들 모습을 보며 늘 대견해하셨던 것 같다. 주량이 얼마 되지도 않으시면서 회사 일로 약주를 하시고 들어오는 날에는 "우리 돼지들 어디 있니? 아빠 왔다."를 소리치며 별 반응 없이 시큰둥한 아들들을 찾으시곤 했다. 반면에 할아버지는 인생의 대부분을 시골에 사시면서도 오히려 다정다감한 면이 많은 분이셨다. 당신이 그 옛날에 서울에서 고등학교를 나

오셨는데도 장남이라는 책임 때문에 다시 시골로 가신 게 한으로 남으셨는지, 장남인 아버지를 초등학교 졸업 후 서울로 유학 보내셨다.

그렇게 어린 시절부터 떨어져 살았으니, 나이 차가 스무 살도 나지 않는 할아버지와 아버지 사이는 어쩔 수 없이 평생 서먹서먹 했다. 하지만 한 세대 건너 사랑이 더 크다는 말처럼 할아버지와 손자들 사이는 더없이 좋았다. 그 중에서도 4대째 장손인 내가 시골에 내려가는 날이면 할머니는 특기인 청국장과 함께 잔칫상같은 음식을 준비하셨고, 할아버지는 나를 앉혀 놓고 손수 써내려 온 우리 집안 족보를 설명해 주셨다. 여기에 천자문과 명심보감, 논어에 이르기까지 제대로 알아듣지도 못하는 손자를 앞에 두고 선조들의 지혜를 쉽게 풀어서 전해주시던 할아버지 덕분에 나는 영어보다 한자를 훨씬 먼저 익히게 되었다.

미국으로 유학을 간 후에도 여름 방학에 귀국을 하면 할아버지를 찾아 뵈러 예천으로 내려갔었다. 선물로 사가는 것들 중 하나가 '담배 한 보루', 그 당시 한 갑에 600원 하던 가장 비싼 담배 열 갑이 내가 생각할 수 있는 최고의 선물이었다. 오랜만에 오는 손자를 맞으시면서, 선물로 사간 담배를 피워 무시는 할아버지는 항상 "이건 장손이 사다 준 비싼 거니까 아껴서 피워야겠다."라고 하시면서 담배 한 개피를 반만 피우고 재떨이에 꽂아 두신다. 나중에 나머지 반을 필터 있는 데까지 아껴서 피우실 요량이다. 그리고 고기를 사 주신다며 정육점으로 가서는 미국 가서 박사 공부하는 손자라고 한참 자랑을 하시면서 고기 값을 100원만 깎자고 다그치신다.

할아버지가 돌아가시기 전 마지막 뵈러 갔던 여름이었다. 하루 밤을 머물고 다시 서울로 올라가는 날 할아버지께서 "너 비행기 값에 보태 써라."고 말씀하시며 봉투를 하나 주셨다. 그 봉투 안에는 10만 원짜리 수표가 열 장 들어있었다. 담배 한 개피, 고기 값 100원을 아껴서 저금하신 돈이었을 거다. 이처럼 자신의 모든 것을 주어도 아깝지 않은 것이 부모가 자식을 생각하는 마음이다. 이제 나이가 들어 세 아이의 아버지가 되고 보니 그 때 할아버지의 마음을 조금은 이해할 것 같다. 마치 가시고기와 같이 새끼들이 자신의 살점을 떼어먹고 성장할 수 있도록 희생하는 아비의 심정이다. 이런 마음의 1/100만 조직의 리더가 닮아도 그 조직은 변한다. 조직의 특성이 어떻든, 개인의 성격이 어떻든, 리더에게는 이런 부모의 마음이 조금이라도 있어야 한다.

무뚝뚝한 경상도 남자였던 할아버지와 아버지에게서 보았던 사랑의 모습을 우리 집 안에서뿐 아니라 내가 이끄는 조직 내에서도 전하고 싶은 이유가 있다. 사랑은 시간이 지나도 좋은 기억으로 남고, 그런 유산은 조직을 건강하게 만든다. 건강한 조직을 만들고 싶은 리더라면, 피터 드러커가 강조하고 하버드비즈니스리뷰에서도 여러 차례 거론되었던, '조직문화가 전략보다 중요하다.'는 메시지는 반드시 되새겨 볼 필요가 있다.

'기업의 별'이라고 하는 임원은 직장에 몸담고 있는 사람들이라면 누구나 바라는 자리이지만, 불행히도 수명은 그다지 길지 않다. 국내 대기업의 임원들은 대개 40대 중후반에 임원 자리에 올라 평균적으로 50대 중후반에 퇴직하는데, 평균 재임 기간은 생각보다 훨씬 짧다. 특히 대표이사들의 경우는 업무를 파악하고 실적을 낼 만한 충분한 시간이 주어지지 않는다고 해도 과언이 아니다.

2020년 말, 기업 경영 성과 평가 사이트 'CEO스코어'가 조사한 바에 따르면[48] 국내 30대 그룹 CEO들의 지난 10년간 평균 재임 기간은 3.3년에 지나지 않는다고 한다. 가장 짧은 곳은 카카오로 평균 1.7년, KT는 2.0년을 재임한 후 퇴직했다. 이 결과는 같은 기관이 2018년에 조사한 결과와 크게 다르지 않다. 그 때는 30대 그룹의 여성 임원들 평균 재임 기간도 발표된 바가 있는데, 이 기간도 3.3년이다. 가장 긴 곳인 금호아시아나가 7.6년, 그 뒤를 이어 LG와 OCI가 5.5, 5.4년이고, KT&G는 1년 밖에 되지 않았다. 그래서 임원을 '임시직원'의 약자라고 하는 농담이 생겨났는지도 모른다.

임원의 수명이 길지 않다는 것은 젊은 피를 지속적으로 수혈해서 좀 더 참신한 모습으로 변모하고자 하는 관점에서는 유리한 반면, 현직 임원의 입장에서는 단기적 성과에 치중할 수밖에 없다는 문제가 생긴다. 당장 내년이 보장되지 않는 상황에서 중장기 계획을 수립해 회사의 미래를 대비한다는 것은 사실상 불가능하다. 간혹 이런 위험을 무릅쓰고 미래를 위한 투자나 인재 육성에 과감한 노력을 기울이는 사람들도 있으나, 대부분의 임원은 그럴 만한 여력이나 배짱을 갖기 힘들다. 연말이면 실적에 대한 책임을 묻는 조직 문화에서 수년 후를 기약한다는 것이 쉽지 않은 까닭이다.

역설적이지만, 그렇기 때문에 리더들은 중책을 맡고 있는 동안 막중한 책임 의식과 함께 어떤 유산을 남길 가에 대한 고민을 지속적으로 해야 한다. 이런 이유로 직급이 높은 임원일수록 내려놓는 연습이 필요하고 물러날 준비를 하는 것이 중요하다. 노자의 말처럼 '공을 세우면 물러나야 한다.'는 마음을 갖지 못하면, 누리고 있는 많은 것들을 지키고자 하는 욕구가 자연스레 일어난다. 이런 마음은 단기 성과에 치중하고 부하직원들을 육성하지 않는 악순환을 낳는다.

건전한 조직문화가 육성되고 유지되기 위해서는 이렇듯 임원이나 리더 개개인의 마음가짐이 우선되어야 하지만, 간과할 수 없는 부분은 기업의 의지나 방향성 역시 중요하다는 사실이다. '인사가 만사'라고 하듯이, 당장의 실적에 매달리는 리더보다 기업의 앞날을 내다보고 큰 그림을 그리는 사람들을 선별하고 중책을 맡기는 체계가 무엇보다도 절실하다. 이런 문화가 쌓여 결국에는 기업의 성패를 좌우하는 전통으로 남기 때문이다.

리더는 언젠가는 부하직원에게 자리를 양보해야 한다. 자의든 타의든 후계자는 세워지고 업무는 이관된다. 조직의 영속성을 위해서

279

는 내가 가진 노하우를 전수하고 관리의 비법도 알려줘야 하지만, 그렇다고 부하직원이 고마움을 알거나 은퇴한 옛 상사를 챙겨준다는 보장도 없다. 조직의 윗사람은 어떤 형태로든 부하직원들에게 실망감이나 배신감을 느끼게 마련이다.

중요한 것은 이런 경우에 리더가 어떻게 처신하는가이다. 후배를 향하여 원망을 쏟아 부을 수도 있고 운명이라 치부하고 단념할 수도 있지만, 우리에게 필요한 리더십은 대접받지 못할 때조차도 후배를 이해하는 것이다. 언젠가 선배의 넓은 마음을 알아주고 훌륭한 리더로 성장하면 그것으로 만족해야 한다. 아마도 많은 경우에 후배는 선배의 섭섭함과 원망을 이해하지 못한 채 직장 생활을 마칠지도 모른다. 하지만 그렇다 할지라도 마음에 둘 일은 아니다. 내가 섬긴 조직과 조직원이 내 희생과 헌신으로 인해 조금이라도 성장하고 발전한다면 내 할 일은 다 하는 셈이다.

잔인한 이야기일 수도 있으나, 후배들이 선배 고마운 줄을 모른다면 그것조차도 많은 부분은 선배의 과오다. 잘못 가르쳤기 때문이다. 하지만 인정받고 싶은 욕심조차도 내려 놓는 것이 본받을 만한 선배의 도리다. 자식을 위해서 온갖 희생을 감내하지만 마음의 소원은 오직 자식이 잘되기를 바라는 것이 부모의 심정이듯이, 리더들도 조직원이 잘 되는 모습을 보는 것에 만족하고 행복해할 줄 알아야 한다. 타고난 심성으로 불가능하면 노력을 기울여 그런 모습으로 변해야 한다. 그것이 선배의 운명이고 리더의 소명이다. 때로 그렇게 살지 않는 상사들도 많이 있지만 그들은 단지 '보스'일 뿐이다. 리더의 평가는 현재의 상관들에 의해 이루어지는 것이 중요하지 않다. 미래에 후배들이 주는 점수가 진정한 리더십 평가다.

존경의 의미를 지닌 영어단어 'respect'는 관찰하다는 의미를 가진 라틴어 동사 'specio'를 어원으로 한다. '뒤'나 '다시'를 의미하는 접두사 're'결합하여 respect라는 단어가 형성되었다. 단어의 어원을 살펴볼 때, '존경'이 앞이 아닌 뒤를 다시 돌아보는 데서 시작된다면 존경받기 위한 조건은 이미 과거에 형성되어야 한다. 즉 존경을 받기 위해 필요한 것은 그의 잠재력이나 앞으로의 성장 가능성이 아니고 그 사람이 지나온 인생 행적이다. 이런 만큼 존경이라는 평가는 아무나 누릴 수 있는 평범함이 아니다. 당연히 그만큼의 노력을 동반해야 할 것이고 희생을 담보로 한다. 그런 측면에서도 리더는 그가 누리는 것들로 평가받기보다 남기는 것으로 평가받는다는 생각을 잊지 말아야 한다.

리더의 유산 | 5 | 최고의 유산, 조직문화

리더십은 형성하는 것만큼 전수도 중요하다. 좋은 조직문화가 만들어져도 인계 받는 사람이 그런 분위기를 순식간에 무너뜨리는 경우는 허다하다. 후배들을 양육하고 또 그들을 이어갈 사람들을 물색하는 일은, 그런 의미에서, 조직의 영속성^{sustainability}을 유지하기 위한 기초 작업이다. 선임자가 잘 한 부분은 닮고 그렇지 못한 부분을 고쳐 나가는 과정이 반복되면 그 조직은 시간이 지나면서 발전되고 성숙한 모습을 갖춘다. 이런 일이 어려운 이유는 먼저 시작하는 사람이 있어야 하기 때문이다. 그런 시도가 후배에게 전달되고 대를 이어 계승될 때 비로소 문화는 정착된다. 이와는 반대로, 내려놓을 준비를 하고, 가르쳐주고, 물러나주는 용기를 가진 사람이 나오지 않으면, 조직은 고인물이 되고 결국에는 부패한다. 리더십에서도 멘토링이 필요한 이유다.

이런 면에서 나는 스스로가 행복한 사람이라고 생각한다. 힘들 때 찾아가 고충을 털어놓고 상담할 수 있는 멘토가 있고, 이렇게 받은 선물을 전달해줄 수 있는 멘티들이 있다. 항상 기대가 되는 멘토와의 만남은 또한 나를 겸허하게 만드는 순간이다. 내가 얼마나 부족한지 깨닫는 시간이고, 내 약점 까지를 털어놓아도 아무 부끄러움이 없는 안전지대다. 끊임없이 투덜대고 불평해도 모든 것을 다 들어주는 멘토의 모습은 내가 멘티를 만날 때 재현된다. 마치 나는 별 고민이 없는 양 후배들의 고민과 불평을 들어주고 상담해준다. 내가 멘토께 받은 책을 읽어보라고 권유해 주고, 식사를 같이 하면서 여러 시간 수다를 떨기도 한다.

이런 과정을 통해 나도, 멘티들도 힐링이 되고 도전을 받는다. 내가 섬기는 조직을 위해 무엇을 해야 하는지를 생각하고, 가진 재능의

거인의 어깨

어떤 부분을 후배들을 위해 사용해야 하는가 고민해본다. 대화 중에서 가장 많은 비중을 차지하는 부분은 아무래도 조직의 미래에 대한 구상이다. 무엇을 물려줘야 하는지, 내가 떠난 먼 훗날의 조직은 어떤 모습으로 변해 있을지에 대한 그림을 그리는 일은 리더로서 반드시 가야만 하는 길이다.

후배들에게 좋은 조직문화의 유산을 남기기 위해서는 리더가 스스로의 역할과 활동범위를 제한할 줄도 알아야 한다. 리더 자신의 재임시에는 성과가 나오고 그 이후에 쇠락한다면 리더로서의 소명을 다한 것이 아니다. 잭 웰치는 "내 시간의 75%를 핵심 인재를 찾고 채용하고 배치하고 평가하고 보상하고 내보내는데 썼다."고 말했다. CEO로서 인재 양성이 아닌 데 사용한 시간이 25%밖에 되지 않는다는 말은, 뒤집어 놓고 보면 자신의 업무를 제한했다는 이야기다. '리더가 되기 전에는 자기 자신이 성장하는 것이 성공의 핵심이었지만 리더가 되면 다른 사람을 성장시키는 것이 핵심이 된다.'[49]는 철학은 그가 항상 주장하는 '임파워먼트empowerment'를 어떻게 실천하는가를 명확히 보여준다.

우리나라 기업문화에서는 아직도 고위 임원이 상세한 수치를 암기하고 최고경영자의 질문에 막힘없이 대답하는 것에 높은 점수를 준다. 기업의 경영과 관련된 수치라면 정확한 데이터를 파악하는 것이 중요하겠으나, 이런 조직에서는 대게 임원 한 사람을 교육시키기 위해 조직 전체가 두꺼운 보고서를 만들고 수시로 보고를 한다. 리더의 역할은 세부 사항보다 전체 동향을 파악하고 방향을 제시하는 것이 중요한데도 불구하고, 조직문화가 아직도 대리급 임원을 암묵적으로 요구하고 있는 것이다. '그 부분은 제가 정확히 기억하지 못합니다만, 파악해서 별도로 보고 드리겠습니다.' 라는 대답에 핀잔을 주지 않는 문화가 뿌리내리지 못한다면, 리더는 모든 영역을 다 파악하고 있어야 한다. 당연하게도, 조직 관리와 리더십의 중요한 부분으로 알려진 임파워먼트는 이루어지지 않는다.

임파워먼트가 강조되는 조직문화는 자율적이다. 구성원들 스스로가 할 일을 찾고 리더는 그들이 제안한 일들이 타당한지 가능성을 살펴서 추진하기 위한 동력을 제공한다. 자신이 제안한 프로젝트가 진행되면 제안자는 당연히 일하는 것이 재미있고 성과가 나온다. 이럴 때 리더는 경험과 지식, 통찰력을 통해 직장을 직원들의 역량이 최대한 발휘될 수 있는 '꿈터'이자 '놀이터'로 만들어줄 수 있어야 한다. 그러나 이런 이상적인 조직을 만들기 위해서는 리더의 각오와 인내가 필요하다. 상사의 지시에 따르고 시키는 일만 하던 조직이 자율적으로 바뀌는 과정에서는, 안정기에 접어들 때까지 한동안 구성원들이 스스로 해야 할 일을 찾지 못한다. 이 시기에 리더가 어떻게 관찰하고 인도하는가에 따라 수년 후의 결과는 판이하게 달라진다.

팀원들이 새로운 아이디어를 구상하느라 이런 저런 책과 자료를 뒤적이고 자유 토론을 한다고 가정해보자. 이런 문화에 익숙하지 않고 컴퓨터 앞에 앉아 타이핑을 하거나 보고 자료를 만드는 일이 업무라고 생각하는 임원이 볼 때는 이 팀은 '노는 조직'이다. 팀장은 능력 없고 못 미더운 사람이 되고, 임원은 결과가 나올 때까지 수시로 다그칠 것이다. 자율적인 문화는 조직원들과 리더 모두에게 참을성을 요구한다. 일정한 부피와 무게가 되어 스스로 굴러가는 '스노우볼'이 되기까지는 시간이 걸린다. 이를 인내로 극복하려는 자세가 없다면 조직문화는 바뀌지 않는다.

리더는 조직문화를 변화시키는 '인큐베이터'의 역할을 해야 한다. 잭 웰치의 말처럼 '한 손에 물뿌리개를 다른 한 손에는 비료를 들고 꽃밭에서 꽃을 가꾸는 사람은 씨앗이 자라 꽃을 피울 때까지 기다릴 각오를 하는 사람'[50]이다. 이제 막 새싹이 돋는데 '왜 아직도 꽃이 안 피느냐?'고 누가 재촉해도 참고 기다려야 한다는 것을 이해하지 못하면, 건강한 조직문화를 통해 이루어지는 장기적인 성과를 기대하기는 어렵다.

조직문화에 대해서는 수많은 경영자가 그 중요성을 언급했지만, 간단명료하게 표현한 대표적인 사람은 IBM의 CEO였던 루이스 거스너Louis Gerstner, Jr.가 아닐까 싶다. 160억 달러 적자로 존폐 위기에 처했던 IBM을 10년이 지나지 않아 80억 달러 흑자 기업으로 전환시키며 2002년 1월에 비즈니스위크BusinessWeek지가 선정한 세계 최고 CEO 25인중 1위에 오른 그는 조직문화의 중요성을 아래와 같이 간단히 정리했다.

"내가 IBM에서 배운 것은 조직문화가 가장 중요하다는 것이다.The thing I have learned at IBM is that culture is everything.[51]"

리더의 유산 | 6 | 언어의 온도, 따뜻한 말 한마디

2017년에 읽은 책 중에 가장 기억에 남는 것은 한 해 전인 2016년에 출판된 이기주 작가의 《언어의 온도》이다. 이 책은 도입부가 친근하다. '청주시 오송역에서 기차를 타고 이동하고 있었다…' '평소 알고 지내는 지인이 급작스럽게 모친상을 당했다…' '난 빵을 좋아한다…'와 같이 누구나가 겪는 일상으로 글을 풀어나간다. 길어야 너댓 쪽, 짧게는 한 쪽 안에 써내려간 글 가운데서 작가는 그가 관찰한 주변을 편안하면서 정갈하게 표현해낸다. 이 책을 읽으면서 머리 속에 내내 떠올랐던 다른 책이 있었다. 우리 나라에서 《마음을 열어주는 101가지 이야기》로 번역 출간된 잭 캔필드Jack Canfield의 《Chicken Soup for the Soul》 시리즈이다. 수많은 사람들의 소소한 이야기들을 엮어 편집한 세계적 베스트셀러와 차이가 있다면, 《언어의 온도》는 한 사람의 관찰자가 엮어낸 이야기고, 무대가 국내라는 것이다.

나는 책을 읽을 때 많으면 세 번까지 읽는다. 처음에는 읽으면서 줄을 치고, 두번째는 줄 친 부분을 다시 보고, 마지막 세번째는 기억하고 싶은 내용을 따로 적어 둔다. 《언어의 온도》는 내가 정리한 책들 중에서 메모한 분량이 매우 많은 몇 권 중 하나다. 무심코 지나칠 수 있는 소소한 일과日課 속에도 인생을 풍성하게 만드는 깊은 지혜가 있음을 가르쳐 준 책이기 때문일거다.

이 책은 제목 자체로도 호감을 줄 뿐 아니라 책 전체가 따뜻하다. 앞부분에는 '아픈 사람을 알아보는 건 더 아픈 사람이다.'[52]라는 문장이 있는데, 이 문장에서 더 나가지 못하고 한참을 멈추어야 했다. 나보다 더 아픈데도 나를 이해해준 많은 사람들이 떠올랐고, 내가 극복한 아픔으로 인해 위로 받고 치유 받았을 사람들이 기억났다. 어쩌면 리더가 많은 아픔과 고민을 가지고 있다는 것은 단점이기보다 장점이다. 특히 극복된 고통은 타인의 아픔을 보듬는 치료제가 되기도 한다. 그래서 나는 내 힘든 점을 가끔은 직원들과 공유한다. 터놓음으로써 나도 후련해지고 간혹 대화 가운데서 기다리던 답을 찾기도 한다. 부하직원들은 부족함이 없을 것만 같아 보이는 리더도 많은 어려움을 견뎌내고 있다는 사실에 한편으로 연민과 위로를 느끼는 것 같다.

이 책의 중반 이후 어느 부분에는 '그래, 어떤 사랑은 한발짝 뒤에서 상대를 염려한다. 사랑은 종종 뒤에서 걷는다.'[53]는 글귀가 있다. 마치 자식을 먼 곳으로 떠나보내며 뒤에서 눈물을 훔치는 어머니와 같은 마음, 어느 덧 덩치가 더 커져버린 아들의 건장한 뒷모습을 뿌듯하게 바라보며 뒤따라가는 아버지와 같은 심정이다. 세상이 점점 더 각박해지기에 우리 주변에도 그런 사랑을 향기로 뿜어낼 수 있는 리더들이 필요하다. '화향백리 인향만리花香百里 人香萬里'라는 말이 있다. 꽃향기가 아무리 그윽해도 사람의 향기에 비할 바가 아니다. 제주도 여행을 마치고 돌아오면서 쓴 글에서 이기주 작가는 공백의 중요성을 언급한다. 마침표 대신 쉼표를 찍는 여유가 필요하고, 가끔은 멈출 줄 알아야 한다는 대목을 읽으며 어느 노시인의 짧은 시가 주었던 감회를 되새겨 보았다.

노를 젓다가

노를 놓쳐버렸다

비로소 넓은 물을 돌아다보았다[54]

《언어의 온도》를 읽고 3년도 더 지난 어느 날이었다. '사람의 말이 이렇게 따뜻할 수 있구나.'라는 생각을 하게 만든 글을 보았다. 67세의 이혜숙씨는 소설가가 되고 싶었던 식당 주인이다. 음식점을 하면서 휴대전화기에 자판을 연결해 틈틈이 글을 써서 엮어낸《쓰지 않으면 죽을 거 같아서》라는 에세이집으로 주목을 받더니, 2020년 언제부턴가 조선일보 '일사일언'이라는 칼럼에 글을 연재했다. 우연히 보게 된 7월 22일자 글은 흥미롭기도 했고, 진정한 스승이 어떤 사람인지 생각하게 하는 여운이 있었다.

그의 첫번째 이야기는 어느 교사의 글을 인용한 것으로, 이 교사가 어린 시절에 몸이 아파 학교에 못 가고 있을 때 선생님이 가정 방

거인의 어깨

문을 하셨다는 내용으로 전개된다. 집이 좁고 출입이 불편한데도 선생님은 이를 내색하거나 '네 형편이 이랬구나. 동생들이 많은 집에서 사는구나.'라고 하시지 않았다. 대신 말없이 창문으로 가서 오래 서 있다가 입을 여시며 '이렇게 바다가 보이는 집에 사는구나. 그래서 네 마음이 그렇게 넓었던 게로구나.'라고 말씀하셨다고 한다. 이 선생님을 롤 모델로 그 학생도 나중에 교사가 되었다는 아름다운 이야기다.

칼럼을 쓴 이혜숙 작가 본인도 이와 비슷한 경험이 있다고 한다. 학창시절에 친구들 사이에 주간지를 돌려보는 것이 유행이었는데 하필 수업시간에 앞자리의 친구가 〈선데이 서울〉이라는 성인 주간지를 넘겨주다가 선생님께 들켰다. 이름이 불리고 앞으로 나가 야단맞을 것을 각오하고 고개를 푹 숙인 채 앉아있는데, 선생님은 항상 들고 다니는 매를 높이 들어 작가가 앉아있는 창가 자리와 반대편인 복도 쪽을 가리키면서 "저쪽에서 나도 안 보는 잡지가 돌아다니는 것 같다. 조심해라."고 하시고는 수업을 계속 하셨다. 작가는 '만일 내가 앞으로 불려 나가 가죽 출석부로 맞았거나 전교생이 다 지나가는 복도에 문제의 그 잡지를 들고 서있거나 하는 징벌을 받았다면 그 이후 제대로 학교에 다닐 수 있었을까? 들킨 죄로 내 이름 위에 덧씌워졌을 편견 어린 시선을 견뎌 내기 쉬웠을까.[55]라고 고백하며, 그날의 일이 자신이 아이들을 키우는 데도 많은 도움이 되었다고 덧붙인다.

이렇게 윗사람이 눈감아주는 아랫사람의 약점이나 실수는 그 사람의 일생에 큰 잔상을 남긴다. 자존감을 세워주면서 스스로 깨닫게

289

하는 가르침은 동양화의 은은함과 여백의 미처럼 여유로우면서도 깊이가 있다. 그렇게 전달되는 내리사랑이 대를 이어 전통이 되고 유산이 된다. 정글과 같이 살벌한 기업이라고 해서 이런 문화를 못 만들일은 아니다.

리더의 유산 | 7 | 거인의 어깨와 넓은 가슴

리더의 어깨는 늘 무거운 짐을 지게 마련이다. 조직의 성과를 책임지고 조직원을 관리하는 짐이다. 그래도 간혹 홀가분한 기분을 느끼게 해주는 요소들이 있다. 기대 이상의 성과, 오래 공들였던 사업의 성공, 어렵겠다고 판단한 프로젝트의 회생 등 업무적 요인들이다. 그러나 때로는 업무가 아니라 사람이 주는 기쁨으로 인해 잠시 힘든 현실을 잊어버리거나 위기 속에서 미래를 기대해 보기도 한다. 별것 아닌 듯한 부하직원의 응원 문자 몇 줄에, 또는 퇴사한 옛 직원이 보내준 장문의 감사 편지 한 통에도 리더는 시름을 잊는다. 부하직원들에게 격려와 응원이 필요한만큼 리더들도 위로가 필요하다. 직원들이 보내는 작은 마음의 선물이 리더들에게는 무거운 짐도 견디게 하는 힘을 준다. 같은 배를 탄 동역자만이 줄 수 있는 값진 '비타민'이다.

성경의 구약 출애굽기를 보면 우리가 잘 아는 모세라는 인물이 등장한다. 모세가 유대 백성을 이끌고 이집트를 떠나 홍해가 갈라지

290

는 기적을 본 후에도 약속의 땅, 가나안에 입성하기까지는 40년이라는 오랜 세월이 흐른다. 그들은 긴 여정가운데 수많은 전투를 벌여야 했고 이 중 하나가 아말렉 족속과의 싸움이었다.

이미 나이가 들어 기력이 쇠한 모세는 전장에 나가 싸우지 않고 후계자인 여호수아를 보낸다. 그리고 자신은 산 꼭대기로 올라가 전쟁의 승리를 위해 기도를 드린다. 모세가 손을 높이 들면 이스라엘이 이기고, 손이 내려오면 아말렉이 이기는 혼전이 계속되었다. 오랜 싸움에 모세는 지치고 팔은 점점 처지기 시작했다.

이 때 모세를 도와 그의 팔을 들어준 두 사람이 있었다. '아론'과 '훌'은 돌을 가져다가 모세를 그 위에 앉게 하고 옆에 서서 모세의 팔을 들어 전쟁의 승리까지 함께 견뎌낸다. 동역자의 역할이다. 이처럼 리더의 주변에는 도움을 줄 수 있는 사람이 필요하고, 이들이 승리에 결정적인 기여를 하기도 한다. 리더의 어깨를 가볍게 해주는 사람들은 조연이 아니다. 그들도 시대를 빛내는 주연이다.

리더가 스스로의 어깨를 가볍게 하는 방법도 있다. 다름 아닌 권한의 이양이다. 리더가 할 수 있는 대부분의 일은 사실상 이양이 가능하다. 그리고 후배들은 선배들의 일을 경험해 보면서 성장한다. 때로 실수할 수도 있고 실패하기도 하지만, 이를 성장의 과정이라고 생각하지 않으면 그 조직은 현재 리더의 한계를 넘어가지 못한다. 다양한 서적과 연구 논문에서조차 리더십의 이양이 중요하다고 언급하지만, 실생활에서 잘 이행되지 않는 데는 몇 가지 이유가 있다.

291

우선, 불안한 것이다. 시간은 급한데 누구에게 맡기자니 불안하고, 수년간 지켜봐 온 부하 직원의 자질을 알기에 맡기는 것이 꺼려진다. 또다른 이유는 리더 자신이 원하지 않기 때문이다. 설령 부하직원에게 맡긴 일이 잘 되어도 본인에게 돌아올 혜택이 없다고 생각하는 것이다. 오히려 능력이 탁월한 직원에게 내 위치가 위협받는다고 판단하면 굳이 일을 맡길 이유가 없어진다. 고의적인 직무 유기에 해당하지만, 사실을 파악하기도 제재하기도 어렵다.

하지만 권한을 이양하지 않는 결정적인 이유는 '해보지 않았기 때문'이다. 불안 때문이든, 자기 보호심리 때문이든, 해보지 않았으니 효과를 알 수 없다. 바꿔 말하면 주변에 성공사례가 없고, 그렇다고 내가 모험적으로 시도할 의도도 없다. 막상 일을 맡기고 보니 생각했던 것보다 더 좋은 결과가 나온 경험이 있다면 일을 맡기지 못할 이유가 없다. 그래서 첫 시작이 중요하고, 첫 삽을 뜨는 리더의 역할이 중요한 것이다.

일을 맡길 때는 무엇보다도 실패를 두려워하지 않아야 하고, 조직이 실수를 통해 교훈을 얻을 수 있도록 독려해야 한다. 그럴 때 조직은 생기가 돌고, 리더의 어깨는 가벼워진다. 《언리더십》의 작가 닐스 플레깅이 주장한 것처럼, '경영진은 목표와 비전만 제시하고 직원들이 스스로 길을 찾게 도와주어야 하고, 지시와 통제 대신 공동의 가치와 원칙으로 공동의 목표와 협력을 이끌어내야 한다.'[56]

영국의 물리학자 아이작 뉴턴Issac Newton은 "내가 더 멀리 볼 수 있

거인의 어깨

었다면 그것은 거인들의 어깨 위에 서 있기 때문이다."는 유명한 발언을 했다. 만유인력의 법칙을 발견하고 물리학과 수학의 주요 이론을 확립하여 근대 과학의 선구자 역할을 했던 그도 요하네스 케플러 Johannes Kepler나 갈릴레오 갈릴레이Galileo Galilei와 같은 선대 학자들의 연구가 있었기에 자신의 업적이 가능하다고 했다.

실제로 만유인력의 존재는 뉴턴 이전의 학자들도 이미 알고 있었던 사실이다. 지구 중력과 천체운동에 필요한 구심력이 같은 것이라는 개념도 이미 정립이 되어있었고, 행성의 공전주기나 궤도에 관한 연구도 알려져 있었다. 뉴턴이 한 일은 이런 법칙을 미적분이라는 수학적 도구를 이용해 이해가 가도록 학문적으로 정립한 것이다. 만약 뉴턴 이전의 학자들이 연구업적을 남기지 않았던지, 혹은 남기면서 후학들이 그 자료를 사용하지 못하도록 법적 조치를 취했더라면 어떤 일이 벌어졌을까?

이런 관점에서 거인의 어깨와 넓은 가슴을 가진 리더, 자신의 것을 후배들에게 아낌없이 내어주는 선배는 절실하다. 스스로가 낮아지는 것을 개의치 않을 뿐 아니라 오히려 기뻐하며 후계자를 세워주는 전통이 없다면 '100년 기업'은 한낱 꿈에 불과하다.

20세기에서 21세기 초로 넘어오면서 전세계의 이목을 집중시킨 수많은 기업들이 있지만, 지방의 이름 없는 대학교 출신으로 전문학교 영어선생님 경험이 전부인 기업가 마윈馬雲이 세운 알리바바는 단연 독보적이다. 자신의 꿈을 이루기 위해 하버드 대학에 열번이나 지원을 했으나 번번히 실패하고, 손정의 소프트뱅크 회장이 3천만불을 지원하겠다고 했으나 거절하고 2천만불만 요청했다는 그의 행보도 관심을 끌지만, '세계적인 기업을 얼마나 오래 유지하기 원하는가?' 라는 질문에 대한 대답은 더욱 흥미롭다. 그는 102년을 가는 게 목표라고 하면서, 1999년에 설립한 기업이니 102년을 유지하면 3세기를 유지하는 것이라고 덧붙인다.

그의 말처럼 전자상거래 분야에서 절대강자이자 중국이라는 거대 시장을 등에 업고 있는 알리바바도 100년 존속을 목표로 할 만큼 기업환경은 예측을 불허하고 기업의 장수는 어렵다. 1896년 찰스 다우가 미국내 12개 우량 기업을 이용해 다우지수를 만들었지만, 2018년에 마지막 원년 멤버인 GE가 퇴출되면서 지금까지 유지되는 곳이 한 군데도 없다는 사실이 이를 증명한다.

마윈은 수년 전 약속한 대로 2019년 9월 이사회 의장직 자리를 장융張勇에게 물려준다. 하지만 그는 이미 2013년에 CEO 자리를 내려놓고 실질적인 경영을 후계자에게 맡겼다. 20년만에 55조원이라는 거대한 자산을 일으키고, 55세라는 젊은 나이에 더 이상의 욕심을 부리지않고 왕관을 스스로 벗은 그가 163센티라는 작은 키에도 불구하고 거인으로 인정받는 이유는 '취함take'이 아니고 '내려놓음give'이며, '꼿꼿한 목'이 아닌 '넓은 가슴'이다.

거인의 어깨

성공하는 리더들이 많아지는 사회를 꿈꾼다

여러분은 어떤 리더인가? 어떤 리더이길 바라는가?

당신이 만약 조직의 리더로 세워졌다면 어떤 관점에서건 능력을 인정받았다는 의미다. 그런 사람들 중에는 후계자에게 임무를 이양할 때까지 좋은 리더십을 유지하는 사람도 있지만, 불명예스럽게 퇴진하거나 그렇지는 않더라도 후배들에게 긍정적인 모습을 남기지 못하는 경우도 있다.

마지막이 좋지 않은 리더들의 공통점 중 하나는 리더십을 권력으로 착각한다는 것이다. 리더 자신이 이끌고 있는 조직에 유익이 돌아가고 지속적으로 사람들이 성장해야 하는데, 권력욕이 있는 리더들은 자신의 사리사욕을 위해 리더십을 악용한다. 많은 경우에 리더의 위치에 있는 사람들이 심각한 문제를 일으키는 배경에는 권력과 물질에 대한 무절제한 탐욕이 내재해 있다. 이런 부작용은 당사자들뿐 아니라 조직, 심하게는 한 나라의 운명에까지 큰 해를 끼치기도 한다.

조직 내의 작은 사건들이 결국 큰 일의 전조라는 사실은 하인리히 법칙Heinrich's Law으로도 자주 설명된다. 산업 재해가 발생하여 중상자가 1명 나오면 그 전에 같은 원인으로 발생한 경상자가 29명, 같은 원인으로 부상당할 뻔한 잠재적 부상자가 300명 있다고 해서 1:29:300 법칙으로도 알려진 그 법칙을 살펴보더라도 조직에서 일어나는 사건, 사고들은 사소하더라도 유의해서 관찰하고 파악해야 한다.

특히 불미스러운 일이 리더에게서 발생할 경우, 조직에 미치는 영향력이 작지 않기 때문에 때로 강한 차원의 조치가 병행되기도 한다. 리더십과 권력을 혼동하는 사람이 오래 자리를 지키고 있으면, 그 한 명이 물러난다고 해서 문화가 쉽게 바뀌거나 개선되지 않는다. 그 사람이 심어 놓은 나쁜 유산들이 모두 사라질 때까지 조직은 수많은 홍역을 치르고서야 비로소 회복 국면에 이른다.

요즘 시대에 기업이나 정계를 막론하고 우러러볼 수 있는 리더들이 많지 않다. 그렇다 보니 좋은 리더의 예를 아직도 외국이나 수백 년 전 역사에서 끌어온다. 자신을 내려놓기보다 하나라도 더 소유하고 남들보다 더 높은 위치에 올라서야 성공한 인생이라는 가치관이 사회 전반에 퍼져 있는 한 우리 사회는 치유되기 어렵다. 소수의 리더들이라도 나서서 좋은 씨앗을 뿌리는 선각자의 역할을 하지 않는다면 어떤 형태로든지 또다시 위기를 맞게 될 것이다. 아직도 세종대왕이나 이순신 장군 만한 리더가 없다고 하는 우리 현실이 애처롭다.

현대자동차와 현대모비스를 오가며 내가 리더 역할을 감당한 기간이 17년이다. 2004년 처음으로 7, 8명 정도의 조직을 맡았었고, 그 이후 40명 규모의 팀, 80명 규모의 팀을 거쳐 250명 규모의 실을 담당했었다. 600명 이상 단위의 본부급 조직 두 군데를 섬기는 위치까지 오면서 내가 지켜온 철학이나 신념이 있다면, 조직문화의 중요성을 인식하고 좋은 문화를 만들고자 노력한 것이다.

이제는 익숙한 개념인 GWP^{great work place}(일하기 좋은 기업)를 만들어주는 것은 리더의 중요한 업적이다. 구성원들이 느끼는 행복이 탁월한 성과로 이어지도록 고민하는 것은 바로 리더의 역할이다. 수많은 사람과 조직이 연관된 복잡한 상관관계 방정식이 자신의 경험과 얄팍한 지식으로만 풀릴 리가 없다. 그런 이유로 탁월한 CEO들은 독서나 토론을 통해 미처 생각하지 못했던 타인의 관점을 들여다보기 원하고, 훌륭한 리더들은 조직원들과 소통하기 위해 현장으로 발길을 돌린다.

함께 에너지를 모으면 각자가 일할 때보다 더 많은 성과를 내는 것을 시너지 효과라고 한다. '함께'를 뜻하는 접두어 'syn'이 'energy'와 합성된 단어이다. '함께'라는 의미는 회사를 뜻하는 영어 단어 'company'에도 포함되어 있는데, 바로 'com'이라는 라틴어 접두어다. Company는 'com'과 'pane(빵)', 'ia(먹다)'라는 세 단어가 합성된 것으로 '함께 식사를 하는 사람들의 모임'이라는 의미를 지닌다.

함께 식사를 하고 함께 일을 해서 각자 일을 할 때보다 더 좋은 성과를 내도록 하려면 구성원을 연결하는 접착제와 구성원들 간의 갈등을 해소하는 윤활유가 반드시 필요하다. 이것이 바로 리더가 할 일이다. 리더는 자상하게 빵을 나누어 주는 사람일 수도 있고, 용감하게 앞장서서 "앞으로 전진합시다!"라고 소리치는 사람일 수도 있다. 중요한 점은 같이 일 하는 사람들의 상태를 판단하며 평균주의가 아닌 개별주의에 입각해서 최적의 업무를 부여하고 성과를 점검하는 높은 수준의 리더십이 요구된다는 것이다. 그런 가운데 최대 다수의 최대 행복을 최고의 성과로 연결시킬 수 있어야 비로소 완성된 리더라고 할 수 있다.

무엇보다도 중요한 것은 리더 스스로가 조직문화의 중요성을 먼저 깨닫는 것이다. 지금까지의 관례나 자신에게 익숙한 모형으로 새로운 시대, 다음 세대의 문화를 한정 지으려는 실수를 범하지 말아야 한다. 구성원들 스스로가 만족하면서도 우수한 성과를 낼 수 있는 최적의 문화를 고민해야 한다. 물론 우리가 도달할 수 있는 수준은 완벽이나 무결점과는 거리가 멀 것이다. 그러나 기업이나 조직 간의 경쟁은 상대적 우열로 평가된다. 리더십의 본질을 이해하고 시너지효과를 만들어내는 리더가 있는 조직은 그렇지 못한 조직과 비교해볼 때 시간이 지날수록 격차를 보인다.

많은 리더들이 새로 조직을 맡게 되면 가장 많이 하는 고민이 '뭘 바꿔야 하나?'이다. 물론 조직을 정비하고 사람들을 세우고, 비전을 수립하고 전략도 구상해야 한다. 여기에 타조직과의 협업을 위한 친교 활동도 무시할 수 없고, 내부 소통을 활성화하기 위한 노력도 절실하다. 하지만 오랜 경험을 통해 볼 때, 신규 조직을 맡거나 새로운 임무를 부여받으면서 가장 먼저 노력을 기울여야 하는 부분은 '현상 파악'이다. 우리가 현재 서 있는 곳이 어디인지, 우리의 수준은 어느 정도인지에 대한 진단이 정확하지 않으면 그 이후의 계획은 사상누각이 된다.

많은 조직이 아직도 부족한 부분을 '불굴의 의지'로 밀어 부치곤 한다. 기술 개발이나 변화의 속도가 더디던 과거와는 달리 요즘은 의지로만 따라잡을 수 있는 영역이 그리 많지 않다. '할 수 있다'는 정신을 고취시키는 것이 사기 진작을 위해서 필요한 절차임은 부인하지 않는다. 그러나 우리의 현재 상태에 대한 정확한 진단이 없이 구호가 앞서면, 그 결과는 불 보듯 뻔하다.

리더 자신이 변하기 전에 먼저 조직부터 바꾸려는 시도는 많은 경우 실패로 돌아간다. 이런 시도의 근간에는 자신감과 이기심이 깔려 있는데, 그러다 보니 문제점만 보이고, 전임자가 쌓아 놓은 담벼락은 일단 무너뜨린 후 새로 쌓아야 직성이 풀린다. 모든 사람에게는 공功이 있고 과過가 있음에도, 변화라는 당위성을 앞세워 전임자의 공로는 무시하고 과오만 부풀리는 옳지 못한 시도들이 일어난다. 이런 조직의 특색은 끊임없이 변화를 시도하면서도 막상 결과는 나아지지 않는다는 것이다. 잘 하는 부분을 살려서 역량을 강화하기보다 약점을 분석하는 데 너무 많은 시간과 노력을 쏟는 결과이다.

이런 오류를 피하려면 새 임무를 맡았을 때 서두르지 않고 조직과 조직원을 분석해야 한다. 장단점을 파악한 후에는 먼저 장점을 통해 조직원들에게 접근을 한다. 관계가 형성되는 초기에 약점을 꼬집는 것은 지혜롭지 못하다. 안 그래도 긴장하고 있을 부하 직원들에게는 먼저 장점을 언급해 자신감을 갖게 해주고 서로 간에 신뢰가 충분히 쌓였을 때 비로소 약점을 이야기하는 것이 좋다. 이 때도 약점을 '지적'하는 것이 아니고, '함께 고쳐 나가자.'는 멘토로서의 자세가 필요하다.

좋은 리더가 되기 위해서는 사람을 아우르는 공감능력과 함께 적시에 판단하고 결정하는 결단력이 요구된다. 물론 어떤 결정이든 조직원 100%를 만족시킬 수는 없다. 하지만 리더의 결정에는 모든 조직원들이 공유하고 공감할 수 있는 가치관과 원칙이 필요하다. 팀 전체가 적극적으로 찬성을 하지는 않더라도 다수가 인정할 수 있는 공통분모는 형성되어야 한다. 이런 조직문화가 정착되어야 업무라는 바퀴가 삐그덕 거리는 소음없이 굴러간다. 짐 콜린스가 말한 것처럼, 서서히 축적된 성과가 누적되어 다음 단계 도약의 동력이 되는 선순환 고리는 '플라이휠flywheel'처럼 관성이 있어서, 한번 움직이기 시작하면 속도가 붙지만 처음에 그 바퀴를 움직이게 하는 데는 막대한 노력이 필요하다. 이 때 가장 중요한 역할을 해야 하는 사람이 바로 리더이다.

각 조직의 특성이나 리더의 성격에 따라 방향성은 다를 수 있으나, 조직문화를 형성하는 원칙을 정할 때는 신중해야 하고 한번 정해진 원칙은 지속적으로 유지해야 한다. 내 경우에는 지금까지 여러 조직을 섬겨오면서 가장 큰 가치를 둔 요소가 항상 '사람'이었고, 사람 사이에서 문제가 생길 경우에는 '다수의 사람'을 중시하는 원칙을 지켜왔다. 조직이 공유하는 원칙은 일상의 업무 가운데서도 이런 저런 모양으로 녹아들고 적용된다. 시간이 지나면 그 원칙이 정착되어 문화가 형성되고, 문화는 후배들에게 유산으로 남게 된다.

2013년 세 번째 책인《당신의 직장은 행복한가》가 출간되고 시작한 메모가 이제 8년 만에 결실을 맺는다. 2020년 봄부터 본격적으로 원고를 쓰기 시작한 지 1년 반여 만의 성과다. 학생 신분을 벗어나 직장 생활을 시작한지 이제 25년을 바라본다. 그중 리더의 위치에 머무른 기간만 17년이다. 내가 보고 배운 수많은 리더들, 리더십을 고민하게 해준 많은 분들이 추억과 함께 떠오른다. 그분들의 이름을 일일이 나열하자면 그 분량만 해도 여러 장이 필요하겠으나, 특히 감사의 표현을 전하고 싶은 분들이 있다.

Virginia Tech에서 내 학업을 지도해 준 빌 커튼^{Bill Curtin} 교수님과 켄 리프스나이더^{Ken Reifsnider} 교수님, 나보다 7살이나 어린 나이임에도 항상 주변 사람들을 배려하는 미덕으로 나에게 가르침을 준 스 캇 케이스^{Scott Case} 교수에게 먼저 감사의 뜻을 전하고 싶다. 서부 워싱 턴 주 PNNL에서 내 멘토이자 직장 선배로서 많은 도움을 주었던 존 다이블러^{John Deibler} 장로님도 '섬김'을 생각할 때마다 떠오르는 분이 다. 국내로 무대를 옮긴 이후에도 나에게 직장 상사로 롤모델이 되어 주신 분들은 많다. 실명을 모두 거론하기는 어렵지만, 그래도 리더십 과 조직문화를 고민하게 된 데 그분들의 영향력이 결코 작지 않았기 에 몇몇 분은 직접 언급하고자 한다.

먼저 정몽구 명예회장님과 정의선 회장님은 현대자동차 그룹의 친환경차 비전 수립을 직접 지휘하고 그 과정을 이끌어오신 분들이 다. 수익이 보장되지 않는 미래 사업의 가치를 내다보고 현재의 번 영이 아닌 미래의 발전을 위해 고민하는 그분들의 전략적 리더십이 없었다면 우리 그룹은 지금도 fast follower의 위치에 머물며 first mover가 되기 위해 경쟁사들의 동향을 살피고 있었을 것이다.

늘 든든한 위로자이자 버팀목이 되어 주셨던 최정식 전 현대모비 스 부사장님, 비전과 전략이 무엇이고 리더십이 무엇인지 고민할 때 마다 그 답을 찾을 수 있는 대상이 되어 주신 권문식 전 현대자동차 부회장님, 그리고 부족한 나를 위해 어려운 스승의 역할을 감내해주 신 영원한 멘토 박정국 현대자동차 사장님께 진심 어린 감사의 마음 을 전해드린다. 이분들이 아니었다면 나는 아직도 리더십과 조직관 리의 모델을 찾아 여기저기를 헤매며 고민하고 있었을 것이다.

이 외에도 내 직장상사로 혹은 현대자동차 그룹의 리더로서 본보기를 보여주신 많은 분들이 있다. 박정인 전 현대모비스 회장님, 한규환 전 현대모비스 부회장님과 지금은 두산그룹에 계시는 이현순 전 현대자동차 부회장님은 최고 경영자로서의 본을 보여주신 분들이다. 직속 상관이나 업무와 관련된 조직장으로서 내 리더십이 형성되는데 영향력을 주신 분들께도 많은 빚을 졌다. 이 가운데서도 홍동희 전 현대모비스 부사장님, 김해진 전 현대파워텍 부회장님, 박상규 전 현대케피코 사장님, 김순화 전 현대모비스 부사장님, 서보신 전 현대자동차 사장님, 한성권 전 현대자동차 사장님, 조미진 전 현대자동차 전무님과 조성환 현대모비스 사장님, 임태원 현대자동차 전무님, 이기상 현대NGV 대표님 등 존경하는 선배님들께 깊은 감사와 경의를 표한다.

지난 17년간 동고동락하며 많은 성과를 함께 이루어 낸 현대자동차 그룹의 동료와 후배들에게도 특별한 감사의 마음을 전하고 싶다. 과거 현대자동차 환경차개발센터(현 전동화개발센터) 소속이었던 연료전지개발실과 환경차시험개발실, 환경차시스템설계실 연구원들, 그리고 현대모비스 전동화BU 구성원들은 우리나라 자동차 산업에 스스로가 얼마나 큰 기여를 하고 있는지 꼭 알아주었으면 하는 바람이 크다. 멋진 조직에서 동료로 함께 일할 수 있다는 사실이 내게는 큰 영광이자 아름다운 추억이다.

자동차라는 종합산업 분야의 여러 곳에서 최종 작품인 완성차를

303

탄생시키기 위해 수고하시는 많은 기업과 경영자들의 노력 또한 무심히 지나칠 수 없는 부분이다. 불모지나 다름 없던 환경차 분야에 회사의 장래를 걸고 십 수년 전에 어려운 도전장을 내민 LG화학(현 LG에너지솔루션), 포스코SPS, 동희산업, 세종공업, 인지컨트롤스, 유라코퍼레이션, SNT모티브, 한국단자, 센터랄모텍, 우리산업 등 여러 기업의 리더들께 감사드린다. 이 외에도 현대자동차 그룹과 함께 미래의 기술을 개발하는데 기여한 수많은 기업들과 연구기관들이 있다. 이분들의 노고 역시 소중히 간직할 기억이다.

마지막으로 보잘것없는 원고를 멋진 한 권의 책으로 엮어주신 플랜비디자인의 정대망 에디터님, 최익성 대표님과 송준기 편집장님, 그리고 아빠가 쓴 짧지 않은 원고를 세심히 검토해 준 사랑하는 아들 태균에게 진심으로 고맙다는 마음을 전하며 이제 8년 간의 프로젝트를 마무리하고자 한다.

거인의 어깨

미주

1 헤럴드 제닌 지음, 권오열 옮김, 《매니징》, 센시오, 2019, 143쪽.

2 존 맥스웰, 전형철 옮김, 《존 맥스웰 리더의 조건》, 비즈니스북스, 2012.

3 헬렌 켈러, 김명신 옮김, 《헬렌 켈러 자서전》, 문예출판사, 2009, 231쪽.

4 위의 책, 231쪽.

5 카트야 베렌스, 홍성광 옮김, 《헬렌 켈러 평전》, 청송재, 2021.

6 존 포츠, 이현주 옮김, 《카리스마의 역사》, 더숲, 2010.

7 주경님, 〈카리스마와 시민정치〉, 2017. 11. 06, 전남일보.

8 존 맥스웰·짐 도넌, 정성묵 옮김, 《존 맥스웰의 위대한 영향력》, 비즈니스북스, 2010, 22쪽.

9 로버트 아우만 외 48명, 허병민 엮음, 안진환 옮김, 《버려야 보인다》, 카시오페아, 2015, 283쪽.

10 조신영·박현찬, 《경청》, 위즈덤하우스, 2007.

11 위의 책

12 유정식, 《빌 게이츠는 왜 과학책을 읽을까》, 부키, 2019.

13 이기주, 《말의 품격》, 황소북스, 2017.

14 김창옥, 《지금까지 산 것처럼 앞으로도 살 건가요?》, 수오서재, 2019.

15 린다 피콘, 키와 블란츠 옮김, 《365 매일 읽는 긍정의 한 줄》, 책이있는풍경, 2018.

16 데일 카네기, 베스트트랜스 옮김, 《데일 카네기의 인간관계론》, 더클래식, 2017.

17 라파엘 아구아요, 백종현·서창적 옮김, 《데밍의 질 경영이야기》, 매일경제신문사, 1996.

18 이기주, 앞의 책.

19 리드 헤이스팅스·에린 마이어, 이경남 옮김, 《규칙 없음》, 알에이치코리아, 2020.

20 김현집, 〈[2030 세대] 다시 두 남자 이야기/김현집 미 스탠퍼드대 고전학 박사과정〉, 2020.01.31, 서

305

울신문.

21 데이비드 폴레이, 신예경 옮김, 《3초간》, 알키, 2011. 35−36쪽.

22 정혜신, 《당신이 옳다》, 해냄, 2018. 295쪽.

23 이기주, 앞의 책.

24 이기주, 앞의 책. 137쪽.

25 박웅현, 《여덟 단어》, 북하우스, 2013. 166쪽.

26 괴츠 W. 베르너, 김현진 옮김, 《철학이 있는 기업》, 센시오, 2019.

27 괴츠 W. 베르너, 위의 책.

28 윤정구, 《황금 수도꼭지》, 쌤앤파커스, 2018.

29 위의 책.

30 칼리 피오리나, 공경희 옮김, 《칼리 피오리나, 힘든 선택들》, 해냄, 2006.

31 레이 달리오, 고영태 옮김, 《원칙》, 한빛비즈, 2018.

32 로버트 브루스 쇼, 박여진 옮김, 《익스트림 팀》, 더퀘스트, 2018.

33 칼리 피오리나, 앞의 책.

34 미셸 보바, 한혜진 옮김, 《건강한 사회인 존경받는 리더로 키우는 도덕 지능》, 한언, 2004.

35 기시미 이치로, 유미진 옮김, 《아들러에게 인간관계를 묻다》, 카시오페아, 2015.

36 박현모, 《세종의 적솔력》, 흐름출판, 2016.

37 이나모리 가즈오, 양준호 옮김, 《불타는 투혼》, 한국경제신문, 2014.

38 앙투안 드 생텍쥐페리, 황현산 옮김, 《어린 왕자》, 열린책들, 2015.

39 김영애, 《사티어의 빙산의사소통》, 김영애가족치료연구소, 2019.

40 기시미 이치로, 앞의 책.

41 강효석, 권영대 옮김, 《조선왕조 오백년의 선비정신 상》, 화산문화, 1995.

42 밥 돌, 김병찬 옮김, 《위대한 대통령의 위트》, 아테네, 2018.

43 닐스 플레깅, 박규호 옮김, 《언리더십》, 흐름출판, 2011.

44 존 헤네시, 구세희 옮김, 《어른은 어떻게 성장하는가》, 부키, 2019.

45 위의 책.

거인의 어깨

46 "도덕경 제22장." 시조시인 김성재 : 다음 블로그. 2020.05.04. https://blog.daum.net/skim0924/5647245

47 Lewis Howes, 〈10 Lessons For Entrepreneurs From Coach John Wooden〉. 2012.10.19. Forbes. 저자 역.

48 이성희 기자, 〈30대 그룹 CEO 재임기간 평균 3.3년〉. 2018.11.14. CEO스코어데일리.

49 잭 웰치·수지 웰치. 김주현 옮김. 《잭 웰치 위대한 승리》. 청림출판. 2005.

50 위의 책.

51 Martha Lagace, 〈Gerstner: Changing Culture at IBM — Lou Gerstner Discusses Changing the Culture at IBM〉. 2002.12.09. HBS Working Knowledge. 저자 역.

52 이기주. 《언어의 온도》. 말글터. 2016.

53 위의 책.

54 고은. 〈노를 젓다가〉. 《순간의 꽃》. 문학동네. 2001.

55 이혜숙. 〈[일사일언] 때로는 알면서도 모른 척〉. 2020. 07. 22. 조선일보.

56 닐스 플래깅. 앞의 책.

거인의 어깨

초판 1쇄 발행   2021년 9월 30일
초판 2쇄 발행   2021년 10월 7일

지은이   안병기
편집   정대망
디자인   책은우주다
마케팅   송준기·임동건·임주성·강송희·신현아·홍국주·김태호·김아름
마케팅지원   황예지·신원기·박주현·이혜연·김미나·이현아·안보라
경영지원   이순미·임정혁

펴낸곳   플랜비디자인
출판등록   제2016-000001호
주소   경기도 화성시 동탄첨단산업1로 27 동탄IX타워
전화   031-8050-0508
팩스   02-2179-8994
메일   planbdesigncompany@gmail.com

ISBN   979-11-89580-97-1 (03320)